W0397687

HORST GORSKI

Selbst glauben!

ANSTIFTUNG ZU EINER **LEBENSKUNST** FÜR HERAUSFORDERNDE ZEITEN

G

Inhalt

C. Selbst urteilen

D. Wie es werden könnte

Vorwort

Manchmal kommen wichtige Impulse, sich selbst zu entdecken, von außen. So ist es mir mit diesem Buch ergangen. Als Diedrich Steen – Theologe, Lektor und Programmleiter beim Gütersloher Verlagshaus – im Frühjahr 2023 zusammen mit seiner Kollegin Dr. Renate Hofmann mit der Idee auf mich zukam, ein Buch über den christlichen Glauben zu schreiben, war ich überrascht, habe aber schnell zugestimmt, weil ich dachte: Klar, dazu habe ich etwas zu sagen. Schließlich habe ich genug Berufserfahrung gesammelt als Pastor zweier Gemeinden, als Propst eines Kirchenkreises in Hamburg und zuletzt als Vizepräsident im Kirchenamt der Evangelischen Kirche in Deutschland (EKD) und Amtsbereichsleiter der Vereinigten Evangelisch-Lutherischen Kirche Deutschlands (VELKD). Doch was für ein Buch es werden würde, wie sehr es mit meiner Person zu tun haben, meinen Zugang zum Glauben und meine Art, mit anderen im Dialog zu sein, widerspiegeln würde, das wurde mir erst nach und nach während des Schreibens klar. Jetzt erst erkannte ich auch: Diedrich Steen hat dieses Buch von vornherein ungefähr so vor seinen Augen gesehen, weil er mich kannte und mir zugetraut hat, dieses Buch so und nicht anders zu schreiben. Einen solchen Impuls zu bekommen ist ein ganz besonderer Glücksfall!

Dies ist kein Nachschlagewerk, sondern eine Biografie eigener Art. Eine Biografie, in der fast keine biografischen Daten enthalten sind, die aber in der Auswahl und der Art der Durchdringung der Themen eine Zusammenfassung von gut vier Jahrzehnten als glaubender und denkender Christ und Theologe darstellt. Im Grunde habe ich nur eingesammelt, was aus vier Jahrzehnten irgendwo in Herz, Geist und Sinnen abgelegt war, und es von dem Ort aus, an dem ich heute stehe, reflektiert. Und dieses »Heute« wandert von Tag zu Tag mit. So stehen die Erfahrungen in einem fortwährenden Dialog mit der Gegenwart. Auf die Zukunft bin ich neugierig und frage mich, wie ich dieses Buch ein Jahr später wohl schreiben würde.

Zur Art der Durchdringung gehört der Dialog mit anderen. Schon als Gemeindepastor ging es mir nicht allein oder in erster Linie darum, meine Glaubensansichten zu verbreiten (wiewohl ich immer mit Leidenschaft gepredigt habe), sondern darum, durch Predigtvor- und Nachgespräche, Glaubensseminare und Gottesdienstprojekte andere Menschen dazu zu motivieren, sich selbst eine Meinung zu bilden und auch selbst Gottesdienst zu feiern. Dieser »rote Faden« hat sich durch alle Berufsstationen durchgezogen. Im Kirchenamt der EKD war es das Schönste, mit den vielen klugen Kolleginnen und Kollegen diskutieren zu können. Dieser »rote Faden« bestimmt auch den Charakter dieses Buches, dem es nicht auf die Weitergabe meiner Positionen ankommt, sondern darauf, in das Durchdringen von theologischen und ethischen Denkmustern und Methoden mit hineinzunehmen. Gerade diese Methode ist für mich Ausweis einer klaren liberalen und der europäischen Aufklärung verpflichteten Haltung. Glücklich bin ich, wenn die Leserinnen und Leser bei der Lektüre für ihre eigene Auseinandersetzung mit Glaubensfragen und deren Relevanz für das Leben und seine aktuellen Herausforderungen Anregungen bekommen.

Theologie ist kein museales Ausstellungsstück, und die Kirche ist kein Museum. Theologie war und ist nie fertig. Sie hat ihren Ausgangspunkt in der Verarbeitung des Todes Jesu genommen, der für seine Gefährtinnen und Gefährten eine Katastrophe und der Zusammenbruch all ihrer Hoffnungen war. Dieses Trauma zu verarbeiten und zu verstehen ist der Beginn der christlichen Theologie. Von da ausgehend war Theologie immer eine Art »Traumdeutung«, nämlich die Verarbeitung zutiefst hoffnungsvoller oder traumatisch geplatzter Träume. Krisen und Umbrüche in der Gesellschaft, Kriege, Naturkatastrophen und Epidemien haben bisherige Glaubensüberzeugungen infrage gestellt und das Weiterdenken angeregt und eingefordert. Aus diesem Blickwinkel lese ich auch den Untertitel des Buches »Anstiftung zu einer Lebenskunst für herausfordernde Zeiten«. Man kann ihn auch aus einem anderen Blickwinkel lesen, und dieser Blickwinkel liegt im ersten Augenblick vielleicht sogar näher: Hat der Glaube denn in so herausfordernden Zeiten wie unseren überhaupt noch etwas beizutragen, oder wird er nicht immer stärker widerlegt durch die Säkularisierung unserer Welt, durch Unfrieden, Gewalt, Spannungen, aber auch durch die Vernunft und Zweckrationalität, wie sie unser Denken heute bestimmen? Meine Blickrichtung ist umgekehrt: Durch die Herausforderungen unserer Zeit wird der Glaube sich verändern, wie er sich *immer* insbesondere in Krisenzeiten verändert hat. *Das* ist seine Stärke, *damit* stiftet er Hoffnung und Mut. Diese Veränderung geschieht aber nicht von alleine – wenn auch nach meiner Überzeugung im Hintergrund Gottes Geist wirkt –, sondern sie wird errungen und gestaltet von Menschen, die sich auf diesen Weg einlassen. Dazu soll dieses Buch eine »Anstiftung« sein.

Für fachliche Hinweise, Austausch und guten Rat danke ich Dirk Ahrens, Nils Christiansen, Johann Hinrich Claussen, Johannes Goldenstein, Ruth Gütter, Frank Hofmann, Alexander Höner, Martin Illert, Thomas Kärst, Michael Kempkes, Roger Mielke, Rasmus Nagel, Katarina Weilert und Tobias Woydack.

Darüber hinaus danke ich den vielen Weggefährtinnen und Weggefährten über mehr als vier Jahrzehnte, mit denen ich im Austausch über theologische Fach- oder Lebensfragen stand und die mich oft genug auch kritisch hinterfragt, immer aber unterstützt und ermutigt haben. Diedrich Steen danke ich außer für den Impuls zu diesem Buch, für seine außerordentlich sorgfältige und ermutigende Begleitung wie auch für seinen kritischen Blick. Dem Verlag danke ich für die konstruktive und effektive Zusammenarbeit.

Hamburg, am Reformationstag, dem 31. Oktober 2024

A. Glaubenserfahrungen im Dialog

Eine etwas andere Biografie

Fragen und Gespräche haben mich herausgefordert

»Herr Pastor, glauben Sie an die Auferstehung?« Als ich mich im Frühjahr 1988 auf eine Pfarrstelle in der Kirchengemeinde Hamburg-Iserbrook bewarb, wurde ich in der Gemeindeversammlung so gefragt. Ich bekam einen Schreck. Ich war auf diese Frage nicht vorbereitet. Noch gab es ja den Streit um Rudolf Bultmann und seine existenziale Deutung des Evangeliums. Das Schlagwort hieß: Jesus Christus ist »ins Kerygma« – also in die Verkündigung – auferstanden. Den einen war dies der Ausweis einer zeitgemäßen, vernünftigen Bibelauslegung. Den anderen war es die Preisgabe der Wahrheit. Nun, ich sortierte meine Gedanken und sagte: »Ja, ich glaube an die Auferstehung.« Aber meine Antwort ging mir noch lange nach. Ich fragte mich: Hast du ehrlich geantwortet oder strategisch? Oder war es vielleicht so, dass ich mit meiner Antwort mir selbst ein wenig voraus war? Denn manchmal ist das, was wir behaupten, mehr als das, wovon wir tatsächlich überzeugt sind. Und doch schwindeln wir nicht, sondern verändern so unsere innere Haltung und Überzeugung. Ich bin überzeugt, ich habe ehrlich geantwortet. Ich glaube an die Auferstehung.

Welche Antwort der Fragesteller oder die Gemeindeversammlung erwarteten, weiß ich bis heute nicht. Da mein Vorgänger die Gemeinde mit liberaler, aufgeklärter Theologie vertraut gemacht hatte, ist es nicht gesagt, dass ein Statement gegen Bultmann erwartet wurde. Vielleicht wurde, egal wie, einfach eine ehrliche Antwort erwartet. Die hatte ich gegeben, zum Glück und intuitiv. Ich wurde gewählt.

Während meiner Jahre als Gemeindepastor und später als Propst eines Kirchenkreises sprachen mich zahllose Male Menschen ungefähr so an: »Herr Pastor, ich hab ja auch meinen Glauben. Aber ich glaube nicht so, wie Sie das müssen.« Meine Rückfrage: »Was meinen Sie denn, wie ich glauben muss?« »Na ja, dass die Welt in sieben Tagen entstanden ist. Und das mit der Jungfrauengeburt und der Himmelfahrt und so.« Manchmal waren solche Dialoge der Anfang längerer Gespräche, in denen ich – zur Überraschung meines Gegenübers – erklärte, dass ich das auch nicht glaube. Hin und wieder stand am Ende die überraschte Feststellung des anderen: »Das ist ja interessant, Herr Pastor, dass Sie ungefähr dasselbe glauben, was ich auch glaube. Ich dachte, die Kirche glaubt ganz anders und Sie müssten das ja von Berufs wegen tun.«

Niemand muss den Verstand an der Kirchentür abgeben

Diese wirklich erlebten, für mich biografisch aber zugleich symbolisch verdichteten Situationen beschreiben die Pole, zwischen denen ich mich mein Berufsleben lang bewegt habe. Dabei waren die Gespräche, die ich mit anderen geführt habe, immer auch Gespräche mit mir selbst. Denn ich muss auch mir, wenn ich ehrlich sein will, Rechenschaft darüber geben, warum ich an die Auferstehung glaube, aber nicht, dass die Welt in sieben Tagen geschaffen wurde. Was ich als »aufgeklärten Glauben« verstehe und zu vermitteln versuche, ist alles andere als neu. Salopp gesagt, ist aufgeklärter Glaube gute 300 Jahre alt, es gibt ihn seit den Anfängen der europäischen Aufklärung im 18. Jahrhundert. Seit über 300 Jahren wird die Vermittlung von Glaube und Vernunft, Theologie und Naturwissenschaft an den Universitäten gelehrt und von den Kanzeln gepredigt. Aber selbst unter regelmäßigen Kirchgängern ist dieser Glaube nicht Allgemeingut. Hartnäckig halten sich vormoderne und aus meiner Sicht völlig unangemessene Bilder dessen, was Glaube ist oder woran »die Kirche« glaubt.

Man muss die Vernunft nicht an der Kirchentür abgeben, um ein glaubender Christ, eine glaubende Christin zu sein. Wenn es anders wäre, könnte ich nicht Pastor und Theologe sein. Für mich gab es keinen anderen Weg als den einer *liberalen Vermittlungstheologie*, weil ich einerseits immer von der unmittelbaren und intuitiven Gewissheit der Existenz Gottes überzeugt war und weil ich andererseits nie bereit war, deshalb irrational zu werden oder ans »Supranaturale« zu glauben, sondern meiner Vernunft gefolgt bin.

Es ist ein Unterschied, ob man annimmt, dass Gott wie ein Handwerker die Welt in sieben Tagen geschaffen hat und in die Naturgesetze eingreift (supranatural), oder ob man Gott als den Grund unseres Daseins versteht, der uns eine Seele gegeben hat, die sich nach ihm sehnt, und einen Verstand, der ihn sucht (transzendental). Wenn es jenseits der sichtbaren Welt nichts gäbe, bräuchte es theologisch keine »Vermittlung« zwischen irgendetwas. Vermittlungstheologie braucht es, weil und insofern eine Wirklichkeit jenseits dieser sichtbaren Welt existiert und weil und insofern der Mensch ein glaubendes *und zugleich* denkendes Wesen ist. »Liberal« ist diese Theologie – wohl als logische Folge –, weil eine Theologie, die den glaubenden, denkenden, zweifelnden und verzweifelnden Menschen mitreflektiert, nicht dogmatisch sein kann: Sie kommt nicht »von oben« zu allgemeinen Urteilen, wie die Menschen zu leben haben, sondern betrachtet den Menschen, und zwar jeden einzelnen Menschen, im Lichte Gottes. Diese Theologie kann gar nicht anders, als gegenwarts- und konfliktsensibel für den Einzelfall zu sein.

Raus aus der Schmuddelecke

Mir dieses Verständnis von Theologie zu erarbeiten war ein langer Weg, weil diese Art Theologie zu meinen Studienzeiten in der Schmuddelecke stand. Es gab nämlich Ende des 19., Anfang des 20. Jahrhunderts schon einmal eine liberale Vermittlungstheologie, und die war eng mit der bürgerlichen Kultur des Kaiserreichs verwoben. Man nannte sie »Kulturprotestantismus«. Diese Theologie vermittelte nicht nur zwischen Glaube und Vernunft, sondern war zugleich mit der bürgerlichen Kultur eine so enge Verbindung eingegangen, dass christliches Ethos und bürgerliche Wohlanständigkeit praktisch gleichgesetzt wurden. Die nötige Distanz zwischen Glaube und Kultur war weithin verloren gegangen. Aus dieser zu engen Vermischung heraus war es schwierig, zu den politischen Entwicklungen der Zeit den nötigen Abstand zu wahren. Viele Theologen dieser Couleur begrüßten auf diesem Hintergrund den Ersten Weltkrieg. So war es schlüssig, dass der Kulturprotestantismus mit der Niederlage und dem Ende des Kaiserreichs 1918 diskreditiert war und unterging.

Jetzt trat die »Dialektische Theologie« von Karl Barth auf die Bühne, die Theologie rein von Gott, dem »Ganz Anderen«, und seiner Selbstoffenbarung in Jesus Christus her dachte und jede Vermischung mit menschengemachter Kultur oder Religion ablehnte. Alles, was mit religiöser Erfahrung und Glaube als Lebensdeutung zu tun hatte, wurde verdächtigt, keine christliche Theologie zu sein. Zur Zeit des Nationalsozialismus bewahrheitete sich, wie wichtig es war, zwischen der Theologie einerseits und der Politik und Kultur andererseits streng zu unterscheiden und zum nationalsozialistischen Staat Distanz halten zu können. Deshalb wirkte der Impuls der Dialektischen Theologie lange nach, auch noch zu meinen Studienzeiten in den 1970er-Jahren. Doch so richtig die Betonung der Distanz zwischen Gott und Welt ist, so einseitig war diese Perspektive. Die Lebensrelevanz des Glaubens drohte verloren zu gehen, seine Deutungskompetenz für das Leben unsichtbar zu werden. Es bedurfte vieler Jahrzehnte, bis eine neue liberale Vermittlungstheologie entstehen und akademisch Fuß fassen konnte, die mit Theologen wie z. B. Falk Wagner, Hans-Joachim Birkner, Trutz Rendtorff oder Ulrich Barth verbunden ist.

Wer glaubt, hat eine Haltung in der Welt

Für einen solchen, vermittelnden Ansatz gehört es konsequenterweise dazu, theologische Fragen und die gesellschaftlichen Herausforderungen der Gegenwart gemeinsam in den Blick zu nehmen und aufeinander zu beziehen. So entsteht Glaube als eine *Lebensform*. Und weil *Glaube als Lebensform* Übung und Einübung braucht, kann man auch sagen: Es entsteht eine *Lebenskunst*, als Haltung, als Praxis.

Glaube als Lebenskunst verstehe ich als eine Praxis, eine Haltung, sich in das Reich Gottes zu stellen, das Jesus angekündigt hat und das auf geheimnisvolle Weise schon da ist und doch erst am Ende der Zeiten vollendet wird. Diese Haltung macht einen Unterschied. Sie beginnt beim Aufstehen am Morgen. Sie hat damit zu tun, wie ich in den Spiegel gucke. Sie begleitet mich über den Tag mit seinen Aufgaben bis zum Schlafengehen. Wer glaubt, hat eine Haltung in der Welt.

Deshalb handelt dieses Buch von so unterschiedlichen Themen wie der Erfahrung der Berührung mit Gott, dem Gottesdienst, dem Gebet. Gleichzeitig von den Themen unserer Zeit, dem Leben in einer offenen, demokratischen Gesellschaft, dem Umgang mit Flucht und Migration, dem sorgsamen Umgang mit der Schöpfung, dem Frieden in der Welt und existenziellen Fragen am Lebensanfang und Lebensende. Die Auswahl der Themen geht zurück auf meine Arbeit als Gemeindepfarrer, als Propst eines Kirchenkreises und zuletzt als Vizepräsident im Kirchenamt der Evangelischen Kirche in Deutschland (EKD). Sie ist also persönlich geprägt, trotzdem auch sachlich begründet.

Religiös und politisch zugleich – eine Biografie im Gespräch

Dies ist ein politisches Buch, weil es ein religiöses Buch ist.[1] Es lebt von meinen Erfahrungen, von meiner Praxis und von meinem Nachdenken über vier Jahrzehnte. Insoweit ist es zugleich ein persönliches Buch. Im Arbeitsprozess war es mir manchmal, als ob ich eine Biografie schreiben würde. Aber eine Biografie eigener Art, die die persönlichen Gedanken mit ihren Hintergründen so in unsere Welt einzeichnet, dass es möglich ist, sich mit ihnen auseinanderzusetzen und ins Gespräch zu kommen. Bei allen angesprochenen Themen geht es deshalb nicht um vordergründige Positionierungen, sondern um das Aufdecken und Mitdenken der Hintergründe und Tiefenstrukturen der Argumentationen. Wenn es denn gelingt, regt dieses Buch an, selbst zu glauben, selbst zu denken, selbst zu handeln und auch selbst zu zweifeln.

Was wir glauben, denken und tun, braucht Sprache. Eine eigene, angemessene Sprache zu finden hat mich mein ganzes Berufsleben lang beschäftigt. Ich bin nicht der kreative Erfinder immer neuer Sprachspiele und ästhetischer Wortzaubereien. Meine Stärke liegt eher in der Suche nach Präzision. Der Ausgangspunkt meiner Sprache ist die Beobachtung: Ich versuche, sowohl die inneren Bilder in meiner Seele wie auch die Welt um mich herum genau zu beobachten und dann so präzise wie möglich zu beschreiben und in den Dialog mit anderen einzubringen. Meine Hoffnung ist, damit bei anderen, auch bei den Leserinnen und Lesern, das Entstehen eigener Bilder und eine eigene Sprache anzuregen.

Kompetenz zur Deutung des Lebens

Dieses Buch ist aus einer Haltung liberaler Theologie geschrieben, die zwischen einer Erfahrung, die jedes Verstehen übersteigt, und dem vernünftigen Begreifen unserer Existenz zu vermitteln versucht. Sie versucht, das Versprechen einzulösen, dass der christliche Glaube eine Lebensdeutungskompetenz besitzt. Auch heute noch.

Was hat der Glaube uns Menschen dieser Zeit zu bieten, an Trost, Hilfestellung, Verstehen unseres Lebens und Bewältigung von Krisen und Grenzerfahrungen, aber auch an Kritik, Distanz zu den Verführungen unserer Zeit? Hat er uns überhaupt etwas zu sagen? Wie entstehen aus dem Blickwinkel des Glaubens ethische Urteile für die komplexen Sachverhalte, in denen wir uns als Menschen dieser Zeit bewegen müssen? Wie können wir handeln? Diesen Fragen geht dieses Buch nach.

Das Einssein mit der Welt – Eine Urerfahrung

Ein Kind spielt versonnen mit einem Kreisel. Bringt ihn in Schwung, schaut ihm zu, beobachtet seine Bewegungen, bewacht seinen Fall, richtet ihn auf, dreht ihn erneut. Es vergisst dabei Zeit und Raum. Die Eltern rufen, es hört nicht. Sie schauen nach ihm, wundern sich, freuen sich.

Ein Kind betrachtet einen Grashalm. Es sitzt im Garten auf einem Stück Rasen. Unzählige Grashalme wachsen dort auf kleinem Raum. Aber das Kind betrachtet einen bestimmten Grashalm, seine Farbe, seine raue Oberfläche, seine Ränder, das leichte Schwanken im Wind.

Erinnern Sie sich aus Ihrer eigenen Kindheit an solche Situationen, in denen Sie versunken waren im Spiel, in der Betrachtung, in einer Tätigkeit? Oder erinnern Sie sich, dies bei Kindern beobachtet zu haben?

Am Anfang, wenn wir als Kinder unsere Welt erkunden, erscheint diese noch als Ganzheit. »Ich« zu sagen lernen Kinder meist gegen Ende des 2. Lebensjahres. Erst nach und nach wird zwischen dem Außen und Innen, den Tatsachen und Menschen der Umwelt und der Person, die man selbst ist, unterschieden. Vom Standpunkt der Erwachsenen aus erscheint dieses frühe Stadium defizitär. Ein Kind kann »noch nicht« die Welt be-greifen und in Be-griffe fassen. Dieses defizitäre Stadium ist folglich zu überwinden, um zu einem denkenden Wesen mit klarem Bewusstsein für Innen und

Außen zu werden. Das ist einerseits richtig, weil diese Entwicklung zum Reifungsprozess des Menschen dazugehört. Blieben wir auf der Stufe des Kleinkindes stehen – was bedingt durch genetische Defekte oder Krankheiten vorkommt –, so blieben uns wesentliche Fähigkeiten des rationalen Handelns in der Welt verschlossen.

Es verengt aber den Blick auf die Tiefe menschlicher Wahrnehmungsmöglichkeiten, wenn man aus dieser Perspektive das frühkindliche Einssein mit der Ganzheit der Welt nur als etwas zu Überwindendes ansieht. Was uns von Hause aus mitgegeben wird, ist in Wahrheit ein großer Schatz, der gepflegt werden muss. Ob Menschen dies erkennen, hängt von der Brille ab, durch die sie die Welt sehen. Man kann nämlich auch sagen: Es handelt sich bei diesen Kindheitserfahrungen um die religiöse Urerfahrung schlechthin. Um die Erfahrung des Einsseins mit dem Grund unseres Daseins. Der Mythos von der Vertreibung aus einem Paradies, den die Bibel erzählt (1. Mose 2 und 3), hält in Form einer Erinnerung an den Anfang der Menschheit die Ahnung von einem Einssein mit Gott fest. Und den Schmerz darüber, dass dieses Einssein verloren scheint.

Von der Trivialisierung eines Schatzes

Es gibt in der theologischen Tradition viele Versuche, diese Urerfahrung zu beschreiben und ihr Namen zu geben. Am bekanntesten dürfte der Begriff der »Mystik« sein. Allerdings ist dieser Begriff durch eine bestimmte Festlegung belastet, nämlich so, dass mystische Erfahrungen nur etwas für ganz wenige Menschen seien, eben Mystiker, die außergewöhnliche Begabungen haben,

z. B. Visionen oder gar Schwebezustände erfahren. Nichts also für den normalen Menschen. Doch das ist ein Irrtum. Mystik ist jedem Menschen zugänglich. Das Leben beginnt mit mystischen Erfahrungen des Einsseins!

> *Dorothee Sölle schreibt: »Solche Kindheitserlebnisse werden den Menschen in unserer Kultur mit einer schnell überwundenen Kindheit gründlich ausgetrieben! Wir erklären sie dann zu Spinnereien, wir privatisieren und banalisieren sie mit den beliebten Nichts-als-Formeln … Einbildung, schlechte Verdauung, Überreizung etc. müssen herhalten, wir treiben sie unseren Kindern aus und zerstören sie zugleich in uns selber. Vielleicht ist die Trivialisierung des Lebens die stärkste antimystische Macht unter uns.«*[2]

Ein anderer Theologe sei mit einer berühmt gewordenen Formulierung zitiert: Daniel Friedrich Ernst Schleiermacher (1768-1834) sprach von der Religiosität als einer »Provinz im Gemüthe« des Menschen. Der Mensch werde also mit einer natürlichen Anlage geboren, mit Gott in Verbindung zu treten. Ihm sei gewissermaßen eine Antenne für die Verbindung zu Gott angeboren. Das ist die Veranlagung zur Mystik.

Der Psychotherapeut und Meditationslehrer Karlfried Graf Dürckheim (1896-1988) hat für dieses Erlebnis des Einsseins, oder wie er sagt: »Nicht-Zwei«-Seins[3], das schöne Wort »Seinsfühlung« geprägt. Wir sind als Kinder noch auf Tuchfühlung mit dem Sein, unserem eigenen Inneren, in dem Gott uns näher ist, als wir selbst uns sind. Wenn diese Urerfahrung nicht wertgeschätzt und gepflegt wird, kommt es dazu, dass Menschen »seinstaub«

werden.[4] Was Sölle die Trivialisierung des Lebens nennt, nennt er die »Säkularisierung« des Lebens.[5]

Ich selbst muss ein oft in träumende Betrachtungen versunkenes Kind gewesen sein. Jedenfalls erinnere ich mich, dass diese Zustände kritisiert, d.h. trivialisiert und banalisiert wurden. Der Satz »Kind, träum nicht schon wieder …« ist mir in guter Erinnerung, so als sei er mein täglicher Begleiter gewesen. Wie oft er tatsächlich gefallen ist, weiß ich nicht. Vielleicht haben sich einige wenige Situationen in der Erinnerung symbolisch verdichtet. Trotz – oder gerade wegen – der Kritik ist diese Erfahrung in mir lebendig geblieben.

Heute habe ich für diese Erfahrung ein Bild: Zwischen unserer sichtbaren und der unsichtbaren Welt existiert etwas wie eine Membran. Sie ist ganz dünn. In der Stille oder an besonderen Orten oder in besonderen Erlebnissen wird die andere Dimension dieser Welt durch diese Membran hindurch spürbar. Das sind Traummomente ganz eigener Art. Ich würde mich als »denkenden Träumer« (oder besser als »träumenden Denker«?) bezeichnen.

In neuester Zeit hat der Münchner Theologe Jörg Lauster in seinem Buch »Der Heilige Geist. Eine Biographie« dasselbe Phänomen als das »Rauschen der Welt« beschrieben.

> *Das Buch beginnt: »Das menschliche Dasein zeichnet aus, dass es sich in einer Welt ereignet, die nicht stumm ist. Aus der Welt steigt ein Rauschen auf, das den Menschen anspricht, fordert, schreckt und beruhigt. Das Rauschen kann in einer klaren Melodie hervorströmen,*

es kann ruhig dahinfließen, es kann in einem plötzlichen Brausen hereinbrechen oder als ein dunkles Grollen das menschliche Welterleben fluten. Für dieses Rauschen hat das Christentum aus tiefer Vergangenheit eine Erklärung: Das Rauschen der Welt ist die Gegenwart des göttlichen Geistes.«[6]

Die Welt ist nicht stumm. Auf ihr Rauschen mit einer Resonanz in unserer Seele zu reagieren heißt, auf Tuchfühlung mit dem Sein, mit Gott, zu gehen.

Religiöse Erfahrung zwischen Kritik und Notwendigkeit

Es gibt nicht nur die Trivialisierung dieser Erfahrungen, es gibt auch eine dezidiert theologische Kritik daran. Karl Barth (1886-1968), von dessen »Dialektischer Theologie« schon im vorigen Kapitel die Rede war, kritisierte, der christliche Glaube werde hier gerade seiner Besonderheit beraubt, die in der Selbstoffenbarung Gottes in Jesus Christus besteht und im Menschen keinen »Anknüpfungspunkt« (also gerade *keine* »Provinz im Gemüthe«) habe. Vielmehr breche die Offenbarung des »Ganz-Anderen« unverfügbar in die Welt des Menschen ein. »Religion« sei menschengemacht, sie sei gerade der Gegensatz zum christlichen Glauben, den Gott gestiftet hat. Einer meiner Lehrer erklärte uns, ein guter Protestant habe »religiös unmusikalisch« zu sein. Etwas holzschnittartig gesagt: Glauben an die Offenbarung in Jesus Christus ja, religiöse Erfahrung nein.

Man kann diese Kritik aus ihrer Zeit heraus verstehen. Barth hatte die Unterstützung des Ersten Weltkrieges durch die Liberale Theologie erlebt. Er suchte nach einem theologischen Ansatz, der es ermöglichte, die konkrete politische und gesellschaftliche Situation kritisch und widerständig zu analysieren. Wie sie den Ersten Weltkrieg unkritisch begrüßt hatte, hatte die Liberale Theologie wenig Widerstandskräfte gegen Vereinnahmungen durch den Nationalsozialismus. Als Adolf Hitler sich anschickte, das »Dritte Reich« der Offenbarung zu gründen, sich selbst auf die »Vorsehung« berief, sekundierten ihm manche Theologen in der Weise, dass sie im Führer und in der Geschichte des deutschen Volkes Quellen der Offenbarung Gottes sahen. Dem widersprach Karl Barth. Am deutlichsten auf den Punkt gebracht hat er dies in der maßgeblich von ihm entworfenen »Barmer Theologischen Erklärung« von 1934, deren 1. These lautet:

> *»Jesus Christus, wie er uns in der Heiligen Schrift bezeugt wird, ist das eine Wort Gottes, das wir zu hören, dem wir im Leben und im Sterben zu vertrauen und zu gehorchen haben. Wir verwerfen die falsche Lehre, als könne und müsse die Kirche als Quelle ihrer Verkündigung außer und neben diesem einen Worte Gottes auch noch andere Ereignisse und Mächte, Gestalten und Wahrheiten als Gottes Offenbarung anerkennen.«*

Es ist wichtig, diese Perspektive mitlaufen zu lassen[7], um religiöse Erfahrungen oder solche, die man dafür hält, nicht falsch zu deuten oder gar zu missbrauchen. Eine theologische Religionskritik ist bleibend wichtig, um die Widerständigkeit des Evangeliums gegen Verführungen und Vereinnahmungen des Glaubens zu bewahren. Der Blick auf Christus ist ein Deutungsrahmen, der es ermöglicht, die eigenen Erfahrungen als echte Nähe zu Gott, nicht bloß als Einbildungen zu verstehen. Er klärt die Erfahrungen aber auch inhaltlich. Bloß versunken in meine religiöse Erfahrung könnte ich auf die Idee kommen, sie für mich zu genießen, ohne Verantwortung in der Welt zu übernehmen und hochmütig zu werden oder gar menschenfeindliche Positionen zu beziehen. Die Verbindung der religiösen Erfahrung mit der Selbstoffenbarung Gottes in Jesus Christus schiebt solchen Verirrungen einen Riegel vor. Aber umgekehrt fehlt unserem Leben ohne die religiöse Erfahrung – das ist meine Überzeugung – ein lebendiger Bezug zu seinem eigenen Grund, dem Geheimnis der Welt. Ohne religiöse Erfahrung wird der Glaube austrocknen. Mit den Worten Karl Rahners (1904-1984): »Der Christ der Zukunft wird ein Mystiker sein oder er wird nicht sein.«

Die Fühlungnahme mit dem Grund unseres Daseins ins Gespräch bringen

Mich hat an meiner beruflichen Aufgabe, den Glauben ins Gespräch zu bringen, interessiert, die Menschen dieser Zeit auf ihren eigenen Ursprung anzusprechen, auf das Hören des Rauschens des Geistes, auf die Resonanzen, die das Leid anderer Menschen im Herzen hervorruft. Diese Resonanzen im Herzen sind der Vernunft nicht verschlossen. Deshalb ist die liberale Vermittlungstheologie diejenige, die mir am besten entspricht. Sowohl religiöse Erfahrung als auch der Gebrauch der Vernunft sind existenzielle Elemente des Menschseins. Auf das Sein, das Rauschen des Geistes Gottes, das Göttliche in mir zu horchen, mit ihm in Fühlung zu treten, ist nicht das Allheilmittel gegen alle menschlichen Leiden und politischen Gefährdungen unserer Zeit. Die Fühlungnahme mit dem Urgrund unseres Lebens ins Gespräch zu bringen ist jedoch ein nicht unwesentlicher Beitrag, den der christliche Glaube leisten kann. Nicht mehr, aber auch nicht weniger wird hier versucht.

B. Selbst glauben

Theologie als Traumdeutung: Die Entstehung und Entfaltung der Theologie

Der Mensch als die sich selbst aufgegebene Frage

Eltern, die nach der Geburt ihren Säugling im Arm halten, voll der Freude über das Wunder neuen Lebens, fragen sich tief berührt: Was ist der Mensch? Woher kommt er? Wie kann Leben entstehen? Was wird auf diesen kleinen Menschen warten? Wer wird ihn behüten? Wie können wir unser Leben bestehen?

Ähnliche Fragen kommen am Grab eines geliebten Menschen auf: Was macht das Leben aus? Was ist Glück, Gelingen, Scheitern? Wohin gehen wir, wenn wir sterben? Gibt es etwas hinter der sichtbaren Welt? Gibt es einen Gott?

Es sind aber nicht nur die großen Einschnitte im Leben, die solche Fragen auslösen. Es können winzige Augenblicke im Alltag sein, in denen Menschen von Weltschmerz, Weltfreude oder Weltfragen überfallen werden. Ein Augenblick beim Warten an der Bushaltestelle. Ein Moment vor Beginn einer wichtigen Besprechung. Das Abgleiten der Gedanken mitten in einem Gespräch. Die Musik im Radio oder in der Konzerthalle. Überall können diese winzigen Momente auftreten. Manchmal huschen sie vorüber und sind wieder vergessen. Oder fast vergessen. Tage später tauchen sie in der Erinnerung wieder auf. Manchmal sind sie umstürzend. Ein winziger Augenblick, und das Leben ist verändert, fühlt sich anders an. Glück, Krankheit, Trauer und Krisen. Eben noch war ich gesund und bin meiner Arbeit nachgegangen. Dann die Diagnose: Krebs. Von einer Sekunde auf die andere ist alles anders. Der Boden unter den Füßen schwankt. Hat das alles Sinn, was ich tue? Warum stehe ich überhaupt morgens auf? Was treibt mich an? »Der Mensch ist die sich selbst aufgegebene universale Frage« – dieser Satz des berühmten katholischen Theologen Karl Rahner begleitet mich seit dem Studium.

Theologie als Traumdeutung

Ich erinnere mich, dass mich ältere Pastoren damals gewarnt haben, das Theologiestudium könne meinen Glauben kaputtmachen. So sei es schon vielen gegangen. Wenn man erst die kritischen Fragen an die Überlieferung der Bibel und die vielen theologischen Meinungen kennen lernen würde, bliebe vom Glauben nicht viel übrig. Mir ist es umgekehrt gegangen. Ich habe es damals so empfunden, mich zum Glauben »hinstudiert« zu haben. Natürlich war schon vorher ein Glaube da, sonst hätte ich das Studium nicht begonnen. Aber er wurde vertieft. Und letztlich geht es mir bis heute so, dass mein Glaube sich immer weiter vertieft, je mehr ich über ihn nachdenke, auch wissenschaftlich. Wenn der Glaube mit der Seinsfühlung beginnt und also etwas gedankenverloren Träumerisches hat, dann ist die Theologie eine Art Traumdeutung.

Traumdeutung ist kein weltfernes Geschehen. Das Traumhafte der Berührung mit Gott wird erfahren und auf die Probe gestellt im alltäglichen Leben. Da bekommen unsere Träume Kratzer, sie können platzen und am Ende kann die Frage stehen, wo Gott überhaupt ist und ob denn die träumerische Berührung mit ihm bloß ein Irrtum war.

Begonnen hat die christliche Theologie mit einem zerplatzten Traum, dem Traum vom Reich Gottes. Es sollte mit dem Tod Jesu[8] in Herrlichkeit kommen und diese Welt ablösen. Stattdessen erlebten die Jüngerinnen und Jünger den Schock, dass Jesus am Kreuz hingerichtet wurde. Statt der Herrlichkeit des Reiches Gottes ein schmählicher Foltertod. Alles schien sinnlos. Es gab ein böses Erwachen. Ein zerplatzter Traum musste gedeutet werden.

Ein Erwachen aus der Verzweiflung

Lukas berichtet so etwas wie eine »Urszene« der Theologie. Im 24. Kapitel seines Evangeliums erzählt er, wie zwei Anhänger Jesu niedergeschlagen von Jerusalem in ein kleines Dorf in der Nähe wandern, das Emmaus heißt. Da begegnete ihnen der auferstandene Jesus. Es ist für alle Berichte über Begegnungen mit dem Auferstandenen typisch, dass in ihnen offen und rätselhaft bleibt, ob ein Mensch aus Fleisch und Blut, sozusagen der wiederbelebte Körper, oder eine geistige Gestalt aufgetreten ist. Ob man den Körper anfassen konnte oder nicht, dazu haben die Evangelisten widersprüchliche Erzählungen aufgeschrieben. Auf dem Weg nach Emmaus jedenfalls erkennen seine Freunde ihn nicht sofort. Es heißt, ihre Augen wurden »gehalten«. Sie waren verblendet, geblendet. Jesus geht ein Stück des Weges mit ihnen, fragt sie, warum sie so traurig sind. Sie erzählen ihm die ganze Geschichte bis zur Kreuzigung. »Wir aber hofften, er sei es, der Israel erlösen würde«, sagen sie ihm. Jesus erklärt ihnen, dass es schon in der Hebräischen Bibel[9] Andeutungen gibt, dass der kommende Messias, also der »Gesalbte«, der Retter am Ende der Tage, zunächst leiden und sterben muss. Deshalb sollten sie nicht traurig sein. Am Ende der Welt werde sich zeigen, dass er es ist, der im Reich Gottes herrscht.

Von diesen Worten sind die beiden Männer so bewegt, dass sie ihn einladen, in Emmaus mit ihnen zu übernachten und zu Abend zu speisen. Jesus bleibt zum Essen, aber während sie das Brot brechen, verschwindet er vor ihren Augen. War ihnen doch kein echter Mensch begegnet? Hatten sie eine Vision? Das bleibt offen. Doch nun sind sie aus Erstarrung und Trauer befreit. Ihnen wird bewusst, wie sehr »ihr Herz brannte«, als sie mit diesem Fremden sprachen. Und ihr ganzer Kummer löst sich und sie verstehen jetzt, dass die Geschichte Jesu mit seinem Tod am Kreuz nicht zu Ende ist.

Dem bösen Erwachen aus einem geplatzten Traum folgte ein zweites Erwachen aus der Verzweiflung. Der Ursprung der Theologie liegt in diesem Raum zwischen erstem und zweitem Erwachen. So ähnlich erleben Menschen es auch in Krisen. Wenn eine Partnerschaft zerbricht oder uns eine schreckliche Diagnose ereilt, zerplatzt ein Traum von heilem Leben. Außer Verzweiflung scheint nichts mehr da zu sein. Wenn wir nach und nach Boden unter den Füßen zurückgewinnen, das Leben unter den neuen Bedingungen lebbar wird, ist es wie ein zweites Erwachen aus dem ersten. Gedanken, Planungen, vielleicht auch ein vorsichtiges Verstehen werden wieder möglich. Aus einem solchen Prozess ist die christliche Theologie hervorgegangen.

Und immer wieder waren es Krisen, die die Theologie herausgefordert haben, neu zu denken: Gesellschaftliche und politische Umbrüche, Kriege, Epidemien. Dem bösen Erwachen aus der gewohnten, scheinbar heilen Welt folgten Verzweiflung, Ringen um ein Verstehen der Situation, ein Erwachen in einer veränderten Welt, ein neues Verstehen, ein neuer Sinn. So ist es bis heute. Eine lange theologische Tradition hat so getan, als gebe es unveränderbare Wahrheiten, theologische Dogmen, die man anzunehmen habe und die nicht infrage gestellt werden dürften. Doch Theologie war immer lebendig, hat sich mit den Herausforderungen der jeweiligen Zeit auseinandergesetzt und hat den Glauben neu durchbuchstabiert. Die Theologie ist kein Ausstellungsstück im Museum, sie lebt.

Theologie im Plural und von rückwärts

Die Theologie begann im Plural. Das Neue Testament berichtet, wie sie entstanden ist. Jesu Leben wird viermal erzählt, von Matthäus, Markus, Lukas und Johannes. Das ist ein Hinweis darauf, dass jeder es aus seiner Perspektive und auch schon mit seiner Deutung der Geschehnisse darstellt. Die Erforschung des Neuen Testaments hat ergeben, dass der erzählerische Kern des Evangeliums in der Passionsgeschichte, also im Leidensweg Jesu am Ende seines Lebens besteht. Das bewegte seine Anhänger: Wie kann man verstehen, dass Jesus nicht am Ende als glorreicher König die Herrschaft über die Welt übernommen hat? Wie kann man verstehen, dass es drei Tage nach seinem Tod zu Begegnungen mit ihm kam, die seine Anhänger – und jetzt auch ausdrücklich seine Anhängerinnen – zutiefst irritiert und aus der Bahn geworfen haben? Im Nachhinein fragten sich die, die Jesus gefolgt waren: Wer war das überhaupt? Es war doch bloß der Sohn eines Zimmermanns aus Nazareth. Wieso konnte er heilen? Wieso sind so viele Menschen ihm gefolgt? So wurden aus der Erinnerung Worte Jesu aufgeschrieben und Geschichten über Jesus erzählt. Über die Weise, wie er das Judentum, aus dem er kam, deutete, darüber, wie er Gleichnisse erzählte, über die Wirkung, die er auf Menschen hatte, die die Begegnungen mit ihm als Wunder erlebten. Diese Geschichten wurden in den Evangelien gesammelt, literarisch verdichtet und gedeutet, so weit, dass Matthäus und vor allem Lukas sogar von den besonderen Umständen der Geburt Jesu zu berichten wissen. Nicht, weil sie erzählen wollten, wie es gewesen ist, sondern weil sie – als Kinder ihrer Zeit – erzählen wollten, was die Geburt dieses Menschen für die Welt bedeutete. Die Evangelien erzählen Jesu Leben viermal, aus vier verschiedenen Perspektiven. Von Anfang an bilden persönliche Erfahrungen, starke Emotionen und Verstehen eine Einheit. Theologie entstand als Lebensform, nicht als Dogmatik.

Gott wird sichtbar

Man fragte vom Ende her zurück. Wenn es nach seinem Tod zu Begegnungen mit ihm kam, konnte er kein gewöhnlicher Mensch gewesen sein. Die Jüngerinnen und Jünger blätterten in der Hebräischen Bibel und fanden Bezeichnungen, die sich auf Jesus übertragen ließen.[10]

Menschensohn: Nach einer Stelle im 7. Kapitel des Buches Daniel wird der Retter am Ende der Zeiten beschrieben wie ein »Sohn des Menschen«, der aus den Wolken kommt. Im Hebräischen und Aramäischen ist die Wendung »Sohn des …« eine Gattungsbezeichnung. »Sohn des Menschen« heißt nichts anderes als »Mensch«. Doch mit der Zeit wurde im griechischen Sprachraum, wo man diese Ursprünge so genau nicht mehr kannte, daraus ein eigener Titel. So wird auch Jesus mehrmals als »Menschensohn« bezeichnet (z. B. Mt 24, 30 und Lk 6, 22).

Kyrios – Herr: Aus Ehrfurcht vor dem Namen Gottes wurde es im Judentum üblich, den Eigennamen, den Gott im hebräischen Text hat, nicht auszusprechen, sondern stattdessen »Adonai« = »Herr« zu lesen. Für jüdische Ohren ist also Gott selbst gemeint, wenn Jesus als der »Herr« bezeichnet wird (z. B. Mt 26, 22). Anders im hellenistischen (also griechischen) und römischen Bereich, wo »Kyrios« der Titel des Kaisers ist. Wenn Paulus an die Gemeinde in Korinth (in Griechenland) schreibt, dass niemand sagen kann »Jesus Christus ist der Herr«, außer wenn ihn der Heilige Geist dazu inspiriert (1. Kor 12, 3), dann ist das eine Kampfansage an die weltliche Obrigkeit: Nicht der Kaiser ist Herr unseres Lebens, sondern Jesus Christus.

Christus: Christus ist die griechische Übersetzung von Messias, zu Deutsch »Gesalbter«. Zur Inthronisation der Könige in Israel gehörte die Salbung durch einen Propheten. Damit waren alle Könige »Gesalbte«. Einer jedoch ragt aus der Reihe der Könige besonders hervor: David. Aus seinem Stammbaum soll der künftige Retter kommen (Jes 9, 1-6 und Jes 11, 1-5). Deshalb entstand eine »Messiaserwartung«, die allerdings in der Hebräischen Bibel so noch nicht bezeichnet wird. Erst in den Schriften, die zeitlich zwischen der Hebräischen Bibel und dem Neuen Testament liegen, kommt eine ausdrückliche Messiaserwartung auf. Sie wird auf Jesus übertragen – Petrus bekennt: »Du bist der Christus« (Mt 16, 16).

Sohn Gottes: Am schwierigsten ist die Herkunft des Titels »Sohn Gottes« bzw. »Gottessohn« zu erklären. Zwar gibt es Belege, dass Könige als Sohn Gottes bezeichnet wurden (Ps 2, 7), aber dies war nie wörtlich gemeint. Auch die Anrede Gottes als Vater, die Jesus oft benutzte und die zu seiner Zeit geläufig war, bedeutete nicht, sich selbst im wörtlichen Sinne als Sohn Gottes zu verstehen. Im Gegenteil: Sich selbst als Sohn Gottes zu bezeichnen galt als Gotteslästerung, wie das Johannesevangelium in seinem Bericht von dem Prozess vor Pilatus hervorhebt (Joh 19, 7). Ob Jesus sich selbst so bezeichnet hat, wissen wir nicht. Auf jeden Fall tritt uns bei diesem Titel besonders deutlich entgegen, dass man in Jesus eine Person sah, die alle bekannten Traditionen und alle gängigen Erwartungen und Titel sprengte. Bei Markus ist es ein von Dämonen besessener Mann, der in Jesus den »Sohn des höchsten Gottes« erkennt, weil nur der die Macht habe, Dämonen auszutreiben (Mk 5, 7). An der schon erwähnten Stelle, als Petrus in Jesus den Messias erkennt, fügt er hinzu: »der Sohn des lebendigen Gottes« (Mt 16, 16).

So knüpfte man zur Deutung des Lebens, der Person und des Schicksals Jesu an die bekannten jüdischen Traditionen an und führte sie zu einem neuen und einzigartigen Verständnis Jesu weiter: Mit Jesus war Gott selbst in der Welt sichtbar geworden.

Der Geist als das Band der Liebe

Aber nicht nur Jesus wurde neu gedeutet. Vielmehr gab man nach und nach auch dem Geist Gottes eine eigene Rolle. An sich war die Rede von Gottes Geist nicht ungewöhnlich. So heißt es, der Geist (auf Hebräisch weiblich: die »Ruach«) schwebte bei der Schöpfung über den Wassern (1. Mose 1, 2). In einer Vision des Propheten Ezechiel kündigt Gott an, den Menschen an die Stelle ihres versteinerten Herzens ein Herz aus Fleisch und einen neuen Geist zu geben (Ez 36, 26f.). Und in einer Vision, in der vom Volk nur noch Totengebeine übrig geblieben sind, gibt Gott seinen Geist in die Skelette, die daraufhin wieder zum Leben erwachen (Ez 37; Luther übersetzt »Odem«, im hebräischen Original steht aber »Ruach«). Doch immer stärker wurde aus dem Geist Gottes ein – ja, was soll man sagen, ohne schon die späteren Streitigkeiten um die richtigen Worte vorwegzunehmen? – eigenes Wesen, eine eigene Person. Wie eng der Geist Gottes mit dem Herrschaftsanspruch Jesu als des Herrn der Welt verbunden wurde, kann man an der Stelle sehen, an der Paulus nach Korinth schreibt: Niemand kann sagen, Jesus ist der Kyrios, wenn es ihm nicht der Heilige Geist eingibt (1. Kor 12, 3). Der »Herr« und der »Geist« können sogar gleichgesetzt werden: »Der Herr ist der Geist« (2. Kor 3, 17). Neben die Sprachformen »Geist« und »Geist Gottes« tritt die neue und in der Hebräischen Bibel unbekannte Form »Heiliger Geist«.

Das Neue Testament gibt Einblick, wie in kurzer Zeit komplexe theologische Überlegungen entstanden. Immer mehr werden Vater, Sohn und Heiliger Geist formelhaft zusammengefasst. So in dem abschließenden Gruß des Paulus nach Korinth: »Die Gnade unseres Herrn Jesus Christus und die Liebe Gottes und die Gemeinschaft des Heiligen Geistes sei mit euch allen« (2. Kor 13, 13).

Diese Grußformel wird heute häufig zu Beginn des Gottesdienstes oder vor der Predigt gesprochen. Bei der Taufe wird zitiert: »Gehet hin und taufet alle Völker auf den Namen des Vaters und des Sohnes und des Heiligen Geistes« (Mt 28, 19). Der Heilige Geist wurde gedeutet als das Band der Liebe, das Vater und Sohn verbindet. Er erstreckt sich über die ganze Welt und nimmt die Schöpfung mit in seine Liebe hinein.

Drei in Eins

Damit ist eines der schwierigsten Themen der Theologie überhaupt angesprochen: die sogenannte »Trinitätslehre«, zu Deutsch oft »Dreifaltigkeitslehre« genannt, wörtlich aber genauer übersetzt als »Dreieinigkeitslehre«. Dieses »Lehrstück« der Theologie dürfte dasjenige sein, mit dem sich Menschen, die den christlichen Glauben zu verstehen versuchen, am schwersten tun. An Gott glauben: Ja, das können viele mit ihren Gedanken, dass da irgendwie »etwas Höheres« sein muss, verbinden. Dass Jesus ein besonderer Mensch war, der von Liebe erzählt hat und dem wir nacheifern sollten: Auch das leuchtet vielen ein. Und dass es schließlich einen Geist gibt nach Art einer Gesinnung, die die Menschen verbindet und be-geistert, das kann man auch noch verstehen. Dass aber Gott zugleich Vater, Sohn und Heiliger Geist sein soll, da hört das Verständnis dann doch auf. Wie ist es zu dieser schwer verständlichen Aussage über Gott gekommen, er sei »drei in eins«?

Der Ausgangspunkt ist in der Erfahrung der Menschen zu suchen. Für die frühen Christen war es eine unmittelbare Erfahrung, dass Gott ihnen auf unterschiedliche Weise begegnete. Das ist so seltsam nicht, denn auch heute würden Menschen, die an Gott glauben, ihn je nach Situation unterschiedlich beschreiben und benennen. Wenn sie ein Neugeborenes im Arm halten, erscheint ihnen unmittelbar einleuchtend, dass Gott das Leben schenkt, also Vater und Schöpfer des Lebens ist. Wenn sie in einer tiefen Lebenskrise neue Kraft gefunden haben und dies mit Gott in Verbindung bringen, so erscheint ihnen Gott als ein Tröster oder Retter wie Jesus. Wenn sie die Erfahrung gemacht haben, dass Gott ihr Gebet für einen geliebten, schwer kranken Menschen erhört hat, dann fühlen sie sich mit Gott und diesem Menschen im Geist verbunden. So ähnlich kann man sich vorstellen, dass die ersten Anhänger Jesu ihre Begegnung mit dem Auferstanden, den Trost in ihrer Niedergeschlagenheit über seinen Tod, die Begeisterung über Gottes Gegenwart in ihrem Leben in diesen drei Namen als Vater, Sohn und Heiliger Geist wiederfanden. Die unendliche Fülle von Gotteserfahrungen, die Menschen (bis heute) machen, wurde zusammengefasst in drei Namen für Gott.

Kompliziert bleibt es dennoch. Zunächst ging es um die Frage, wie Gott und Jesus sich zueinander verhalten. War Jesus zuerst Mensch und dann auch noch göttlich? Oder war er eher so etwas wie ein Gott, der Menschengestalt angenommen hatte? Erbittert wurde um die korrekten Formulierungen gerungen. Dabei musste man sich der Begriffe der Philosophien der damaligen Zeit bedienen, denn andere hatte man nicht. Gleichzeitig passten sie aber nicht genau, sodass man sie doch nicht einfach unkommentiert benutzen konnte. Über dem Ringen um die richtige »Christologie« kam es zu heftigen Kämpfen zwischen verschiedenen Regionen der jungen Kirche, besonders zwischen den Bischofssitzen von Antiochia und Alexandria. Aber auch die Machtpolitik der Kaiser und Bischöfe kam hinzu. Im Jahre 429 kam es in Ephesus zu einer Synode, die wegen der Tumulte als Prügel- oder Räubersynode in die Geschichte eingegangen ist. Es traten gekaufte Schläger auf, die die Abstimmung beeinflussen sollten. Heute kann man sich nur noch schwer vorstellen, dass eine Frage, die uns so schwer verständlich erscheint und deshalb ziemlich kalt lässt, so sehr die Gemüter erhitzte. Schließlich einigte man sich im Jahre 451 auf einem Konzil in Chalkedon (in der heutigen Türkei) auf folgende Formulierungen:

> *Jesus hatte einen eigenen Leib und eine eigene »Vernunftseele«, war aber mit dem Vater »wesensgleich«. Er war »wahrer Mensch und wahrer Gott«. Seine beiden »Naturen«, die menschliche und die göttliche, waren in ihm »unvermischt, unverändert, ungeteilt und ungetrennt«.*

Diese seltsame Reihe von »un-Adjektiven« zeigt, dass man darauf verzichtete, positiv und konkret zu sagen, wie man sich das Verhältnis von Jesus und Gott vorstellen könne. Man *beschrieb* das *Geheimnis,* versuchte aber nicht, es zu *erklären.* In ihrer Balance muten die Adjektive fast mathematisch an. Aber am besten versteht man sie, wenn man in ihnen nicht den Versuch einer mathematisch exakten Vermessung Gottes sieht, sondern die ehrfürchtige Einsicht in die Grenzen unseres menschlichen Denkens.

Parallel zur Christologie stritt man über die Rolle des Heiligen Geistes. Bereits auf dem Konzil von Konstantinopel 381 hatte man das Glaubensbekenntnis um einen dritten Teil zum Heiligen Geist ergänzt. Nachdem man für die beiden Naturen Christi passende Begriffe gefunden hatte, war der Schritt zur Einigung über die Trinitätslehre nicht mehr weit: Vater, Sohn und Heiliger

Geist sind drei »Personen«, aber ein »Wesen«. »Person« darf man dabei nicht im modernen Sinne als ein individuelles Subjekt verstehen. Es hilft, sich die Herkunft des lateinischen Wortes klarzumachen, das nämlich von per-sonare = durch-tönen herkommt und sich auf die »Maske« bezieht, die Schauspieler in der Antike zur Verkörperung ihrer Rollen trugen. Damit soll nicht gesagt werden, das Gott sich »maskiert«, vielmehr wird das Bild aus dem Theater als Verständnishilfe benutzt: So, wie dieselbe Person im Theater verschiedene Rollen wahrnimmt, begegnet der eine Gott den Menschen in verschiedenen »Personen«. Gott ist in den Personen »Jesus« und »Geist« wirklich unter uns da. Auch hier gilt: Alle menschlichen Begriffe sind Annäherungen an Gott, aber keine exakten Vermessungen seines Geheimnisses.

Ist Theologie dann doch eine Frage von richtig und falsch, eine kirchliche Lehre, die mit Autorität verkündet wird und zu glauben ist? Dieser Gedanke kann nach so vielen Kämpfen um richtige Formulierungen aufkommen. In der Geschichte der Kirchen – hier bewusst im Plural – spielten Lehrfragen eine zentrale Rolle für ihre Identitäten und die Abgrenzung untereinander. Bis heute werden auch evangelische Pfarrerinnen und Pfarrer bei ihrer Ordination auf die jeweiligen Lehrgrundlagen ihrer Kirchen verpflichtet. Von daher ist es nachvollziehbar, wenn Theologie mit Lehre, Autorität, Dogma und Ordnung in Verbindung gebracht wird. Aber das ist nur *eine* Seite. Gleichzeitig gilt in den evangelischen Kirchen die »Freiheit eines Christenmenschen«. Niemand muss die überlieferten Formeln für sich annehmen. Und das ist gerade *keine* Beliebigkeit oder Nachlässigkeit, sondern Ehrfurcht vor den Grenzen menschlichen Verstehens. Die Theologie begann im Plural und ist anders als im Plural nicht zu haben. Das spricht nicht gegen sie, sondern für ihre Lebendigkeit.

Die Entfaltung der Themen

Die Theologie hat sich immer weiter entfaltet. Neben die Christologie und die Trinitätslehre traten immer mehr einzelne Themen: Was ist der Mensch? Warum machen Menschen Fehler? Warum scheitern sie so oft? Wie kann man verstehen, dass so viel Gewalt in der Welt ist? Wie können wir überhaupt etwas über Gott wissen? Wie spricht Gott mit uns? Wie sieht Gott unser Leben an, unsere Freude, unser Glück, unser Leiden, unsere Fehler? Wie ist es mit der Gemeinschaft der Menschen, die in irgendeiner Weise an Gott glauben? Wo kommt der Mensch her, wohin geht er? Kommt nach dem Tod noch etwas? Wird die Welt ewig bestehen oder geht sie auf ein Ziel zu?

Die Herausforderungen durch Kriege, soziale Umbrüche und technische Fortschritte führten zu Fragen nach dem richtigen Handeln. Darf man Kriege führen? Soll man die Medizin nutzen oder das Leben einfach in Gottes Hände legen? Wie verhält man sich dem Staat gegenüber in seinen Wandlungen vom Heiligen Römischen Reich Deutscher Nation, über den absolutistischen Fürstenstaat bis zur modernen Demokratie?

Zwei Namen – zwei Perspektiven – Missverständnisse mit Folgen

Ich möchte Ihnen zwei der bedeutendsten Theologen der Kirchengeschichte vorstellen: Thomas von Aquin (1225 geboren bei Aquino in Italien, gestorben 1274 in Paris) und Martin Luther (geboren 1483 in Eisleben und dort auf einer Reise 1546 gestorben). Beide haben sie ein monumentales Werk hinterlassen, das jeweils viele Regalmeter füllt und bis heute Gegenstand der Forschung ist. Beide müssen sie »Arbeitstiere« oder »Workoholics« gewesen sein. Beide waren sie hoch gebildet und auf der Höhe ihrer Zeit. Beide haben sie tiefe Spuren in der Kirchengeschichte hinterlassen. Thomas als einer der wichtigsten Lehrer der katholischen Kirche, Martin Luther als Reformator ebendieser katholischen Kirche und damit als Begründer eines neuen Zweigs christlicher Kirchen. Beide waren Universitätsprofessoren, Thomas in Paris an der berühmten Sorbonne und damit im Mittelpunkt des geistigen Lebens seiner Zeit, Luther in Wittenberg, an einer eben erst neu gegründeten Universität in einem unbedeutenden Winkel der damaligen Welt. Beide waren Mönche, Thomas im Dominikanerorden, Luther bei den Augustinern. Beide waren sie körperlich recht füllig, dürften sich ungesund ernährt und zu wenig bewegt haben.

Was beide aber unterschied, waren ihr Charakter und ihr Temperament. Thomas kann man sich als typischen Gelehrten vorstellen. Er wollte die biblische Offenbarung und die Lehre der Kirche gedanklich durchdringen, ordnen und damit ihre Wahrheit beweisen. Sein wichtigstes Werk ist die dreibändige »Summa theologiae«, eine systematisch geordnete Darstellung der Theologie. Martin Luther dagegen muss man sich als einen emotionalen, bisweilen wohl auch heftig aufbrausenden Menschen vorstellen. Eine Legende erzählt, er habe auf der Wartburg mit einem Tintenfass nach dem Teufel geworfen. Ob das stimmt oder nicht, wird man nicht mehr beweisen können. Der Fleck, den man heutzutage an der entsprechenden Stelle seines Zimmers zu sehen bekommt, ist vielfach aufgefrischt worden. Aber diese Legende passt zu seinem Temperament. Er war ständig in einem Ringen und Kämpfen mit sich selbst und mit seinen Mitmenschen. Er hinterließ keine geordnete Darstellung der Theologie, sondern Vorlesungen, Briefe und eine Fülle von Schriften, in denen er zu damals aktuellen Fragen oder Auseinandersetzungen Stellung nahm.

Um Luthers Theologie zu verstehen, muss man sich vor Augen führen, mit welchen Skrupeln er sich als Mönch plagte. Er litt darunter, nicht perfekt genug zu sein. Versäumte er z. B. Gebetszeiten aufgrund seines hohen Arbeitspensums, so versuchte er, sie nachzuholen, was ihn aber nur immer mehr unter Druck setzte. Doch irgendwann platzte bei ihm der Knoten der Erkenntnis. Er kam zu einer theologischen Erkenntnis, die zugleich ein psychologischer Befreiungsschlag war, und machte so eine sein Leben und Denken völlig verändernde Erfahrung. Bei der Lektüre der Stelle im Römerbrief, wo von der »Gerechtigkeit Gottes« die Rede ist, die im Evangelium offenbar wird (Röm 1, 16+17), wurde ihm schlagartig bewusst, dass es hier nicht um Regeln geht, die man einhalten muss, um vor Gott »gerecht«, also ohne Schuld zu sein, sondern dass es genügt zu glauben und der Mensch schon allein dadurch – als schuldiger Mensch – von Gott angenommen ist. Jahre später schreibt er im Rückblick, es sei ihm gewesen, als hätten sich die Pforten des Paradieses aufgetan.

Thomas von Aquin und Martin Luther galten fast 500 Jahre lang als die Antipoden zweier theologischer Traditionen. Die Spaltung zwischen der römisch-katholischen Kirche und den Kirchen der Reformation meinte man darin theologisch begründen zu können, wie die beiden über Gnade dachten. Thomas mit seinem distanziert-ordnenden Blick beschrieb die Gnade als einen »Habitus«, im Bild könnte man sagen: als einen »Mantel«, den Gott dem Menschen umlege. Luther dagegen stellte sich den Menschen – um in diesem Bild zu bleiben – völlig nackt vor Gott vor. Gerade in dieser Nacktheit, schutzlos und mit leeren Händen, nimmt

Gott den Menschen an. Wenn man diese beiden Perspektiven weiterdenkt, kommt man zu unterschiedlichen Aussagen über Gott, den Menschen und die Gnade. Bei Thomas kann der Mensch aus seinem »Habitus« heraus als guter Mensch zu leben versuchen und damit zu einem guten Urteil Gottes über ihn etwas beitragen. Luther polemisiert gegen diese Sicht auf den Menschen, das sei »Werkgerechtigkeit«, letztlich der Versuch, sich durch eigene gute Werke vor Gott gerecht zu machen. Das aber sei völlig unmöglich. Und es sei auch unnötig, weil Gott uns liebt und uns nackt, wie wir sind, annimmt.

Erst in den 1960er-Jahren fand man in der Forschung einen neuen Blick auf die beiden Antipoden.[11] Man sah nun nämlich, dass es zwei völlig verschiedene Perspektiven auf dieselbe Sache waren. Thomas verkörpert den Typus einer »sapientialen«, also weisheitlichen Theologie, Luther den Typus einer »existenzialen«, also vom inneren Ringen des Menschen her entwickelten Theologie. Beide gehen unterschiedlich, ja geradezu gegensätzlich mit der Erfahrung der Unvollkommenheit des Menschen um. Auch hier also geht es um die Bewältigung einer tief empfundenen Krise des Menscheins. Es ist ein Erwachen aus dem zerplatzten Traum von einem Menschen, der sein Leben selbst in die Hand nehmen, zu seinem Glück und zu seinem Ansehen vor Gott etwas Wesentliches beitragen könne. Der eine beschreibt die Krise gelehrt-distanziert, der andere stürmisch-verzweifelt. Mich selbst hat diese Erkenntnis während meines Studiums geprägt. Ich fühlte mich Luther näher. Aus der träumerischen Haltung der Seinsfühlung erwächst eher eine existenziale Theologie. Doch ich habe auch verstanden, wie wichtig es ist, sich in andere Perspektiven hineinzuversetzen. Wie wir glauben, wie wir theologisch nachdenken, geschieht nie im luftleeren Raum, sondern ist immer eingebettet in unsere Erfahrungen, Emotionen und Temperamente.

Die Impulse der Aufklärung

Mit Immanuel Kant (1724-1804) verbindet sich der Begriff der »Aufklärung«. »Aufklärung ist der Ausgang des Menschen aus seiner selbstverschuldeten Unmündigkeit.« Unmündigkeit ist das »Unvermögen, sich seines Verstandes ohne die Leitung eines anderen zu bedienen«. Und selbstverschuldet ist die Unmündigkeit, wenn sie nicht auf einen Mangel an Verstand zurückgeht, sondern aus der Angst davor kommt, sich des eigenen Verstandes zu bedienen. Dieser Gebrauch des Verstandes brachte neue Methoden wissenschaftlicher Arbeit auf den Plan, auch im Umgang mit der Bibel. Man fing an, sie »historisch-kritisch« zu lesen, also nicht mehr wie ein vom Himmel gefallenes oder den Autoren von Engeln diktiertes Buch, sondern als Sammlung von Texten menschlicher Schriftsteller, die ihr Wissen, ihre Erfahrungen und ihre Kultur in ihren Worten aufzeichneten. Damit gerieten auch die »übernatürlichen« Ereignisse, die in der Bibel geschildert werden, in ein neues Licht. Man versuchte, die Wunder auf natürliche und rationale Weise zu erklären. Man glaubte zwar weiter an eine Wirklichkeit jenseits dieser Welt, lehnte aber die Vorstellung »übernatürlicher« Eingriffe Gottes in diese Welt ab.

Schließlich bekam nun auch das Handeln seinen gebührenden Raum in den theologischen Überlegungen. Es mag aus heutiger Sicht überraschen: Eine Ethik als eigenen Teil der Theologie hatte es bis dahin nicht gegeben. Inhaltlich hatte sie ihren Platz im Rahmen der »Tugendlehre« im Kapitel über den Menschen. Natürlich hatte man immer schon darüber nachgedacht, was gut und böse ist und wie man handeln soll. Die Klöster machten sich die Versorgung der Armen oder die Bildung als ihre Tugenden zur Aufgabe. Martin Luther hat engagierte Schriften verfasst, dass man sich um die Armen kümmern solle. Aber als ein eigener Teil der Theologie, eben die Ethik, kam die Frage »Wie sollen wir handeln?« erst in der Neuzeit auf. Mit ihr kam die Wende zum Menschen. Ausgangspunkt der Theologie war jetzt nicht das Nachdenken über Gott, sondern über den frommen und aus seinem Glauben handelnden Menschen.

Einen radikalen Bruch mit der bisherigen theologischen Tradition wagte Daniel Friedrich Ernst Schleiermacher (1768-1834), Theologieprofessor in Berlin. Theologie ist für ihn die Darstellung der Lehre, die zu einer bestimmten Zeit in einer bestimmten Kirche gilt. Theologie verkündet also keine übernatürlichen, geoffenbarten Wahrheiten. Sie beschreibt den Glauben der Menschen, in Schleiermachers Sprache »das fromme Selbstbewusstsein«. Dieses besteht nicht aus Vernunft und Argument, sondern aus »Anschauung und Gefühl«. Der Kern des christlichen Glaubens sei »das Gefühl schlechthinniger Abhängigkeit« von Gott. Frömmigkeit sei eine »Provinz im Gemüthe«. Seine zusammenfassende Darstellung der Theologie heißt deshalb nicht »Theologie« oder »Dogmatik«, sondern »Der christliche Glaube«. Man kann sich vorstellen, dass viele Kirchenvertreter seiner Zeit (und bis heute) damit erhebliche Probleme hatten. Schleiermacher macht Ernst mit der neuzeitlichen Wende zum Menschen. Er geht konsequent von den Erfahrungen der Menschen aus, deutet diese als Glaubenserfahrungen und deutet Offenbarung als das Bewusstwerden des Innersten des eigenen Lebens und einer neuen »Anschauung des Unendlichen«.

Schleiermachers Wende zum Menschen hat Spuren bis heute hinterlassen. Ebenso radikal wie sein Ansatz selbst war 150 Jahre später der Widerspruch dagegen durch den schon erwähnten Schweizer Karl Barth (1886-1968). Barth sah in der Wende zum Menschen den Grundfehler der modernen Theologie überhaupt. Die Theologie habe dadurch ihre kritische Kraft verloren, den Fehlentwicklungen in Kultur und Politik etwas entgegenzusetzen. Anders, als es Schleiermachers Rede von einer »Provinz im Gemüthe« vorspiegele, gebe es gerade *keinen* »Anknüpfungspunkt« für Gott im Menschen. Vielmehr spreche Gott den Menschen als der »ganz Andere« mit seiner Offenbarung an. Jede Theologie setzt Schwerpunkte und führt anderes als Schatten mit sich. Die Dialektische Theologie hat die Stärke, jeglicher Verführungskraft durch menschliche Vereinnahmung das klare Bekenntnis der Selbstoffenbarung Gottes in Jesus Christus entgegenzusetzen. Sie war den Anfechtungen der Nazi-Zeit gut gewappnet. Ihr Schatten ist aber die Vernachlässigung der menschlichen Seite des Glaubens. Die Liberale Theologie hat genau hier ihre Stärke. Ihr Schatten ist jedoch die Gefahr der Überhöhung menschlichen Handelns und der Vereinnahmung durch kulturelle und politische Bewegungen. Keine Theologie sollte sich deshalb absolut setzen. Jede ist auf Ergänzung und Widerspruch angewiesen. Es ist gut und sogar notwendig, dass in der Kirche zu jeder Zeit unterschiedliche Theologien lebendig und im Gespräch miteinander sind.

Theologie nach dem Tode Gottes

Die Erschütterungen des Zweiten Weltkriegs und vor allem der Holocaust, die massenhafte Ermordung von Juden in Europa, stellten die bisherige Theologie infrage und brachten wieder neue Ansätze hervor. Dorothee Sölle (1929-2003) fragte, ob man nach Ausschwitz überhaupt noch von Gott reden und Theologie treiben könne. Sie sprach provozierend vom Tode Gottes. Dabei meinte sie nicht, dass Gott tot sei oder dass es ihn nicht gebe. Ihre Kritik richtete sich vielmehr gegen ein bestimmtes Bild von Gott, das über die Jahrhunderte vorherrschend gewesen war, das Bild des allwissenden, allmächtigen Lenkers der Geschichte. Wie es in einem Lied von Joachim Neander aus dem 17. Jahrhundert heißt: »Lobe den Herren, der alles so herrlich regieret, der dich auf Adelers Fittichen sicher geführet …« Wenn man sich Gott so vorstellt, muss man fragen, wo er in Auschwitz war und ob er denn dieses industrialisierte Massenmorden selbst gelenkt habe. Das wäre purer Zynismus. Diesen Gott, den Sölle zufolge Theologie und Kirche gelehrt hatten, erklärte sie für tot.

Für Sölle stand Jesus im Mittelpunkt ihrer Theologie, und zwar ein Jesus konsequent an der Seite der Armen, Machtlosen und Unterdrückten. Auf die Frage, wo Gott in Auschwitz war, antwortete sie: Er war in Auschwitz anwesend als Gemarterter an der Seite der Gemarterten. Sölles Theologie hat eine ethische Pointe: Jesu Foltertod am Kreuz verpflichtet uns, alles dafür zu tun, dass Menschen nie wieder gefoltert und entrechtet werden. Für Auschwitz ist nicht Gott verantwortlich zu machen, sondern der Mensch. Das ist ihre Deutung des Kreuzes. Zugleich markiert ihre Theologie ein Erwachen nicht nur aus der Erschütterung des

Krieges, sondern auch aus einem Gottesbild, das mit dem Leben nicht in Einklang zu bringen war.

Man kann sich vorstellen, dass sich Dorothee Sölle mit ihren unerbittlichen Fragen nicht nur Freunde gemacht hat. Sie hat das Gottesbild revolutioniert, hat dem Gott der Mächtigen, dem Gott der Herrschenden, dem Gott der Kirchen den Gott der Schwachen und Elenden entgegengestellt. Äußerlich gesehen blieb Dorothee Sölle zeitlebens eine Außenseiterin. Sie wirkte durch die von ihr und ihrem Ehemann Fulbert Steffensky ins Leben gerufenen »Politischen Nachtgebete«, durch ihre Auftritte auf den Kirchentagen, durch Vorträge und durch ihre Bücher. Sie war Professorin am Union Seminary in New York (USA), aber ein Lehrstuhl in Deutschland blieb ihr verwehrt. In Deutschland galt sie in den evangelischen Kirchen lange Zeit weithin als persona non grata. Trotz dieser Ablehnung ist sie nach meiner Überzeugung in Deutschland eine der wichtigsten theologischen Gestalten nach dem Zweiten Weltkrieg, vielleicht sogar die Wichtigste.

Ich bekenne, sie sehr spät für mich und in ihrer Bedeutung für die Theologie entdeckt zu haben. Sie brachte die Notwendigkeit, Gott neu zu denken, mit einer Schärfe auf den Punkt wie niemand sonst. Diese Schärfe machte mir den Zugang zu ihr zunächst schwer. Sie war Vertreterin einer Nachkriegsgeneration, die politisch, sozial und religiös nach einem Neuanfang suchte. Ohne diesen Neuanfang hätte die Theologie kaum so lebendig aufblühen können, wie sie es in den folgenden Jahrzehnten tat.[12]

Die Kirche als Erzähl- und Verstehgemeinschaft

Für Martin Luther war völlig klar, was die Kirche ist: »Denn es weiß gottlob ein Kind von 7 Jahren, was die Kirche ist, nämlich die heiligen Gläubigen und ›die Schäflein, die ihres Hirten Stimme hören‹ (Joh 10,3).«[13]

Für Sie, die Leserinnen und Leser, ist vielleicht nicht so offensichtlich, was die Kirche ist, und vor allem, wozu sie gebraucht wird. Und ob die Kirchensteuer noch zeitgemäß ist. Und ob man seine Kinder taufen lassen soll oder nicht. Vielleicht sind Sie ausgetreten? Oder im Freundes- und Bekanntenkreis wurde schon angesprochen, ob man austreten oder in der Kirche bleiben solle. Mag sein, dass diese Fragen auf schlechte Erfahrungen zurückgehen oder auch auf geringem Interesse beruhen. Was hab ich von der Kirche? »Meinen Glauben kann ich auch alleine leben«, sagen manche. »Ich gehe in den Wald, um zu beten«, sagen andere. Und darin scheint Luther ihnen sogar Recht zu geben, denn viele Äußerlichkeiten der Kirche hat er kritisiert, und bei einer Kircheneinweihung hat er in der Predigt gesagt, man könne Gottesdienst genauso gut auf der grünen Wiese feiern. Da wird die Festgemeinde etwas verwundert geguckt haben. Aber müssen es wirklich noch die teilweise riesigen Gebäude sein? Und dann die teure Verwaltung! Kirche geht doch auch schlichter. Anfragen an die Kirche gab es immer. Aber die Fragen haben sich mit den Jahrhunderten verändert. Es lohnt sich ein Blick auf die Entstehung der Kirche und auf die Kämpfe, die sie um ihre Existenz geführt hat.

Im Schmerz nicht allein sein

Wir sahen schon im vorhergehenden Kapitel über die Entstehung der Theologie, wie einschneidend der Tod Jesu für seine Anhänger war, die erwartet hatten, er würde als König die Welt regieren. In dem Schock über den zerplatzten Traum und in der Überwindung des Schocks sitzt der Ursprung der Theologie. Zugleich entstehen allererste, noch brüchige Strukturen dessen, was später »Kirche« werden sollte. Die Theologie denkt sich nicht einer alleine aus, sie entsteht vielmehr im Gespräch über das Erlebte. Und genau diese ersten Erzähl- und Verstehgemeinschaften sind der Ausgangspunkt für die Entstehung der Kirche.

Die Anhänger Jesu trafen sich nach seinem Tod. Am Beginn der Apostelgeschichte wird beschrieben, wie sie sie sich regelmäßig im oberen Stockwerk eines Hauses zum Gebet versammelten und aus Angst die Tür verschlossen. Übrigens muss es Anhänger und Anhängerinnen heißen, denn ausdrücklich werden die Frauen und namentlich Maria erwähnt (Apg 1, 12-14). Seine Anhängerinnen und Anhänger suchen in ihrer Trauer und Ratlosigkeit die Nähe zueinander. Sie suchen gegenseitigen Trost, sie beten gemeinsam. Keiner will allein sein in dieser Zeit.

Damit ist eine erste, ganz schlichte Beschreibung von Kirche gefunden: Menschen tun sich zusammen, weil sie Nähe suchen und Trost. Und weil sie verstehen wollen, was geschehen ist, damals mit Jesus. Und was das für ihr Leben bedeutet. Sie hätten ja auch auseinandergehen und alles vergessen können. »Jesus – die größte Enttäuschung unseres Lebens«, dieser Gedanke hätte nahe gelegen. Vielleicht wäre es auch so gekommen, wenn nur jeder für sich gewesen wäre. Dann wäre die Verzweiflung übermächtig gewesen und man hätte nur deprimiert nach einem neuen Anfang suchen können. Aber es kam anders. Die Anhängerinnen und Anhänger trafen sich. Und aus dieser kleinen Gruppe heraus entstand eine Kraft, die nicht mehr untergehen sollte.

Woher kam diese Kraft? Die eben noch verzweifelten Anhängerinnen und Anhänger Jesu empfanden es so, dass diese Kraft nicht aus ihnen selbst kommen konnte. Sie musste von außen kommen, von Gott geschickt sein. Wie sie in der Hebräischen Bibel bei dem Propheten Ezechiel lasen (Ez 36 und 37), dass Gott seinen Geist in die Herzen der Menschen legt und damit sogar Totengebeine wieder lebendig werden lässt, so erlebten sie es nun am eigenen Leib: Gottes Geist gab ihnen neue Kraft, Schwung, Be-*geist*-erung. Sie erlebten eine Begeisterung, die auch andere, fremde Menschen ansteckte, ja, die sich sogar auf Menschen übertrug, die anderen Kulturen entstammten und andere Sprachen sprachen. Die Apostelgeschichte, die dieses Erleben literarisch verdichtet erzählt, berichtet, dass die Menschen in Jerusalem über die Anhänger Jesu bestürzt waren, denn »jeder hörte sie in seiner eigenen Sprache reden« (Apg 2, 6). Eine Massenhysterie? Sie müssen wie in Trance gewesen sein. Jedenfalls ist ganz ehrlich überliefert, dass andere, die in der Nähe waren, sie für besoffen hielten und sagten: »Sie sind voll süßen Weins« (Apg 2, 13). Aber auch sie selbst waren entsetzt und fragten sich: »Was will das werden?« (Apg 2, 12). Dieses umstürzende Ereignis wurde nach der Zahl 50 (Tage nach Ostern) auf Griechisch »Pentekoste« genannt. Auf Deutsch ist daraus »Pfingsten« geworden. Man sagt, Pfingsten sei der Geburtstag der Kirche. Wann genau man den Beginn der Kirche ansetzen will, ist freilich offen. Man könnte auch die Zusammenkunft nach Jesu Auferstehung als Datum nehmen (Apg 1, 12-14). Aber es macht Sinn, diese überwältigende Erfahrung des Geistes als Anfangspunkt zu nehmen. Damit trat die kleine Gemeinschaft sichtbar nach außen, fing an, zu predigen und Menschen hinzuzugewinnen.

Wir erfahren auch etwas über das Leben dieser ersten kleinen Gemeinschaft. »Sie blieben aber beständig in der Lehre der Apostel und in der Gemeinschaft und im Brotbrechen und im Gebet« (Apg 2, 42). Es wird auch von Wundern und Heilungen berichtet, die die Apostel taten. Und nicht zu vergessen: die Gütergemeinschaft. Die Mitglieder verkauften, was sie hatten, und legten alles zusammen und teilten die Güter so auf, dass jeder das bekam, was er nötig hatte (Apg 2, 43-45). Fast romantisch heißt es, sie waren »ein Herz und eine Seele« (Apg 4, 32).

Erste Konflikte und Differenzierungen

Ein Verstoß gegen die Gütergemeinschaft endet tödlich

Mit heutigen Worten gesagt, begannen sich die ersten »Strukturen« auszubilden. Aus dem spontanen Zusammenrücken im Schmerz über die gemeinsame Verlusterfahrung entwickelte sich eine überwältige Erfahrung der Beseeltheit durch den Geist Gottes, die die Gemeinschaft festigte. Nun wurden erste Abläufe geregelt und Ordnungen aufgestellt. Welche harten Konsequenzen daraus erwuchsen, erfahren wir wenige Zeilen später. Ein Ehepaar, Hananias und Saphira, verkaufte seinen Acker, behielt jedoch von dem Erlös etwas für sich privat zurück. Damit hatten sie gegen die Regel der Gütergemeinschaft verstoßen. Als ihr Verstoß entdeckt wird, fallen sie tot um (Apg 5, 1-11). Offensichtlich hat man diese Begebenheit zur Abschreckung weitererzählt und aufgeschrieben. Es heißt ausdrücklich, dass eine große Furcht über alle kam.

So schnell schon bekam die erste Harmonie also Risse, und zwar tiefe Risse. Damit ist der Zwiespalt von Aufbruch und Ordnung, Bewegung und Organisation, Charisma und Amt in der jungen Gemeinde angekommen. Viele neue Bewegungen träumen im Aufbruch davon, dass sie es anders machen, der Erstarrung in Ordnungen entgehen werden. Doch wo Menschen zusammenleben, braucht es Ordnungen, auch um der Liebe und der Gerechtigkeit willen. Andererseits können Ordnungen dem Leben entgegenstehen, einem frischen Aufbruch die Lebendigkeit nehmen. Genau daran arbeiten sich viele Menschen auch heute ab, wenn sie an die Kirche denken: Ordnungen, Ämter, Verwaltung – geht es nicht ohne alles das?

Der Tod von Hananias und Saphira ist brutal. Ob sich die Geschichte genau so zugetragen hat, wissen wir nicht. Im griechischen Text gibt es ein Wortspiel. Es heißt, die beiden fielen »entseelt« zu Boden. Darin steckt dasselbe Wort »Seele«, das kurz zuvor für die Beschreibung der Harmonie verwendet wurde: »Ein Herz und eine Seele«. Symbolisch kann man diese Begebenheit also so lesen, dass mit dem Verstoß gegen die Gütergemeinschaft die »Seele« der Gemeinschaft zu Boden ging, beschädigt wurde.

Die Öffnung der christlichen Gemeinde für Menschen aus anderen Völkern

An ihren Ursprüngen war die christliche Gemeinde Teil der jüdischen Religion. Die meisten der frühen Christen waren Juden. Im Hinblick auf Menschen aus anderen Völkern und Religionen versuchte sich die Jesus-Gemeinde zunächst am jüdischen Modell zu orientieren: Nichtjuden konnten dort den Status von »Gottesfürchtigen« haben. Diese gehörten zwar zur Gemeinde, hatten aber nicht alle Rechte, die die Juden hatten. Sie durften beispielsweise nur im Vorhof des Tempels beten, aber nicht den Innenhof betreten.

Es zeichnete sich aber schnell ab, dass dieses Modell für die christliche Gemeinde nicht passte. Man verstand Jesu Ruf universal an alle Menschen gerichtet. Eine abgestufte Mitgliedschaft konnte dem nicht gerecht werden. Außerdem wuchs die Zahl der Nicht-Juden in den Gemeinden, die in manchen bald die Mehrheit der Mitglieder bildeten. Man musste folglich eigene Regeln entwickeln. Drei Geschichten erzählen, wie man um die neuen Regeln rang.

Einladung zur Taufe

In der Apostelgeschichte (8, 26-40) lesen wir vom Schatzmeister der äthiopischen Königin Kandake, einem Eunuchen, der sich auf dem Rückweg von Jerusalem befindet, wo er am Tempel gebetet hat. Er zählt zu den Gottesfürchtigen, weil kastrierte Männer vom inneren Bereich des Tempels ausgeschlossen waren. Es heißt, ein Engel führte den Apostel Philippus zu ihm an die Straße. Der Schatzmeister saß auf seinem Wagen und las in der Hebräischen Bibel eine Stelle aus dem Propheten Jesaja. Philippus kommt mit ihm ins Gespräch, erzählt ihm von Jesus und erklärt ihm, dass mit dem erniedrigten Lamm, von dem dort die Rede ist, niemand anders als Jesus gemeint ist. Nachdem der Schatzmeister Philippus zugehört hat, fragt er: »Was hindert's, dass ich mich taufen lasse?« Sie steigen an einem Bach vom Wagen ab und Philippus tauft ihn. Am Ende heißt es über den Schatzmeister: »Er aber zog seine Straße fröhlich.«

Dies ist eine Schlüsselgeschichte für die entstehende Kirche. Sie markiert die Entscheidung, dass es keine abgestufte Mitgliedschaft, keine abgestufte Teilnahme am Gottesdienst geben soll. Die Einladung zur Taufe gilt allen. Und alle Getauften sind gleich. Die Fröhlichkeit, mit der der Schatzmeister nach Hause fährt, lässt etwas ahnen von der Befreiung, die in dieser Weichenstellung lag.

Ein Konflikt um die Geltung der jüdischen Gesetze für Christen

Mit dieser Weichenstellung traten allerdings erhebliche Fragen auf. Wie sollte mit der Beschneidung verfahren werden? Musste man verlangen, dass jeder Mann aus einem nichtjüdischen Volk sich beschneiden lassen muss, wenn er sich der aus dem Judentum kommenden Gemeinschaft der Christen anschließen wollte? Für Juden galten außerdem die Gesetze der Thora, darunter die Speisegesetze, die z. B. verboten, Fleisch und Milch in derselben Mahlzeit zu sich zu nehmen. Wir kennen dies heute als die jüdischen Regeln für »koscheres« Essen. Wegen dieser besonderen Gesetze aßen Juden nicht gemeinsam mit Nichtjuden.

In Jerusalem, wo Petrus und Jakobus die Gemeinde leiteten, traten diese Fragen nicht so drängend auf, weil die jüdischen Christen hier die große Mehrheit bildeten. Anders war dies für Paulus, der auf seinen Reisen bis nach Griechenland und Rom kam und dort Gemeinden aufbaute. Er entschied, auf die Beschneidung zu verzichten, und hob auch die Speisegebote und die Trennung bei den Mahlzeiten auf.

Als nun einige Männer aus Jerusalem in die von Paulus gegründete Gemeinde in Antiochien kamen, empörten sie sich. Wer nicht nach der Ordnung des Mose beschnitten sei, könne nicht selig werden (Apg 15, 1). Damit war der Konflikt auf dem Tisch. Man berief, wahrscheinlich um das Jahr 48, eine Versammlung ein. Über die Abläufe dort haben wir zwei nicht ganz übereinstimmende Berichte. Die Apostelgeschichte des Lukas in Kapitel 15 und den Brief des Paulus an die Galater in Kapitel 2.

Nach der Apostelgeschichte konnte der Streit relativ schnell gütlich beigelegt werden, weil die Wortführer in Jerusalem, Petrus und Jakobus, sich beide dafür aussprachen, auf die Beschneidung zu verzichten. Aus dem Gesetz des Mose solle man lediglich übernehmen, kein Fleisch von Götzenopfern und kein Blut zu essen sowie keine Unzucht zu begehen. Nach dem Bericht des Paulus war Jakobus jedoch gegen diese Freigabe und Petrus war wankelmütig, indem er, wenn Jakobus abwesend war, mit den Christen aus anderen Völkern gemeinsam aß, dies aber unterließ, wenn Jakobus zugegen war. Paulus schreibt energisch: »Als Kephas (= Petrus) nach Antiochien kam, widerstand ich ihm ins Angesicht.«

Letztlich setzte sich die Weichenstellung durch, die Paulus vorgenommen hatte. Beschneidung und Speisegebote wurden fallen gelassen. Damit war der Weg für die Ausbreitung des christlichen Glaubens unter allen Völkern frei.

Arbeitsteilung und die Entstehung erster Ämter

»In diesen Tagen aber, als die Zahl der Jünger zunahm, erhob sich ein Murren unter den griechischen Juden in der Gemeinde gegen die hebräischen, weil ihre Witwen übersehen wurden bei der täglichen Versorgung.« So überliefert es die Apostelgeschichte (Apg 6, 1). Darin sind zwei Konflikte angesprochen. Wir erfahren, dass die Gemeinde aus griechischen und hebräischen Juden besteht und dass diese beiden Gruppen nicht gleich behandelt werden. Der andere Konflikt ergibt sich aus dem ersten, weil die Apostel mit der Verkündigung des Wortes ausgelastet sind. Soll die Verkündigung des Wortes Gottes Vorrang haben? Dann reicht die Zeit nicht für die Versorgung aller Bedürftigen. Ist die Nächstenliebe nicht wichtiger als die Verkündigung? Man findet einen Ausweg, der wegweisend bis heute ist: Man führt unterschiedliche Ämter ein. Die einen sollen predigen und die anderen sich um die Versorgung der Bedürftigen kümmern. Weil Letzteres ein Dienst ist und weil Dienst auf griechisch »diakonia« heißt, heißen die zu diesem Dienst Berufenen *Diakone*.

Die Ausdifferenzierung der Ämter setzte sich fort. Apostel, Propheten, Evangelisten, Lehrer, Diakone, Presbyter (Älteste) und Bischöfe – so hießen einige der Ämter, deren Ordnung untereinander mit der Zeit geklärt wurde. Auf der einen Seite gab es vom Evangelium her Impulse, die widerständig gegen die herrschende Ordnung waren. Paulus formuliert zugespitzt: »Hier ist nicht Jude noch Grieche, hier ist nicht Sklave noch Freier, hier ist nicht Mann noch Frau; denn ihr seid allesamt einer in Christus Jesus.« (Gal 3, 28) Doch die Einflüsse der Umwelt waren prägend für die Ordnung der entstehenden Kirche. Sie bildete eine Hierarchie aus, die die Hierarchie des römischen Reiches spiegelte.

Die Kirche im römischen Reich

Wie politisch darf die Kirche sein? Diese Frage wird immer wieder diskutiert. Wie staatsnah, wie »staatstragend« soll oder darf sie sein? Wie viel Abstand soll sie zu den politischen Parteien halten? Das Ringen darum, wie die Kirche sich zum Staat, zur Politik zu stellen habe, begleitet sie von ihren Anfängen an. In der angefochtenen Situation einer kleinen Minderheit, deren Rechtsstatus unklar war und die jederzeit mit Verfolgung zu rechnen hatte, nahm man sich sehr zurück. Unauffällig und untadelig zu leben war das Gebot der Stunde. Lediglich bei der Anbetung des Kaisers als Gott übte man Widerstand. Aus dieser Zeit stammen Sätze wie der des Paulus: »Jedermann sei untertan der Obrigkeit, die Gewalt über ihn hat. Denn es ist keine Obrigkeit außer von Gott; wo aber Obrigkeit ist, ist sie von Gott geordnet.« (Röm 13, 1) Jesus wird von den Pharisäern gefragt, ob man Steuern zahlen dürfe. Er lässt sich daraufhin ein Geldstück geben und fragt, wessen Bild darauf zu sehen ist. Das des Kaisers. Er antwortet: »Gebt dem Kaiser, was des Kaisers ist, und Gott, was Gottes ist.« (Mk 12, 13-17) Im 1. Petrusbrief, der zu den spätesten Texten des Neuen Testaments gehört und circa um 100 nach Christus verfasst wurde, ist die Tendenz, möglichst keinen Anstoß zu geben, am deutlichsten: »Führt ein rechtschaffenes Leben unter den Völkern, damit die, die euch als Übeltäter verleumden, eure guten Werke sehen und Gott preisen am Tag der Heimsuchung. Seid untertan aller menschlichen Ordnung um des Herrn willen …« (1. Petr 2, 11-13)

Als kleine und neue Gruppierung nicht unterzugehen war eine Überlebensstrategie. Alle Zurückhaltung konnte dennoch nicht verhindern, dass es mehrmals zu Verfolgungen kam. Bekannt ist die unter Kaiser Nero im Jahre 64, der den Christen den Brand Roms zur Last legte. Auch noch unter Kaiser Diokletian Ende des 3. Jahrhunderts traf die Christen eine schwere und blutige Verfolgung.

Diese Situation änderte sich grundsätzlich im Jahre 313, als Kaiser Konstantin ein Edikt erließ, das der christlichen Kirche erstmals einen garantierten Rechtsstatus gewährte. Er war innerlich selbst Christ geworden, auch wenn er mit dem formalen Bekenntnis zögerte. Erst 337 auf dem Sterbebett ließ er sich taufen. Um seine Bekehrung zum christlichen Glauben ranken sich Legenden. Ihm soll in einer Schlacht 312 ein Kreuz erschienen sein mit der Prophezeiung: »In diesem Zeichen wirst du siegen!« Man spricht von der »Konstantinischen Wende« der Kirche zur Staatskirche. Tatsächlich wurde dieser Weg aber erst im Jahre 393 durch Kaiser Theodosius I. offiziell besiegelt: Er machte die christliche Kirche zur römischen Staatsreligion. Was für ein Aufstieg! Von einer winzigen, verfolgten Bewegung zur offiziellen Staatsreligion. Für die einen ist dies der Durchbruch der Kirche zu ihrer Größe. Für die anderen ist es der Sündenfall schlechthin, der aus einer an Jesus orientierten Kirche der Armen und Schwachen eine staatliche Institution machte, die fortan mehr vom Willen zur Macht bestimmt wurde als von der Nachfolge Jesu. Mit diesen Infragestellungen und dieser Kritik hat die Kirche bis heute auf die eine oder andere Weise zu tun. Ist sie noch eine Kirche der Armen und Schwachen? Folgt sie noch dem Weg Jesu?

Mit dem Übergang zur Staatsreligion wurde auch die Theologie Staatsangelegenheit. Immer wieder mischten Kaiser sich in die theologischen Debatten ein. Die oben geschilderte Entwicklung von Christologie und Trinitätslehre war nicht frei von politischer Einflussnahme. Dabei ging es den Kaisern weniger um theologische Korrektheit als um Befriedung der teils gewaltsam geführten Auseinandersetzungen. Deshalb erfolgten manche Einigungen in theologischen Streitfragen nun auch auf Druck der Kaiser. Für die Erhebung zur Staatsreligion war ein nicht geringer Preis zu zahlen, nämlich der Verlust eines deutlichen Teils der eigenen Unabhängigkeit.

Auf der Höhe ihrer Macht

Mit der Erhebung zur Staatskirche wandelte sich der Charakter der Kirche erheblich. Ihre Strukturen wurden Teil des römischen Rechts. Aus einem Provisorium wurde eine Institution, ein Machtfaktor im Reich. Die Bischöfe wurden zu politisch denkenden und handelnden Mandatsträgern. Nach innen veränderte das neue Machtbewusstsein die Kirche, indem man sie mehr und mehr als »Heilsanstalt« verstand, die die Gnade Gottes vermittelte. Zwischen die einzelnen Gläubigen und Gott trat das priesterliche Amt, das von Sünden lossprechen konnte – oder auch nicht. Die Rolle des Apostels Petrus, der der Legende nach in Rom einen Märtyrertod gestorben und dort begraben war, wurde immer stärker zur Begründung des Machtanspruchs der Kirche und des römischen Bischofs als Nachfolger Petri herangezogen.

Dem Anspruch des Petrus als tonangebend waren wir schon beim Apostelkonzil begegnet. Eine frühe Formulierung seiner Vorrangstellung findet sich im Matthäusevangelium: »Du bist Petrus, und auf diesen Felsen will ich meine Gemeinde bauen, und die Pforten der Hölle sollen sie nicht überwältigen. Ich will dir die Schlüssel des Himmelreichs geben: Was du auf Erden binden wirst, soll auch im Himmel gebunden sein, und was du auf Erden lösen wirst, soll auch im Himmel gelöst sein.« (Mt 16, 17-19) Man muss sich vor Augen halten, dass dieser Anspruch unter der Erwartung eines baldigen Weltendes formuliert worden war. Knapp 400 Jahre später und unter den Bedingungen einer Staatskirche wurde daraus ein Machtanspruch des Bischofs von Rom für die ganze damals bekannte Welt.[14]

Dieser Anspruch führte zu manchen Konflikten zwischen den Machtzentren des damaligen Europas: Dem Papsttum und dem Königtum bzw. Kaisertum des »Heiligen Römischen Reiches Deutscher Nation«. Einer der bekanntesten dürfte der »Investiturstreit« zwischen Kaiser und Papst gewesen sein. »Investitur« heißt Einsetzung. Es ging um die Frage, wer wen einsetzen durfte, wessen Macht also durch wen legitimiert wurde: Setzte der Papst den Kaiser ein, sodass dessen Macht von der Zustimmung des Papstes anhängig war, oder musste es umgekehrt sein? Diese Machtfrage spitzte sich zu. König Heinrich IV. setzte schließlich 1075 Papst Gregor VII. ab, was dieser mit der Exkommunikation des Königs quittierte. Für Heinrich war das brandgefährlich: Als Exkommunizierter stand er außerhalb der menschlichen Gemeinschaft, die sich damals als ganz und gar christlich verstand. Er war praktisch vogelfrei. Für einen König, der auch von Fürsten umgeben war, die ihm gerne ans Leder wollten, eine höchst ungemütliche Situation. Heinrich entschloss sich, vorerst klein beizugeben, kam nach Canossa, stellte sich an drei Tagen barfuß in den Schnee und bat den Papst um Wiederaufnahme in die Kirche, was dieser ihm – zähneknirschend – nicht verweigern konnte.

Doch der Streit war damit natürlich nicht entschieden. Als Gregor in der Absicht, Heinrich endgültig zu entmachten, einen von den Fürsten gewählten Gegenkönig unterstützte, gelang es Heinrich, diesen zu besiegen. Daraufhin ernannte Heinrich einen Gegenpapst und erstürmte Rom mit einem Heer. Gregor VII. musste fliehen, und Heinrich setzte Clemens III. als Papst ein, der Heinrich zum Kaiser krönte.

So ging das einige Male hin und her. Letztlich ging es über viele Jahrhunderte hinweg um eine heikle Balance. Der Kaiser bzw. die Fürsten wirkten bei Papst- und Bischofsernennungen mit, der Papst wiederum krönte den Kaiser. Auch wenn die Macht der Kirche mit den Jahrhunderten abnahm, so endete diese Epoche der heiklen Machtbalance von Staat und (römisch-katholischer) Kirche offiziell erst 1806 mit dem Ende des »Heiligen römischen Reiches Deutscher Nation«.

Die Reformation: Kirche als Versammlung der Glaubenden

Vor diesem Hintergrund wird plastisch, welchen Einschnitt die durch Martin Luther angestoßene Reformation bedeutete. Mit seinen 95 Thesen, die er am Vorabend von Allerheiligen 1517 an die Tür der Schlosskirche in Wittenberg heftete, tastete er im Kern den Machtanspruch Roms an. These 1 stellt fest, dass das ganze Leben eine Buße sei. Das klingt harmlos, war es aber nicht. Denn Buße war an die Beichte geknüpft und war mit sog. Ablasszahlungen verbunden, mit denen man – nach der Lehre der Kirche – für sich selbst oder Verstorbene die Zeit im Fegefeuer verkürzen konnte. Der theologische Machtanspruch, als Heilsanstalt die Gnade Gottes zu vermitteln, wurde – verkürzt gesagt – zu Geld gemacht. Wenn aber das tägliche Leben Ort der Buße war, wurde dieser Praxis der Boden entzogen. Indem Luther die Heilsmittlerrolle der Kirche bestritt und den einzelnen Gläubigen vor Gott stellte, vor dem er Gnade allein aus seinem Glauben finde, traf er die geistliche Macht der Kirche wie auch ein wesentliches Finanzinstrument ins Mark.

Martin Luther stärkte damit zugleich die Rolle der Kirche als eine Gemeinschaft, in der die Menschen sich von den Freuden und Nöten des Lebens erzählen. Wie das Leben zu verstehen ist, darüber stand jetzt mit großen Lettern geschrieben: Aus Gnade. Das ist für uns heute ein sperriges Wort. Damals hatte es einen anderen Klang. Wenn man sich vorstellt, dass die verbreitete Sorge damals war, ob man im Gericht Gottes bestehen könne und aus dem Fegfeuer gerettet werde, dann kann man ahnen, welche Erleichterung es gewesen sein muss, zu hören: Gott selbst wird dich retten. Einfach aus Gnade. Du brauchst ihm nur zu vertrauen.

Es ging Luther dabei nicht darum, eine eigene Kirche zu gründen. Im Gegenteil, man versuchte alles, um zu beweisen, dass die Kirchen, die in den protestantischen Fürstentümern Änderungen eingeführt hatten, theologisch dennoch zu Recht Teil der Gesamtkirche seien. Dabei spielte das Augsburger Bekenntnis von 1530 eine entscheidende Rolle, weil dieses Bekenntnis – anders als der Begriff aus heutiger Sicht nahelegt – gerade kein Statement für die Gründung einer neuen Kirche war, sondern den Nachweis erbringen sollte, dass man trotz vieler Änderungen auf einem gemeinsamen Boden stand. Dafür war es erforderlich, diesen gemeinsamen Boden als eine Art Minimalkonsens zu beschreiben. Alle, die sich auf diesen Minimalkonsens einigen können, so der Gedanke, gehören zu der einen Kirche Jesu Christi. In den Artikeln 6 und 7 wurde der Minimalkonsens so formuliert: Kirche ist die Versammlung der Glaubenden um Wort und Sakrament. Wo das Evangelium rein verkündigt und die Sakramente recht verwaltet werden, ist Kirche. Das klingt klar und einfach. Bis heute ist es die Standardantwort, die jeder, der nach dem Selbstverständnis der evangelischen Kirche fragt, bekommt: Versammlung der Glaubenden um Wort und Sakrament. Also Gottesdienst. Alles andere – so müsste man folgern – mag gut und nützlich sein, gehört aber nicht zum Wesen der evangelischen Kirche dazu.

Doch so einfach ist es dann doch nicht. Die Kirchen der Reformation haben in Deutschland bis 1918 die Ordnung ihrer Strukturen den vielen kleinen Ländern und Fürstentümern überlassen. Man sprach vom »landesherrlichen Kirchenregiment«. Der Fürst war der oberste Bischof (»Summepiskopat«), auch wenn diese Funktion praktisch an kirchliche Amtsträger wie die Superintendenten delegiert wurde. Schaut man sich aber genauer an, was Luther und seine Mitstreiter konkret zum Aufbau einer neuen, von Rom unabhängigen Kirche getan haben, findet man eine Fülle von weiteren Themen. Sie haben Visitationen in den Gemeinden durchgeführt, in denen der Bildungsstand des Pfarrers, aber auch die Kasse geprüft wurde. Luther lag sehr an Ordnungen zum Schutz der Schwachen. Korrekte Kirchenverwaltung dient der Gerechtigkeit und ist ein Liebesdienst. Auch das Schulwesen war Luther ein hohes Anliegen, weil nur mit guten Schulen gute Christenmenschen herangebildet werden konnten. Seine »Hauspostillen« dienten der Bildung der »Hausväter«, die in ihrem Haus (das umfasste neben der Familie auch das Gesinde) für geistliche Bildung sorgen sollten. Die Kirchenordnungen, die z. B. Johannes Bugenhagen für Pommern, Lübeck und Hamburg ausarbeitete, enthalten neben Regeln für Verwaltung und Schulwesen vor allem auch Regeln für den »Gemeinen Kasten«, also für die Armenversorgung. Mindestens Bildung, Diakonie und (gute!) Verwaltung gehören nach den Reformatoren wesentlich zur Kirche dazu.

Was in der evangelischen Kirche unter »Kirche« verstanden werden soll, wurde nie eindeutig geklärt oder durch Beschlüsse festgelegt. Die Protestanten stellten in den Auseinandersetzungen der

Reformationszeit klar, dass ihre Kirche anders sein sollte als die römisch-katholische. Aber wie genau, das blieb offen. Mir scheint, dass diese Unklarheit sich bis heute im Bewusstsein der Kirchenmitglieder fortsetzt. Braucht es die Kirche überhaupt? Selbst treue Kirchenmitglieder antworten da bisweilen zögernd. Aus der Bibel lesen, singen und beten kann man überall. Manchmal kann man den Eindruck gewinnen, es gehöre zur evangelischen Kirche dazu, ihr mit einer gewissen Skepsis gegenüberzustehen.

Die Kirche wird demokratisch – Das Priestertum aller Getauften

Ich finde es beeindruckend, wie sehr sich die Kirche im Laufe der Jahrhunderte immer wieder verändert hat, um ihrem Auftrag, das Evangelium von Jesus Christus zu verkündigen, gerecht zu werden. Man stelle sich nur vor: Im 18. Jahrhundert sind die evangelischen Kirchen noch Teil der Ständegesellschaften ihrer Länder, ordnen sich ein in Fürstentümer und absolutistisch reagierte Staaten. Als im 19. Jahrhundert dramatische Veränderungen in Politik und Gesellschaft vor sich gehen, 1848 eine erste demokratische Parlamentsversammlung in der Paulskirche in Frankfurt/Main tagt, erfinden sich auch die evangelischen Kirchen neu. Sie führen Synoden unter Beteiligung von Laien ein und übertragen manche Entscheidungsbefugnisse vorsichtig auf demokratisch legitimierte Organe. Heute wird die evangelische Kirche mit dem »Priestertum aller Getauften«, mit Gleichberechtigung von Laien und Pfarrern und mit demokratischen Strukturen identifiziert. Bis ins frühe 19. Jahrhundert waren Laien in der evangelischen Kirche aber noch weitgehend[15] von jeder Mitbestimmung ausgeschlossen. Erst Impulse aus der

Gesellschaft brachten die evangelische Kirche dazu, demokratische Strukturen auszubilden. Dazu gehört auch die Bildung von Vorständen in den Kirchengemeinden, eine Leitungsform, die man bei den im 19. Jahrhundert aus dem Boden sprießenden Vereinen kennen lernte.

Auf die Urbanisierung, die dazu führte, dass in manchen städtischen Ballungsräumen 40.000 (!) Gemeindeglieder zu *einer* Kirchengemeinde mit einer Kirche und *einem* Pfarrer gehörten, reagierte die evangelische Kirche mit einer »Gemeindebewegung« samt Kirchbauprogramm, um das Gemeindeleben in überschaubaren Größenordnungen zu organisieren. Auch was »Gemeindeleben« sein könnte, schaute man sich von den Vereinen und ihrem »Vereinsleben« ab. Erneut tat sich ein Raum auf, wie Menschen zu einer Erzähl- und Verstehgemeinschaft werden konnten. Sie bildeten Gruppen, trafen sich zu Gesprächen und zu gemeinsamen Aktionen.

Als 1918 mit dem Ende des Ersten Weltkriegs das Kaiserreich untergeht und die Landeskirchen erstmals seit der Reformation in die Selbstständigkeit entlassen werden, können sie auf die schon vorhandenen Strukturen aufbauen und geben sich Kirchenverfassungen mit synodalen Organen, die der staatlichen parlamentarischen Ordnung nicht unähnlich sind. Damit war die leitende Rolle der Laien endlich nach vielen Jahrhunderten offiziell in den Ordnungen verankert.

Mit dem Wirtschaftswunder der 1950er- und 60er-Jahre wird die Gesellschaft immer bunter, vielfältiger; die Menschen haben allerdings auch immer weniger Zeit. Man geht nun stärker auf Zielgruppen zu, gründet Frauen- und Jugendwerke und sucht die Menschen an ihrem Arbeitsplatz auf, z. B. mit dem »Kirchlichen Dienst in der Arbeitswelt«. Die Kehrseite: Diese differenzierte Struktur kostete Geld. Solange das Wirtschaftswachstum anhielt, war das kein Problem. Doch seit Anfang der 2000er-Jahre und ab ca. 2020 noch einmal verstärkt gehen die Kirchensteuereinnahmen erheblich zurück. Aus zwei Gründen: Die Wirtschaft stagniert, die Menschen verdienen nicht mehr so viel. Und es treten mehr Menschen aus bzw. die Schere aus Sterbefällen und Taufen öffnet sich immer weiter.

Von festen Strukturen zu Netzwerken

Wenn ich während meiner letzten Dienstjahre bei der Evangelischen Kirche in Deutschland (EKD) mit anderen über die Zukunft der Kirche sprach, waren sich fast alle in zwei Punkten einig: Die Kirche wird sich in den nächsten 30, aber vielleicht auch schon 10 Jahren dramatisch verändern. Sie wird nicht nur kleiner werden, sie wird auch andere Strukturen, andere Berufe, andere Organisationsformen haben. Der andere Punkt: Niemand hat ein klares Bild, *wie* diese andere Gestalt sein wird. Jedenfalls nicht für die Kirche insgesamt.

Was sich abzeichnet, ist die (tendenzielle) Abkehr von einer festen Struktur, aus der heraus ein kirchliches Angebot vorgehalten wird, hin zu einer netzwerkartig arbeitenden Kirche in den konkreten Sozialräumen vor Ort. Die Lebensrelevanz des Glaubens wird sich in Netzwerken erweisen, in denen Menschen gemeinsam ihr Leben unter den Bedingungen unserer Zeit gestalten und nach Antworten auf soziale und menschliche Herausforderungen suchen. Was »die Kirche« tut, wird stärker von dem her bestimmt werden, was Menschen bei ihr suchen oder von ihr fordern. Die Durchführung wird nicht mehr überwiegend bei beruflich Mitarbeitenden liegen, sondern bei gut qualifizierten Ehrenamtlichen. In solchen Netzwerken werden professionelle Teams, zu denen auch die Pfarrerinnen und Pfarrer gehören, Knotenpunkte mit Multiplikatorenfunktion sein. Das heißt nicht, dass die Arbeit der Kirche nicht mehr wiederzuerkennen sein wird. Denn Gottesdienste verschiedener Art, diakonisch-soziale Angebote, Bildung und Seelsorge werden vermutlich weiter nachgefragt sein. Und doch wird sie einer Wandlung unterworfen sein, die den Veränderungen während des 19. Jahrhunderts an Dramatik nicht nachsteht.

Jesus Christus – Der erlöste Mensch – Das Reich Gottes. Eine Annäherung

Fragt man Menschen, was sie sich unter »christlich« vorstellen, fallen Stichworte wie Nächstenliebe, Hoffnung oder Barmherzigkeit. Manchmal wird das Christliche noch allgemeiner verstanden: Ein guter Mensch zu sein und sich an die Zehn Gebote zu halten gilt als christlich. Wenn ich an meine Praxis als Gemeindepfarrer in Hamburg denke, so war der kleinste gemeinsame Nenner der Menschen, die mir im Rahmen meiner Gemeindearbeit begegneten, der Glaube an ein »höheres Wesen«, an eine irgendwie geartete Transzendenz, also dass es mehr gibt als die sichtbare Welt.

Wenn Jesus ins Spiel kam, dann als Vorbild für einen guten Menschen. Aber Jesus als Sohn Gottes oder Erlöser? Da war die Zurückhaltung selbst der engagierten Gemeindeglieder groß. Diese Beobachtung wird von statistischen Erhebungen bestätigt. In der Kirchenmitgliedschaftsuntersuchung der Evangelischen Kirche in Deutschland (EKD) von 2023 antworten auf die Frage »Was gehört zum Christsein?« 88 % der Evangelischen, 90 % der Katholischen und 85 % der Konfessionslosen, »… dass man sich bemüht, ein anständiger und zuverlässiger Mensch zu sein«.[16] Der Satz »Ich glaube an einen Gott, der sich in Jesus Christus zu erkennen gegeben hat« findet nur noch bei einer Minderheit Zustimmung. 19 % aller Befragten, aber auch nur noch 29 % der evangelischen und 32 % der katholischen Kirchenmitglieder stimmten ihm zu.[17] Das heißt im Umkehrschluss: Selbst unter den Kirchenmitgliedern glauben zwei Drittel nicht mehr an einen Gott, der in Jesus Christus offenbar wurde.

Trotzdem hat der Begriff »christlich« in den letzten Jahren eine erstaunliche Konjunktur erlebt. Mit der Zuwanderung zahlreicher Muslime v.a. seit 2015 ist wieder häufiger vom »christlichen Abendland« die Rede, das gerettet werden müsse. Mit diesem diffusen Begriff werden bestimmte Werte verbunden, deren Annahme man auch von den Muslimen erwartet: religiöse und politische Toleranz, Gewaltfreiheit, die Anerkennung der Gleichberechtigung der Geschlechter, die Anerkennung sexueller Diversität und die Achtung der Menschenwürde.[18] Es fällt auf, wie kurz offenbar das kollektive Gedächtnis ist. Denn zumindest Toleranz, Gleichberechtigung der Geschlechter und Diversität gehörten bis vor wenigen Jahren in den christlichen Kirchen nicht zum Portfolio und mussten in einem mühsamen Prozess zum Teil gegen ihren Widerstand (auch in den evangelischen Kirchen) errungen werden. »Christlich« scheint so etwas wie ein Containerbegriff geworden zu sein, in den jeder das hineintun kann, was ihm aktuell wichtig ist. Was genau das Christliche am Christlichen ist, scheint eher unklar.

Christentum ohne Christus?

Es ist also merkwürdig: Es scheint ein Christentum zu geben, das mit Jesus Christus nur noch weitläufig und ungefähr zu tun hat und ansonsten ganz gut ohne ihn auskommen kann. Dabei müsste Jesus Christus doch so etwas wie der »Markenkern« oder das »Alleinstellungsmerkmal« für das Christentum unter den Religionen und Weltanschauungen sein. Kann es ein Christentum ohne Christus geben?

Vielleicht kann man es sich so vorstellen: Jesus hat mit seiner Botschaft von der Nächstenliebe und mit seiner Hingabe bis zum Tod eine ungeheure Resonanz erzielt mit einer Breitenwirkung über die gesamte Welt und einer zeitlichen Erstreckung über mittlerweile 2000 Jahre. Das ist immerhin nicht nichts! Doch wie die Resonanz eines Tones mit zeitlicher und räumlicher Entfernung immer schwächer wird, so scheint sich auch die Resonanz Jesu immer mehr verringert zu haben. Es scheint eine vage Erinnerung an ihn zu geben, die für die Identität der Länder mit christlicher Tradition bis heute eine gewisse Bedeutung hat. Aber inhaltlich ist diese Erinnerung kaum noch zu fassen. Jedenfalls scheint das die Meinung der großen Mehrheit der Bevölkerung und sogar der Kirchenmitglieder zu sein. Nur für eine Minderheit hat Jesus als Person eine Bedeutung, und wenn, dann als Vorbild für Nächstenliebe und Barmherzigkeit. Jesus Christus als Erlöser mit Kreuz und Auferstehung spielt offenbar nur noch für eine sehr kleine Gruppe von Christen eine Rolle.

Eine liberale Theologie mit starken christlichen Überzeugungen

Vielleicht ist das Kapitel über Jesus Christus deshalb das schwierigste in diesem Buch. Denn wie soll man verständlich erklären, welche Bedeutung Jesus Christus hat, wenn man bei der großen Mehrzahl der Leserinnen und Leser davon ausgehen muss, dass sie diese Frage kaum interessiert, jedenfalls viel weniger als Fragen nach der Bedeutung des Glaubens für die Sinnfragen des Lebens oder für das praktische Handeln unter den aktuellen Herausforderungen? Vielleicht überschlagen manche Leserinnen und Leser dieses Kapitel oder sie nähern sich ihm mit einer gehörigen Portion Skepsis.

Hinzu kommt, dass man auf der wissenschaftlichen Fachebene häufig die Meinung antrifft, dass in einer liberalen Theologie Jesus allenfalls als Vorbild vorkomme, es ihr jedoch nicht gelinge, die Bedeutung von Kreuz und Auferstehung festzuhalten. So kommt es zu der seltsamen Gegenüberstellung von einer – zumindest angeblich – ausgedünnten liberalen Theologie und einer konservativen Theologie, die behauptet, nur sie allein halte noch richtig am Glauben an den Erlöser fest.[19]

In diesem Buch jedoch wird ausdrücklich eine *liberale* Theologie *mit* starken christlichen Überzeugungen vertreten. Etwas also, das es nach gängiger Meinung nicht gibt. Insofern muss dieses Kapitel damit rechnen, von zwei Seiten kritisch beäugt zu werden: einmal von denen, die sich für Jesus Christus eher wenig interessieren, wenn sie über den christlichen Glauben nachdenken. Und dann von denen in der Fachwelt, die von einem liberalen Ansatz nur schwache christliche Überzeugungen erwarten.

In Jesus Christus werden Gott und Mensch unzertrennlich

Ich möchte eine »transzendentale Christologie«[20] vorstellen und ins Gespräch bringen. Das klingt abgehoben, aber ich stelle es mir im Bild ganz einfach vor: Zwei, die sich lange sehnsüchtig gesucht haben, finden sich nach Umwegen und Umherirren endlich und werden von jetzt an unzertrennlich sein.

Zuerst von der Seite des Menschen her betrachtet: Der Mensch ist die sich selbst aufgegebene Frage. Wenn wir über unser Leben nachdenken, stoßen wir auf Fragen. Woher kommen wir, wohin gehen wir, was ist der Sinn der Lebensspanne zwischen Kommen und Gehen? Wer bin ich? In diesen allgemein formulierten Fragen werden viele Ihrer konkreten Erfahrungen und Lebensfragen enthalten sein. Sie werden an beglückende Höhepunkte Ihres Lebens denken, eventuell an die Geburt der Kinder, an Liebe, an Freundschaft, an Kultur. Sie werden an traurige Erfahrungen denken, an den Tod Ihrer Eltern oder geliebter Menschen, an unerfüllte Sehnsüchte, an Krisen, an Unglücke. Es zeichnet uns Menschen aus, Fragen zu unserem Leben stellen und über sie nachdenken zu können.

Es ist schwer vorstellbar, dass ein Mensch leben könnte, ohne Fragen zu stellen. Natürlich gibt es sehr unterschiedliche Weisen, dies zu tun. Das reicht von dem bloßen Staunen über den Sternenhimmel oder der Ehrfurcht angesichts eines Neugeborenen auf dem Arm bis zum philosophisch ausgearbeiteten Gedanken. Auf die Art und Weise kommt es nicht an. Es kommt auch nicht darauf an, ob man seine Fragen sprachlich ausdrücken kann. Das haben nur wenige gelernt. Für viele Menschen sind ihre Lebensfragen eher ein Gefühl, eine Stimmung, mal Begeisterung, mal Traurigkeit oder Perspektivlosigkeit. Auch in dem heute verbreiteten Gefühl, abgehängt zu sein, keine Chance zu haben, sind diese Grundfragen enthalten. Das ist gemeint, wenn wir sagen: Der Mensch ist die sich selbst aufgegebene Frage.

Damit ist er ein transzendentales Wesen, also eines, das über sich und seinen Horizont hinaus auf der Suche ist. Transzendenz heißt wörtlich das »Überschreitende, Darüberhinausgehende«. Transzendental ist die Ausrichtung auf dieses unser Leben Überschreitende. In unseren Fragen nach dem Woher und Wohin schauen wir zum Horizont und damit ansatzweise über die vor uns liegende Welt hinaus. Das ist entscheidend. Unsere Fragen gehen tendenziell über alles Sichtbare und Materielle vor dem Horizont hinaus. Was liegt hinter dem Horizont? Dass der Mensch diese Frage stellen kann, macht ihn zu einem transzendentalen Wesen. Das Geheimnis hinter dem Horizont der sichtbaren, materiellen Welt nennen wir Gott. Weil der Mensch ein transzendentales Wesen ist, lebt er mit einer Suchbewegung hin zu dem Geheimnis des Lebens, zu Gott.

Kann diese Suchbewegung jemals ihr Ziel erreichen? Sie könnte ja theoretisch ins Leere laufen. Doch in einem Fall in der Menschheitsgeschichte – so die hier vertretene Deutung Jesu – haben beide Seiten sich getroffen und vereint. Es ist hier mit aller Vorsicht zu sprechen, denn niemand kann Gottes Gedanken kennen. Aber wir können das, was uns überliefert ist, vor dem Hintergrund unserer Erfahrungen deuten. In dieser Deutung gibt es eine Suchbewegung Gottes auf uns Menschen zu. Dass er in Jesus Christus selbst in die Welt gekommen, Mensch geworden ist (so das Johannesevangelium: »Das Wort ward Fleisch«; 1, 14), kann man als Sehnsucht Gottes nach seinen Geschöpfen verstehen. Er geht uns entgegen und sorgt selbst dafür, dass wir ihn durch das, was Jesus sagt und tut, besser kennen lernen können.

Doch wie kommen Gott und Mensch zusammen? Führen die Bewegungen nicht immer wieder aneinander vorbei, weil der Mensch auf seiner Suche umherirrt und nie vollständig auf dem Weg zum Ziel bleibt? Ja, das ist oftmals menschliche Erfahrung. Aber einmal scheint es doch anders gewesen zu sein. Darauf lassen die Erzählungen über Jesus und seine Nähe zu Gott schließen.

In diesem ersten und bisher einmaligen Fall hat sich die Suchbewegung eines Menschen mit dem Geheimnis, das er suchte, getroffen und untrennbar verbunden.

Jesus ist Gott entgegengekommen, entgegengegangen, in seiner Suchbewegung in letzter Konsequenz auf das Ziel ausgerichtet. Bis zum Tod hat er von der Suche nach dem Geheimnis nicht abgelassen und bis in letzter Konsequenz hat er darauf vertraut, dass jenseits des Horizontes dieses Geheimnis wirklich vorhanden ist und ihn liebevoll aufnehmen wird, wenn er seinen letzten Atemzug in der sichtbaren Welt getan hat. Noch am Kreuz hat er mit Gott gesprochen. Er hat Gott um Vergebung für seine Henker gebeten (»Vater, vergib ihnen, denn sie wissen nicht, was sie tun«; Lk 23, 34). Selbst der verzweifelte Schrei »Mein Gott, warum hast du mich verlassen?« (Mt 27, 46) ist – wenn auch unter dem Anschein des Gegenteils – ein Ruf zu Gott, der gerade voraussetzt, dass er *nicht* abwesend ist.

Die Auferstehung kann man als die Beglaubigung deuten, dass diese tiefe Verbindung von Gott und Mensch wirklich und unwiderruflich stattgefunden hat. Die Begegnungen mit dem auferstandenen Jesus lassen ihn einmal als anfassbaren Menschen erscheinen und dann wieder als ein Wesen, das nicht von dieser Welt ist.[21] Davon waren die Jüngerinnen und Jünger zunächst irritiert, bis sie verstanden haben, dass ihnen mit dem auferstandenen Jesus Göttliches und Menschliches zugleich in untrennbarer Verbindung begegnete. Wenn diese Verbindung von Mensch und Gott tatsächlich einmal geschehen ist, ist sie nicht nur eine *Möglichkeit* für alle anderen Menschen (wenn sie denn auch so auf das Geheimnis jenseits des Horizontes vertrauten), sondern sie ist eine *Wirklichkeit*, die sich für alle Menschen am Ende genau so realisieren wird. So kann man es verstehen, wenn gesagt wird, Jesus sei der »Erlöser der Welt«.

Durch das, was Menschen vom Leben Jesu wahrgenommen haben und wie sie dieses Leben gedeutet haben, ist die Welt eine andere geworden. Ein neues Kapitel in der Wahrnehmungsgeschichte Gottes wurde aufgeschlagen.

Die hier ins Gespräch gebrachte transzendentale Christologie ist aus meiner Sicht die einzige, die sowohl die biblischen Zeugnisse und die theologische Tradition wie auch den Menschen mit seiner Existenz in dieser Welt ernst nimmt. Sie gibt dem Geheimnis des Lebens ein Gesicht.[22] Sie ist die einzige Christologie, die anschlussfähig ist an die religiösen und spirituellen Erfahrungen, die die Menschen in ihrem Leben machen. Sie ist anschlussfähig, *nicht obwohl* von Jesus Christus die Rede ist, sondern *gerade weil* von ihm die Rede ist. Andere Christologien neigen entweder zu dogmatischen Aussagen, die unser Leben nicht erreichen können, oder zu bloß menschlichen Aussagen über die Nachfolge Jesu, die aber nicht erklären können, was sich mit Jesu Tod und Auferstehung für die Welt und für uns geändert hat. Die transzendentale Christologie verbindet beides.

Eine solche transzendentale Christologie ist ein theologisch ausgearbeitetes Nachdenken über die mystischen Erfahrungen, von denen am Anfang des Buches die Rede war. Was dort »Seinsfühlung« genannt wurde, wird gedeutet als die unmittelbare Erfahrung einer Berührung mit dem Geheimnis jenseits des Horizontes. Und indem diese Berührung stattfindet, geschieht im Ansatz schon dasselbe, was die Jüngerinnen und Jünger in den Begegnungen mit dem auferstandenen Jesus so irritierend erlebten: Die untrennbare Verbindung von Gott und Mensch. An Jesus Christus zu glauben heißt für mich, dass meine Erfahrungen, von etwas jenseits dieser Welt berührt zu sein, nicht Einbildung oder Selbsttäuschung sind. Sie sind nicht bloß psychologisch zu erklären, wiewohl alle menschlichen Vorgänge auch eine psychologische Ebene haben.

Was mir begegnet, wenn sich das Gefühl der »Seinsfühlung« einstellt, ist, davon bin ich überzeugt, eine reale Wirklichkeit, ist die echte Verbindung mit Gott selbst. Mein Vertrauen in das Geheimnis jenseits des Horizontes ist keine Fata Morgana, sondern begründet und gerechtfertigt. *Auf Jesus zu blicken gibt meiner Erfahrung eine Deutung.* Ich gehe auf die Verbindung mit Gott zu – oder im Bild ausgedrückt: auf seine liebevoll ausgetreckten Arme. Meine Hingabe an das Leben, an die Menschen läuft nicht ins Leere. Sie läuft auf eine Zukunft zu, die schöner nicht gedacht werden kann: auf die Verbindung mit Gott selbst. Damit wird das gesamte Leben, werden mein Tun und Lassen, mein Lieben und mein Verzweifeln eingezeichnet in einen Weg, der in genau derselben Verbindung mit Gott mündet, die Jesus schon erlebt hat.

Wer war Jesus von Nazareth?

Nach dieser Vertiefung in unsere transzendentale Erfahrungswelt folgt ein Blick auf die historischen Fakten. Denn auch dies sind ja häufig gestellte Fragen: Wer war Jesus wirklich? Wissen wir das? Wissen wir überhaupt, ob es ihn tatsächlich gegeben hat?

Die römischen Historiker Sueton und Tacitus erwähnen in ihren um 110-120 n.Chr. entstandenen Schriften Unruhen, die durch eine Gruppe ausgelöst worden seien, die einem »Chrestos« anhingen, der während der Regentschaft von Kaiser Tiberius vom Statthalter Pontius Pilatus hingerichtet worden sei. Dies sind die einzigen außerchristlichen Belege, die von der Existenz Jesu berichten. Sie berichten von seiner Hinrichtung. Mehr haben wir »objektiv« nicht in der Hand. Aber das ist doch eigentlich viel. Denn die damalige Geschichtsschreibung war an den Kaisern und der Oberschicht orientiert. Andere Menschen kamen eher zufällig darin vor und nur, wenn sie eine Rolle im politischen Leben des römischen Reiches spielten.

Wer Jesus war, wie sein Leben verlief, darüber haben wir als Quellen ausschließlich die Schriften seiner Anhänger. Das sind die vier Evangelien, die Briefe des Paulus, der aber Jesus zu Lebzeiten nicht selbst begegnet ist, und das sind zeitgenössische Schriften seiner Anhänger, die nicht in den offiziellen Kanon aufgenommen wurden. Legt man die vier Evangelien nebeneinander, so stellt man fest, dass es manche Gemeinsamkeiten gibt, aber auch Unterschiede. Jeder der vier Evangelisten hatte seine eigene Sicht auf Jesus, kannte andere Geschichten über ihn. Die Evangelien enthalten mündliche Überlieferungen, die auf die Lebzeit Jesu zurückgehen. Aufgeschrieben wurden sie aber erst 30 bis 80 Jahre nach seinem Tod. Das klingt wenig aus der Rückschau von 2000 Jahren. Aber wenn wir an unser eigenes Leben und an Erzählungen über Eltern, Großeltern und Urgroßeltern denken, dann sind 30 bis 80 Jahre viel. Dass sich echte Ereignisse mit Übermalungen vermischen, ist anzunehmen. Wenn vier Enkel ihre Großmutter beschreiben, werden vier verschiedene Geschichten entstehen mit vier verschiedenen Bildern dieser einen Großmutter.

Es ist sehr wahrscheinlich, dass Jesus durch Galiläa zog, die Menschen zur Umkehr rief und Kranke heilte. Welche seiner überlieferten Worte auf ihn selbst zurückgehen, ist Thema der Forschung. Ganz sicher kann man bei keinem Wort sein. In der Forschung hat es Phasen gegeben, in denen man fast nichts als echtes Jesuswort anerkannte. Heute nimmt man an, dass die Gleichnisse, die Rufe zur Umkehr und die Worte vom Reich Gottes auf echte Jesusworte zurückgehen.

Ob sich daraus eine Biografie Jesu ableiten lässt, ist eine andere Frage. Es gab im 18. und 19. Jahrhundert eine sogenannte »Leben-Jesu-Forschung«. Es entstanden wissenschaftliche und romanhafte Biografien. Doch letztlich kamen alle diese Bemühungen an eine Grenze. Albert Schweitzer (1875-1965), den viele aus seiner späteren Tätigkeit als Arzt im zentralafrikanischen Lambarene (Gabun) kennen, studierte zunächst Theologie und veröffentlichte 1906 seine »Geschichte der Leben-Jesu-Forschung«. Er kommt zu einem ernüchternden Ergebnis: »Es ist der Leben-Jesu-Forschung merkwürdig ergangen. Sie zog aus, um den historischen Jesus zu finden, und meinte, sie könnte ihn dann, wie er ist, als Lehrer und Heiland in unsere Zeit hineinstellen. Sie löste die Bande, mit denen er seit Jahrhunderten an den Felsen der Kirchenlehre gefesselt war, und freute sich, als wieder Leben und Bewegung in die Gestalt kam und sie den historischen Menschen Jesus auf sich zukommen sah. Aber er blieb nicht stehen, sondern ging an unserer Zeit vorüber und kehrte in die Seinige zurück.«[23]

Schweitzers Forschungsergebnis kann ich gut nachvollziehen, wenn ich z. B. Filme über das Leben Jesu ansehe. Es bleibt bei mir immer ein Gefühl der Fremdheit, ein Grummeln im Bauch, dass irgendetwas nicht stimmt. Wahrscheinlich ist es nicht möglich, uns Jesus weiter zu nähern als bis zu der Distanz, aus der die Evangelien ihn beschreiben. Dahinter den echten Menschen fassen zu wollen, bleibt immer ein Konstrukt.

Als Fazit kann man festhalten: Ja, es hat Jesus tatsächlich gegeben. Aber sein Leben, seine Persönlichkeit so zu rekonstruieren, dass er uns wie ein lebendiger Mensch vor Augen steht, ist nicht möglich. Was wir von ihm haben, sind Glaubenszeugnisse seiner Anhänger, die seine Predigten, seine Gleichnisreden und seine Krankenheilungen überliefert haben.

Was an dem, was Jesus gesagt und getan hat, ist heute noch wichtig?

Jede Zeit sieht in Jesus das, was sie sucht. Jesus der Wundertäter, Jesus der jüdische Rabbi, Jesus der Arier, Jesus der Sozialrevolutionär, Jesus der Therapeut ... Die Liste der Zuschreibungen, die Jesus im Laufe der Jahrhunderte und allein im Laufe der letzten Jahrzehnte erhalten hat, ist lang. Die bildlichen Darstellungen in der Kunst geben darüber eindrucksvoll Auskunft. Man vergleiche nur einmal den Isenheimer Altar von Matthias Grünewald, auf dem Jesus am Kreuz mit Wunden und Pestbeulen dargestellt wurde (1512-1516)[24], mit dem Gemälde des englischen Romantikers Philip Richard Morris aus der zweiten Hälfte des 19. Jahrhunderts, das Jesus wandelnd auf dem See Genezareth abbildet.[25] Größer können die Gegensätze zwischen einer drastischen Darstellung des Leidenden und dem süßlichen Bild des Wundertäters kaum sein. Es gibt keine objektive Darstellung Jesu und seiner Lehre und Taten. Das muss man sich klarmachen, wenn man nach seiner Bedeutung für die Gegenwart fragt.

Möglicherweise liegt seine ungeheure Breitenwirkung über zwei Jahrtausende hinweg genau daran, dass er anschlussfähig an so viele unterschiedliche Zeiten mit ihren Problemen und Sehnsüchten ist. Wäre es anders, hätte er seine Bedeutung vielleicht längst verloren. Wie jede andere Generation hat auch unsere die Brille ihrer Zeit auf, wenn sie die Evangelien liest, und sucht darin Hilfe für die Fragen ihrer Zeit. Damit das Bild, das wir uns von Jesus machen, aber nicht in Fantasterei abgleitet, braucht es die Rückkoppelung an die Evangelien. Ich konzentriere das, was mir für die Gegenwart von besonderer Bedeutung erscheint, auf drei Kernthemen.

Kehrt um! Das Reich Gottes ist nahe herbeigekommen

»Die Zeit ist erfüllt, und das Reich Gottes ist nahe herbeigekommen. Tut Buße und glaubt an das Evangelium!« Martin Luther übersetzte das griechische Wort »metanoíete« mit »Tut Buße«, genauer aber heißt es »Kehrt um«. Nach Markus hat Jesus sein öffentliches Auftreten mit diesen Sätzen begonnen (Mk 1, 15). Wahrscheinlich war Jesus der Meinung, dass das Reich Gottes mit seinem Tod endgültig von Gott aufgerichtet und die alte Welt vergehen wird. Das ist nicht eingetroffen. Dennoch ist die Vorstellung, dass es eine andere Welt gibt, eine Welt der Gerechtigkeit, der Liebe, der Freiheit, zentral. Man gebraucht in der Theologie gerne die Formel »schon und noch nicht«: Das Reich Gottes ist mit Jesus »schon« in die Welt gekommen, es ist »mitten unter uns« (Lk 17, 21), aber es ist »noch nicht« vollständig da. Wir leben »Zwischen den Welten« – und genau da liegt unsere Verantwortung! Sie speist sich aus dem Anspruch, nichts einfach hinzunehmen, wie es ist; Gerechtigkeit, Liebe und Freiheit zu suchen, nach Möglichkeit in allem unserem Handeln und für alle Menschen zu realisieren. Aber gleichzeitig einen realistischen Blick dafür zu behalten, dass diese Realisierung nur unvollständig möglich sein wird. Alle Versuche, das Reich Gottes schon jetzt endgültig zu verwirklichen, sind bisher in Fanatismus und Unmenschlichkeit umgeschlagen. Denn einige Wenige haben versucht, ihre Vorstellungen einer vollkommenen Welt den Menschen mehr oder weniger mit Gewalt aufzudrücken. Dafür ist das Täuferreich von Münster (1530-1535) ein bekanntes Beispiel.

Der englische Jurist und Philosoph Thomas Morus hatte in seinem Roman »Utopia« 1516 Ideen für eine ideale, von Gerechtigkeit für alle geprägte Gesellschaft entworfen, die jahrhundertelang andere Philosophen und Politiker zur Umsetzung seiner Ideen inspirierten. Indirekt kann auch die Schreckensherrschaft Robespierres 1793/94 in dieser Tradition verortet werden. Robespierre wollte die Ideale der französischen Revolution »Gleichheit, Freiheit, Brüderlichkeit« mit Gewalt durchsetzen, was zum »terreur«, zum Terror führte. Und selbst noch die Rede der Nazis von einem »Tausendjährigen Reich«, das der Apokalypse des Johannes entlehnt ist (Off 20, 4), kann als furchtbar pervertierte Version eines angeblichen Gottesreichs auf Erden angesehen werden.

Allen fanatischen Idealvorstellungen auf der einen Seite und aller Resignation auf der anderen steht das »schon und noch nicht« heilsam gegenüber. Das Reich Gottes ist nicht von dieser Welt, aber es steht in dieser Welt. Es mahnt zur Balance, zur moderaten Mitte, und zwar nicht als Mittelmäßigkeit, sondern als Maß des Menschlichen.

Das schärft auch den Blick auf den Menschen. Martin Luther hat dafür die Formel »simul iustus et peccator«, Gerechter und Sünder zugleich, gefunden. Auf der einen Seite sind Menschen wunderbare Wesen! Sie können lieben, sich begeistern, sich für andere einsetzen oder sogar aufopfern. Sie sind kreativ und hoffnungsvoll, sie schaffen Kunstwerke und sie liefern in Notzeiten Beispiele größter Humanität und Barmherzigkeit. Im Alltag arbeiten Menschen in der Kranken- und Altenpflege, kümmern sich um Angehörige, engagieren sich in der Seenotrettung, sparen Energie oder bieten ganz schlicht im Bus einem gebrechlichen Menschen ihren Platz an. Aber das ist eben nicht alles. Eine Politik, die nur darauf setzen wollte, dass die Menschen gut sind, müsste furchtbar scheitern. Denn Menschen können auf der anderen Seite brutal, grausam und rücksichtslos sein. Sie führen Kriege, werfen Bomben auf Wohngebiete ab, sie foltern Gefangene, sie genießen deren Qual, sie gehen an hilflosen Menschen achtlos vorbei und drängeln sich rücksichtslos vor. Deshalb brauchen Menschen Regeln und Gesetze. Nur darauf zu setzen, dass sie von allein das Gute tun, funktioniert nicht. Leider. Leicht kann man in die eine oder andere Richtung abgleiten, entweder zu gut vom Menschen denken oder zu schlecht. Die Rede vom »schon und noch nicht« des Reiches Gottes ist ein Orientierungspunkt, an dem man sich festhalten kann, ohne in die eine oder andere Richtung abzugleiten. Nur so kann das dem Menschen zuträgliche Maß aus Freiheit und Ordnung gefunden werden.

Jesus verbindet die Erinnerung an das kommende Reich Gottes mit dem Ruf zur Umkehr und zum Glauben an das Evangelium. Evangelium heißt auf deutsch »frohe Botschaft«. Damit ist auch hier eine Balance zwischen zwei Polen beschrieben. Der Ruf zur Umkehr nimmt uns Menschen in die Pflicht. Und es dürfte kaum ein aktuelles Thema geben, bei dem nicht unmittelbar einleuchtet, dass die Menschheit umkehren muss: Der Verbrauch von fossiler Energie, die Ausbeutung natürlicher Ressourcen, der Umgang mit den globalen Fluchtbewegungen, die kriegerischen Konflikte, das Hamsterrad, in dem viele Menschen in ihrem Alltag immer schneller laufen müssen. Martin Luther stellte in seinen 95 Thesen 1517 fest: »Als unser Herr und Meister sagte: Tut Buße, denn das Himmelreich ist nahe herbeigekommen, wollte er, dass das ganze Leben seiner Gläubigen eine stete und unaufhörliche Buße sein soll.«[26] Buße, Umkehr betrifft nicht einzelne Handlungen oder fromme Bußübungen wie das Beten mehrerer Vaterunser. Buße, Umkehr betrifft den ganzen Menschen, seinen Lebensstil. Wenn wir an Themen wie »nachhaltig Leben« oder »gewaltfreie Konfliktlösungen« denken, dann ist klar, dass es dazu die entsprechende Haltung des ganzen Menschen, einen veränderten Lebensstil braucht.

Die Forderung nach Umkehr steht aber nicht allein im Raum. Und das ist auch gut so. Denn wir wissen, wie schwer wir uns damit tun. Ob das Ausmaß an Umkehr, dass wir global bei so vielen Themen brauchen, erreichbar ist, weiß niemand. Daran könnte man verzagen, die Hoffnung aufgeben und sich sagen: »Dann ist doch alles egal. Dann lebe ich einfach weiter wie bisher. Nach mir die Sintflut.« Damit das nicht passiert, gibt es die frohe Botschaft gleichzeitig und trotzdem. Wir sind gerettet, das Leben geht gut aus, die Verbindung zu Gott reißt nicht ab und wird am Ende immer enger werden. Auch wenn uns die Umkehr nicht vollständig gelingt – jeder Schritt lohnt sich. So halten sich Anspruch und Zuspruch, Zweifel und Hoffnung die Waage. Wenn Menschen diese Haltung einüben, stellen sie sich in das Reich Gottes.

Du sollst Gott lieben und deinen Nächsten wie dich selbst

Zum Reich Gottes gehören die Nächstenliebe und die Heilung des Lebens. Einer von den Schriftgelehrten fragte Jesus: »Welches ist das höchste Gebot? Jesus antwortete: Das höchste Gebot ist das: ›Höre, Israel, der Herr, unser Gott, ist Herr allein, und du sollst den Herrn, deinen Gott, lieben von ganzem Herzen, von ganzer Seele, von ganzem Gemüt und mit aller deiner Kraft‹. Das andere ist dies: ›Du sollst deinen Nächsten lieben wie dich selbst.‹ Es ist kein anderes Gebot größer als dieses.« (Mk 12, 28-31) Diese Antwort hätte jeder jüdische Rabbi so ähnlich gegeben. Die Zitate stammen aus dem 3. und dem 5. Buch Mose. Der Schriftgelehrte stimmt Jesus denn auch zu. Daraufhin sagt Jesus: »Du bist nicht fern vom Reich Gottes.« (Mk 12, 34)

Es kommt nicht oft vor, dass Jesus und seine Widersacher sich so einig sind. Dennoch setzt Jesus einen eigenen Akzent. Und der ist heute noch interessant. Zwar sagt Jesus ausdrücklich, dass vom Gesetz des Mose kein Jota wegfallen soll (Mt 5, 18), aber er führt eine klare Rangfolge der Gebote ein und stellt die Liebe an die erste Stelle. Das macht sich bemerkbar z. B. beim Umgang mit den verschiedenen Sabbatgeboten, die es nicht erlauben, am Sabbat zu arbeiten oder arbeitsähnliche Tätigkeiten zu verrichten. Dazu gehört beispielsweise, am Wegesrand Ähren abzurupfen und sich herausgepulte Körner in den Mund zu stecken (Mk 2, 23-28) oder einen Menschen zu heilen (Mk 3, 1-6). Jesus sagt: »Der Sabbat ist um des Menschen willen gemacht und nicht der Mensch um des Sabbats willen.« (Mk 2, 27) Paulus wird dies aufnehmen und nach Rom schreiben: »Die Liebe ist des Gesetzes Erfüllung« (Röm 13, 8), nach Korinth: »All eure Dinge lasst in der Liebe geschehen« (1. Kor 16, 14), und nach Galatien: »Das ganze

Gesetz ist in dem einen Wort erfüllt: ›Liebe deinen Nächsten wie dich selbst‹« (Gal 5, 14). Diese kompromisslose Ausrichtung an der Liebe bringt Jesus Hass ein (Mk 3, 6). Die Liebe über die Ordnung zu stellen ist aufrührerisch und kann nicht zugelassen werden. Welche Gründe es waren, die zu Jesu Hinrichtung geführt haben, ist nicht ganz eindeutig. Aber *ein* Motiv war, dass er die Liebe über alles gestellt hat.

Die Liebe ist eine starke Kraft, die Menschen zu außergewöhnlichen Leistungen befähigen kann. Sie kann alles verwandeln. Ohne sie können selbst gute Eigenschaften schlecht sein: Glaube ohne Liebe kann fanatisch machen, Gerechtigkeit ohne Liebe hart, Pflicht ohne Liebe verdrießlich. Ist es denkbar, den Ozean zu vermüllen, wenn man liebevoll für die kommenden Generationen sorgt? Ist es denkbar, den nächsten Generationen ein Klima zu hinterlassen, in dem ganze Landstriche unbewohnbar werden, wenn wir mit Liebe füreinander sorgen? Ist es denkbar, Angriffskriege zu führen, wenn die Liebe das höchste Gebot ist? Ist es denkbar, zuzulassen, dass 1 % der Weltbevölkerung 46 % des weltweiten Vermögens besitzt, wenn die Liebe der Motor der Verteilungsgerechtigkeit ist? Ist es denkbar, Flüchtende ertrinken zu lassen, wenn die Liebe unser Handeln bestimmt?

Manche Einwände mögen auf der Hand liegen. Man kann nicht allen Menschen helfen, auch nicht alle Geflüchteten weltweit bei uns aufnehmen. Über die geeigneten (technischen) Mittel, Energie einzusparen, streiten die Experten. Wie Entwicklungshilfe effizient aussehen kann, ist Teil politischer Verhandlungen. Was die Liebe gebietet, kann strittig sein und muss ausgehandelt, ausprobiert, korrigiert werden. Auch im häuslichen Bereich kann strittig sein, ob es der Liebe mehr entspricht, seinen Kindern viel

Freiraum zu lassen oder ihnen stärker Grenzen zu setzen. Was der Liebe dient, ist nicht immer eindeutig. Die Liebe zum Leitkriterium des Handelns zu machen ist folglich kein Rezept nach Art einer simplen Handlungsanleitung. Ich rede keiner Naivität das Wort. So als müssten sich nur alle Menschen lieben und dann gäbe es keine Probleme mehr. Aber es wäre doch viel gewonnen, wenn diese Frage – was denn im Blick auf bestimmte Herausforderungen oder Probleme am besten der Liebe dient – *überhaupt* gestellt und zur Leitfrage gemacht würde. Denn üblicherweise funktioniert unsere Welt nach ganz anderen Kriterien: Es geht um politische Kalküle, geostrategische Interessen, die Verfügungsgewalt über Rohstoffe und nicht selten um den Machtwillen einzelner.

Die Botschaft Jesu von der Liebe als dem höchsten Gebot könnte immerhin eine Art Prüffrage auf alle Handlungsoptionen sein. Dann wären wir nicht schon am Ziel, aber ein Schritt auf dem Wege zu einer menschlicheren Welt wäre getan.

Er heilte viele und trieb Dämonen aus

»Am Abend aber, da die Sonne untergegangen war, brachten sie zu ihm alle Kranken und Besessenen. Und die ganze Stadt war versammelt vor der Tür. Und er heilte viele, die an mancherlei Krankheiten litten, und trieb viele Dämonen aus und ließ die Dämonen nicht reden; denn sie kannten ihn.« (Mk 1, 32-33) Nach dem Markusevangelium geschah dies in Nazareth an dem Tag, an dem Jesus dort zum ersten Mal öffentlich in einer Synagoge geredet hatte. Jesus rief zur Umkehr angesichts der Nähe des Reiches Gottes, er stellte die Liebe über alle Gebote – und er heilte. Obwohl Jesus auf der einen Seite sagt, dass das Reich Gottes nicht an äußeren Zeichen erkannt werden kann (Lk 17, 21), sind auf der anderen Seite die Heilungen Zeichen für den Anbruch des Reiches Gottes (Lk 7, 22).

Die Heilungen gehören zu den heute schwer nachvollziehbaren Geschichten. Verfügte Jesus über überirdische Kräfte? Sind es Wunder, die die Naturgesetze außer Kraft gesetzt haben? Kannte er natürliche Heilmittel, deren Anwendung den unwissenden Menschen in den Dörfern als Wunder erschienen? Sind einige Heilungen psychologisch zu erklären, dass er z. B. durch das Auflegen seiner Hände Menschen beruhigte und ermutigte? Was soll man sich unter Dämonen vorstellen? Sind sie antike Deutungen psychischer Krankheiten, die wir heute als Neurosen oder Psychosen bezeichnen würden? Die Auslegungsgeschichte kennt alle Varianten von Antworten. Und vielleicht sind alle Varianten auf ihre Weise auch richtig. Bemerkenswert ist, dass Jesus heilt, indem er Dialoge aufnimmt. So fragt er einen Blinden vor den Toren Jerichos: »Was willst du, dass ich dir tun soll?« Man könnte diese Frage fast für zynisch halten, weil ja klar sein müsste, dass der Blinde wieder sehen will. Aber es steckt Weisheit darin, einen Kranken zu aktivieren und ihn selbst an seiner Heilung mitwirken zu lassen. Denn sich heilen zu lassen ist kein passives Geschehen. Nur wer selbst den Willen hat, sich und seine Situation zu heilen, kann auch geheilt werden. Kranke und Bedürftige sind keine Objekte unserer Fürsorge, sondern selbstständige Menschen, die Unterstützung benötigen.

Was ist an den Heilungsgeschichten auch heute noch von Bedeutung? Jesus hat sich den Menschen konkret zugewandt. Er hat ihr Leben verändert. Er hat nicht nur gepredigt, er hat sie nicht auf später, auf bessere Zeiten, auf ein Jenseits vertröstet. Sondern er hat hier und jetzt zugepackt und ihre Situation verändert. Dafür stehen die Heilungen exemplarisch. Dass es gerade Kranke waren, denen er sich zugewandt hat, ist nicht zufällig. Denn sie standen damals besonders schutzlos am Rande der Gesellschaft. Eine medizinische Versorgung im heutigen Sinne gab es nicht, schon gar nicht für die Armen.

Dieser Teil seiner Botschaft ist heute aktuell wie eh und je: sich einzumischen für die Menschen, und zwar gerade für die Schwächsten, für die, die selbst keine Stimme in Politik und Gesellschaft haben. Heilsame Impulse in die Debatten zu geben, Unheil abzuwenden, sich für die Heilung von Armut, Benachteiligung und Ungerechtigkeit einzusetzen und Wunden und Erinnerungen zu heilen. Das ist der christliche Auftrag auch in der Gegenwart.

Gefeierter Glaube – Der Gottesdienst

»Ich habe den Herrn gesehen!«

Im Vorraum der Maria Magdalena-Kirche in Hamburg prangt in schwarzen Lettern auf weißer Wand der Satz: »Ich habe den Herrn gesehen.« Wer die Kirche betritt, trifft unmittelbar auf den halb verdutzten, halb begeisterten Ausruf, mit dem Maria Magdalena, eine Weggefährtin Jesu, den Jüngern am Ostermorgen die Nachricht bringt, dass Jesus ihr lebendig begegnet ist (Joh 20, 17+18). Wie diese Erscheinung des Auferstandenen zu begreifen ist, das bleibt geheimnisvoll. Maria will ihn umarmen, aber Jesus hält sie auf Abstand und sagt: »Rühr mich nicht an!« Den Jünger Thomas, der nicht glauben will, dass er wirklich Jesus vor sich sieht, fordert Jesus etwas später im Gegenteil dazu auf: »Berühre meine Wunden.« (Joh 20, 27). Der lebendige, auferstandene Jesus erscheint jedem in anderer Weise. Und doch ist allen klar, wem sie begegnet sind.

Die Maria Magdalena-Kirche gehört zum »Osdorfer Born«, einer der ersten Hochhaussiedlungen in Hamburg aus den 1960er-Jahren. Auch wenn die Gebäude aus der Ferne im Sonnenschein manchmal glänzen: Es ist eine Betonlandschaft und ein sozialer Brennpunkt. Die Kirche war ursprünglich ein Mehrzweckraum, weil in den 1960er-Jahren die Meinung herrschte, ein »richtiger« Kirchbau könnte abschreckend wirken. Es gebe eine zu hohe Hemmschwelle, ihn zu betreten. Wenn die Kirche Menschen erreichen wolle, müssten die Räume offener, alltäglicher sein, sie dürften nicht »heilig« wirken. Diese Meinung entpuppte sich im Laufe der Jahre als höchst irrig. Menschen suchen Räume mit einer besonderen Ausstrahlung, die anders sind als ihr Zuhause oder ein Bürgerzentrum. Zu Heiligabend oder für eine Hochzeit gingen die Leute lieber in die benachbarten Stadtteile in eine Kirche, die als solche zu erkennen war.

Man reagierte darauf, indem man den Kirchraum mit einem neuen Altar wertiger ausstattete und den Raum nur noch für Gottesdienste nutzte. Man gab der Kirche – erst jetzt! – einen Namen: Maria Magdalena-Kirche. Man baute – auch erst jetzt – einen kleinen Kirchturm. Und man brachte nun diesen Ausruf der Maria Magdalena im Foyer an. Ich habe es immer als einen berührenden Kontrast empfunden, dass alle, die inmitten dieser Betonlandschaft, oft von sozialen Schwierigkeiten bedrängt und beladen mit den Sorgen ihres Alltages dieses Gebäude betreten, unübersehbar auf diesen Satz stoßen: »Ich habe den Herrn gesehen!« Ein Satz jenseits aller Vernunft, jenseits aller Zweckmäßigkeit. Man könnte meinen, dass dieser Satz gar nicht in diese Umgebung passt. Mir scheint: Gerade dort gehört er hin.

Die Kirche feiert ein Geheimnis

Die Kirche feiert das Geheimnis des Lebens. Das macht sie aus. Das unterscheidet sie von anderen Gemeinschaften. Geheimnis meint hier nicht im Sinne des alltäglichen Sprachgebrauchs ein verborgenes Wissen, das nur wenigen exklusiv zugänglich ist und das man aufdecken kann. Geheimnis meint die unseren menschlichen Sinnen unergründliche Seite des Lebens. Die Kirche als Erzähl- und Verstehgemeinschaft versammelt sich um dieses

Geheimnis, auf das alles Leben ausgerichtet ist. Dieses Geheimnis bringt sie zur Sprache und zum Leben, wenn sie das Evangelium von der unbedingten Nähe Gottes weitersagt, das in Jesus Christus in die Welt gekommen ist. Mit dieser Botschaft begleitet sie Menschen von der Geburt bis zum Sterben. Sie hilft ihnen in Krankheit und Not und unterstützt sie, sich selbst zu helfen. Sie ist Anwältin für die Schwachen und die, die selbst keine Stimme in der Gesellschaft haben. Sie unterhält Kindertagesstätten, Schulen, gibt Konfirmandenunterricht und leistet auf viele verschiedene Weise einen Beitrag zur Bildung der Menschen, zu Kunst und Kultur, auch zur Bildung des Herzens. Und in all dem, was sie tut, verkündet sie die frohe Botschaft Jesu, das Evangelium von der Liebe Gottes, der das Geheimnis unseres Lebens ist. Wie konzentrische Kreise bewegen sich alle Aktivitäten der Kirche um eine Mitte: den Gottesdienst. Das ist der Ort, an dem sie das Geheimnis des Lebens feiert.

Jesus selbst ist nach übereinstimmenden Berichten von Matthäus, Markus und Lukas durch Lesungen und mit Predigten in den Synagogengottesdiensten in Galiläa, namentlich in Nazareth, zuerst öffentlich aufgetreten. Am Tage vor seinem Tod feierte er mit seinen Jüngern das Passamahl und gab ihnen Anweisung, diese Feier zu seinem Gedächtnis zu wiederholen. Hier liegt der Grund für die Feier des Abendmahls bzw. (wie man in der römisch-katholischen Kirche sagt) der Eucharistie. Nach der Apostelgeschichte stand dies am Anfang der ersten Gemeinde, dass sie beständig blieben »in der Lehre der Apostel und in der Gemeinschaft und im Brotbrechen und im Gebet« (Apostelgeschichte 2, 42). Da die Auferstehung »am ersten Tag der Woche« (Markus 16, 2) geschehen war, wurde dies der Tag, an dem regelmäßig Gottesdienst gefeiert wurde. Die Christen nannten ihn »Tag des Herrn«, in Rom war dies der Tag des Sonnengottes. Beide Herleitungen haben sich erhalten in Wochentagsbezeichnungen wie »Domingo« (spanisch, »Herr«) bzw. »Sonntag«.

Eine Membran zwischen Alltagsbewusstsein und dem Grund des Daseins

Im zweiten Kapitel habe ich von der Urerfahrung gesprochen, die im Gefühl des Einsseins mit dem Grund der Wirklichkeit gründet. Sie ist Kindern noch selbstverständlich, tritt aber in den Hintergrund, je mehr sich die Menschen als eigenes Subjekt erfahren. Das heißt aber nicht, dass der Grund der Wirklichkeit nicht mehr existiert, sich sozusagen als kindlicher Irrtum entpuppt und alles »in Wirklichkeit« ganz anders ist. Im Gegenteil: Ich glaube, dass es zwischen unserem Ich-Bewusstein und der Erfahrung des Grundes eine Durchlässigkeit gibt, wie eine Membran. Es gibt Orte und Gelegenheiten, die diese Membran besonders durchlässig machen, an denen oder bei denen Menschen Erfahrungen der Entgrenzung machen können und vom Grund der Wirklichkeit, von der Gegenwart Gottes berührt werden. Für mich ist es wie die Berührung mit einer anderen, der unsichtbaren Welt. In der Bibel gibt es solche Orte, z. B. beim brennenden Dornbusch, vor dem Mose aus Ehrfurcht die Schuhe auszieht (2. Mose 3, 1-6), oder in Beth-El, wo Jakob im Schlaf eine Leiter sieht, die bis zum Himmel ragt, auf der die Engel auf- und absteigen (1. Mose 28, 10-19). Auch der Berg, auf dem Jesus mit Mose und Elia redete und strahlend weiß leuchtete, gehört dazu (Mk 9, 2-8).

Solche Orte, solche Begegnungen bleiben geheimnisvoll. Niemand kann sie naturwissenschaftlich beschreiben. Trotzdem sind sie Realität, jedenfalls für die, die besonders berührt werden. Es ist die mystische Erfahrung der »Seinsfühlung«. Kirchen sind solche Orte. Kirchen machen es leichter, mit Gott in »Fühlung« zu kommen, weil sie uns vom Alltag abschirmen, uns helfen, uns auf das Wesentliche zu konzentrieren, nach innen zu schauen.

Ernüchternde Zahlen

Hier nun allerdings kommt unser Gedankengang an eine Schwelle, an der es erst einmal nicht weitergeht, an der das gezeichnete Bild und die zu beobachtende Wirklichkeit nicht zusammenpassen. Denn wenn dies alles so ist, wie beschrieben, dann müssten die Menschen – unzählige Menschen – Sonntag für Sonntag wie magisch angezogen in die Gottesdienste strömen. Denn was kann es für Menschen, die sich irgendwo in ihrem Herzen eine Sehnsucht nach Gott oder mindestens eine Offenheit für das Transzendente bewahrt haben, Schöneres geben, als an einen Ort zu gehen, wo die Membran zur anderen Welt dünn ist, und dort das Geheimnis des Lebens zu feiern?! Doch so ist es nicht. Offenbar nicht. Die Zahlen sprechen eine andere Sprache.

Zu den gängigen Redewendungen gehört, dass der Kirche ihre »Schäflein davonlaufen«. Zu den Bildern, die in den Medien mit Vorliebe verbreitet werden, gehören leere Kirchen. Da kann man über die Austrittszahlen sprechen, aber an dieser Stelle konzentriere ich mich auf den Gottesdienstbesuch. Nach der neuesten Kirchenmitgliedschaftsuntersuchung der Evangelischen Kirche in Deutschland (EKD) besuchen 24 % der Bevölkerung mehr als einmal im Jahr einen Gottesdienst, 35 % der Evangelischen und 42 % der Katholischen.[27] An Heiligabend sind es gut 12 %. In

Westdeutschland sind die Zahlen etwas höher als in Ostdeutschland. In der Pandemie sind sie gesunken und steigen seitdem wieder an. Und es sind hier noch nicht die Kinder- und Familiengottesdienste, Gottesdienste bei Stadtteilfesten, bei Schützenfesten u.v.m. im Blick. Die Zahlen zeigen ein differenziertes Bild: Die Kirchen sind nicht leer – aber es strömen auch nicht Massen zum Gottesdienst.

Zahlen sind immer relativ. Deshalb ein Vergleich: Jeden Sonntag gehen in Deutschland etwa 3 Millionen Menschen in einen Gottesdienst, aber nur knapp 1 Million in die Fußballstadien aller Ligen zusammen. Sicher, da werden Äpfel mit Birnen verglichen. Aber die Zahlen bilden doch einen aufschlussreichen Kontrast zu dem Gefühl, heute gehe ja »fast niemand mehr« zum Gottesdienst, dafür seien die Fußballstadien überfüllt. Und zu dem Gerücht, früher sei es besser gewesen: Aus den ganz alten Zeiten verfügen wir zwar über keine Statistiken. Aber gegen Ende des 19. Jahrhunderts, das muss man sich vor Augen führen, hatten die Kirchengemeinden in den Städten nicht selten um die 40.000 Gemeindeglieder – bei *einer* Kirche und *einem* Pfarrer. Selbst wenn eine sehr große Kirche mit 1000 Plätzen recht gut gefüllt war, sagen wir mit 800 Menschen, dann waren dies gerade einmal 2 % der Gemeindeglieder. Und mit mehr rechnete man offenbar auch nicht.

Erst die sogenannte »Gemeindebewegung« um die 20. Jahrhundertwende sorgte dafür, dass mehr und kleinere Kirchen gebaut und mehr Pfarrstellen geschaffen wurden. Dies alles sind keine Argumente! Mit Zahlen kann man spielen, ja. Aber auch, wenn man die Bedeutung dieser Zahlen nicht überzeichnen darf, so rücken sie manche »gefühlten Eindrücke« doch ein wenig zurecht. Mehr soll damit nicht gesagt sein. Es bleibt trotz allem richtig: Die große Anziehungskraft, die Gottesdienste eigentlich haben müssten, wenn Menschen dort das Geheimnis des Lebens, auch ihres eigenen Lebens, feiern können – diese große Anziehungskraft üben die Gottesdienste offenbar nicht aus. Warum ist das so?

»Mysterium fascinosum« – »Mysterium tremendum«

Diese Frage führt uns in die Anfänge der Menschheit und zugleich in die Tiefe des menschlichen Lebens. Soweit wir es wissen und rekonstruieren können, gab es von den frühesten Anfängen menschlichen Lebens in Gemeinschaft an kultische Rituale. Sie dienten der Lebensbewältigung. Sie waren Ausdruck der Verbindung zur Natur und ihren Kräften. Sonnenschein, Regen, Blitz und Donner, Hagel, Krankheit und Tod – die gesamte Umwelt des Menschen war ihm mit ihrem Rhythmus der Jahreszeiten vom Säen bis zum Ernten dienliche Lebensgrundlage und zugleich Gefährdung des Lebens. Die frühen Kulte waren Rituale, denen magische Kräfte zugeschrieben wurden, mit denen die Kräfte der Natur – oder später ihre personifizierte Vorstellung als Götter – beeinflusst werden sollten. Mit einem modernen Wort kann man dies als »Kontingenzbewältigung« deuten. Die Kontingenz, also die Zufälligkeit, Vergänglichkeit, das Ausgeliefertsein des Menschen an die Kräfte seiner Umwelt, an seinen eigenen Körper mit Wachsen, Fruchtbarkeit, Abnehmen, Krankheit und Tod musste verarbeitet und irgendwie »beherrscht« werden. Das Bewusstsein dieser Kontingenz ist vielleicht das wesentliche Merkmal, das den Menschen vom Tier, auch von den Primaten unterscheidet. Das Erwachen dieses Bewusstseins muss den Menschen zutiefst erschreckt haben. Wie konnte er überleben? Wie konnte er sich vor

Missernten, Hunger, Krankheiten und Unfällen schützen? Wie konnte er die Kräfte der Natur für sich günstig stimmen?

Aus diesen Anfängen entwickelten sich Rituale der Beschwörung, des Tanzes, des Gesangs, der Ekstase. Da sie das Überleben der Gemeinschaft sichern sollten, waren sie von Anfang an für die Gemeinschaft lebensnotwendig und damit in die Gesellschaft eingebunden. Was der Einzelne im Ritual tat oder nicht tat, hatte Auswirkung auf alle und ging deshalb alle an.

Die Hebräische Bibel lässt uns in ihren ältesten Überlieferungen einen Blick in diese frühen Zeiten tun. So wurde das »Zelt der Begegnung« mit Gott während der Wüstenwanderung außerhalb des Lagers aufgestellt, weil man eine Scheu vor der Nähe des Heiligen hatte und den heiligen Ort vor unbefugtem Betreten schützen musste. Im 2. Buch Mose in den Kapiteln 29 bis 40 werden die Errichtung und Ausstattung dieses Zeltes (in Luthers Übersetzung »Stiftshütte«) ausführlich beschrieben. Am Ende nimmt Gottes Herrlichkeit in Gestalt einer Wolke Wohnung darin. Bis zur Sesshaftwerdung im Lande Kanaan und dem Bau des Tempels in Jerusalem war dieses Zelt der portable Wohnort Gottes und zog mit dem Volk Israel durch die Wüste. Die Nähe der Gegenwart Gottes war allerdings nicht nur heilsam und wegweisend, sie konnte auch gefährlich werden, wenn man die Regeln für den Umgang mit ihr nicht beachtete. Zwei Söhne Aarons, Nadab und Abihu, sterben, weil sie die Verhaltensregeln brechen (3. Mose 10, 1-3).

Der heiligste Gegenstand in dem Zelt ist die sogenannte Bundeslade, ein Kasten, in dem die Tafeln mit den Zehn Geboten aufbewahrt werden. Als David die Bundeslade auf einem von Rindern gezogenen Karren nach Jerusalem transportieren lässt, droht der

Wagen zu kippen und die Bundeslade herunterzufallen, weil die Rinder ausgleiten. Ein Priester, Usa, läuft hinzu, um die Lade zu stützen. Sobald er sie berührt, fällt er tot um (2. Samuel 6, 6). Dies wiederum jagt David einen solchen Schrecken ein, dass er die Aktion abbricht und die Lade vorübergehend an einem anderen Ort deponieren lässt (2. Samuel 6, 10). Erst als er sieht, dass der neue Standort von Gott gesegnet wird, traut er sich, die Bundeslade in seine neue Hauptstadt zu überführen.

Wir betrachten solche archaischen Geschichten mit dem Abstand aufgeklärter, vernünftiger Menschen. Was sie aber auch uns heute noch sagen: Die Annäherung an das Heilige, das Hinzutreten zu Orten, an denen die Membran zwischen sichtbarer und unsichtbarer Welt besonders dünn und durchlässig ist, ist nicht nur von Freude und tiefer innerer Erfüllung gekennzeichnet, sondern auch von Erschrecken, Furcht und Zittern. Die Forschung spricht vom »mysterium fascinosum« und dem »mysterium tremendum«.[28] Der Ausruf der Maria Magdalena »Ich habe den Herrn gesehen!« ist von grundsätzlich anderer Qualität, als wenn wir uns erzählen, welchen Nachbarn wir heute beim Einkaufen getroffen haben. Die Sprachebene klingt zum Verwechseln ähnlich, die Sachebene ist eine kategorial andere. Der Ruf ist ebenso von Freude und Begeisterung, wie von Erschrecken und Furcht erfüllt.

An dieser Stelle holt uns ein Schatten der Aufklärung ein, die uns die Welt so vernünftig erscheinen lässt und aus Gott den »lieben Gott« gemacht hat. Damit wird die unbegreifliche Seite Gottes (Martin Luther sprach vom »Deus absconditus«, dem »verborgenen Gott«) gewissermaßen wegretuschiert. Richtig an der aufgeklärten Perspektive ist, dass niemand befürchten muss, tot umzufallen oder auch nur einen elektrischen Schlag zu bekommen, wenn er in der Kirche den Altar berührt. Wenn damit jedoch aus der Fühlungnahme mit dem Sein eine quasi alltägliche Begegnung gemacht wird, dann geht das nur um den Preis des Verlustes der unergründlichen Seite des Glaubens.

Vielleicht ahnen viele Menschen dies mehr, als uns Theologinnen und Theologen, Pfarrerinnen und Pfarrern bewusst ist. Der Göttinger Professor für Praktische Theologie, Manfred Josuttis, schrieb 1991 in einem Buch über den Gottesdienst:

> *»Die Einladung zum Gottesdienst läuft ins Leere, weil sie Lebenssteigerung verspricht, aber faktisch eine Lebensbedrohung darstellt. Wer sich im umfriedeten Raum des Gottesdienstes auf die Atmosphäre des Göttlichen einlässt, muss damit rechnen, dass sich sein Leben von Grund auf verändert. Ein sinnvolles, nach der gesellschaftlichen Logik sogar sachgemäßes Verhalten gegenüber diesem bedrohlichen Geschehen besteht darin, die Teilnahme daran überhaupt zu vermeiden.«*[29]

Gottesdienst als Veranstaltung – ein Kategorienfehler

Nun ist dies gewiss mit einem Augenzwinkern geschrieben. Josuttis macht aber auf einen zentralen Punkt aufmerksam, der oft übersehen wird: Die Kirchen laden zum Gottesdienst ein, wie man zu einem Konzert oder einem Theaterstück einlädt. In den Kategorien unserer modernen Lebenswelt gesprochen, sind dies Veranstaltungen. *Den Gottesdienst als Veranstaltung anzusehen, ist aber ein Kategorienfehler.* Er ist ein Ereignis eigener Art, das mit keinem anderen Ereignis vergleichbar ist – auch wenn Konzerte oder Fußballspiele ersatzreligiöse Funktion haben können und ihre eigenen Rituale ausbilden. *Der Gottesdienst ist Feier des Geheimnisses des Lebens, und verhaltenstheoretisch ist er schlicht das bewusste und rituell gestaltete Verweilen in Gottes Gegenwart.* Ob es sachgemäß ist, davon auszugehen, dass alle Christinnen und Christen sich diesem intensiven, lebensverändernden Ereignis Woche für Woche aussetzen müssten, ist eine Frage, die gestellt werden muss.

Begeisterung und Ritual

Neben der Spannung von »mysterium fascinosum« und »mysterium tremendum« steht der Gottesdienst in der Spannung von unmittelbarer Begeisterung, Ekstase, Seinsfühlung einerseits und rituellem Vollzug andererseits. Der Ritus ist auf Wiederholung angelegt. Damit ist schon angedeutet: Wie jede Wiederholung kann auch die Wiederholung des Ritus langweilig werden und ihre Verbindung mit der aus dem Herzen kommenden Begeisterung verlieren.

Fast alles Schöne im Leben wird wiederholt. Ausnahmen sind die Geburt der Kinder, ihre Taufe und meist auch die Hochzeit. Alle Feste vom Geburtstag über den Hochzeitstag, Weihnachten, Ostern und Pfingsten, das Plätzchenbacken zu Weihnachten, das Schmücken des Tannenbaums – alles wiederholt sich, mit Variationen, aber im Grundsatz. Und jeder hat die Erfahrung gemacht, dass der schönste Brauch seinen Glanz mit den Jahren verlieren kann. Auch die Sexualität lebt von Wiederholungen und kann daran leiden, dass sie langweilig wird. Selbst wenn man bei der

Gestaltung des eigenen Glaubens auf (äußerlich gesehen) einfachste Formen zurückgreift wie die tägliche stille Zeit, die keine Worte und keine genormten Detailabläufe braucht, so wird jeder und jede, der oder die solche Zeiten schon eingeübt hat, durch Durststrecken gegangen sein, die sich öde anfühlten. ›Soll ich das überhaupt noch weitermachen?‹, fragt man sich dann. Doch ohne Wiederholungen geht eben fast nichts, sonst müssten wir das Leben täglich neu erfinden. Wiederholungen entlasten von der ständigen Suche nach neuen Ausdrucksformen, sie geben damit Sicherheit, sie helfen zur Einübung und Vertiefung.

Gottesdienst als Weg in das Leben

Manfred Josuttis hat den Gottesdienst verhaltenspsychologisch als einen »Weg in das Leben« beschrieben. Der innere Aufbau der Liturgie, also des geformten Gottesdienstes, hat ihm zufolge eine archetypische Struktur: das Ankommen der Gemeinde mit Begrüßung untereinander und das Ankommen in Gottes Gegenwart. Klage, Lob und Dank für all das, was im eigenen Leben geschieht. Zuspruch von außen mit einem Wort, einer Rede. Antwort auf diese Rede in Form des Bekenntnisses zu Gott. In der Fürbitte wird das Leben der Anwesenden vor Gott ausgebreitet und in den Kontext der ganzen Welt gestellt. Im Vaterunser wird dieses Gebet in einer geprägten Form verdichtet. Im Abendmahl wird die Anwesenheit Gottes in der Gemeinschaft, seine Zusage der frohen Botschaft an jeden einzelnen gefeiert. Am Ende wird die Gemeinde mit einem Zuspruch in den Alltag entlassen.

Josuttis sagt: Das sei die Grundstruktur, die letztlich immer wiederkehrt. Sie führe von außen nach innen, nehme unser Leben mit in die Begegnung mit Gott und führe uns am Ende wieder in den Alltag hinaus. Auch wenn Gottesdienste durch Chöre oder Jazz-Formationen, durch neue Lieder und die Aufführung einer Geschichte durch Kinder oder die Beteiligung von Jagdhörnern bei der Hubertusmesse ganz anders aussehen, wird man bei genauer Analyse dieselbe Grundstruktur wiederfinden. Liturgien lassen sich gestalten, aber letztlich nicht »erfinden«.[30] Die Wiederholung des Rituals kann Variationen entwickeln, kann zielgruppengerechte Beteiligungen einbinden und musikalisch neue Wege gehen. Sie bleibt die Wiederholung und Einübung eines Weges, der »in das Leben«, d.h. in die eigene Seele und in die Berührung mit Gott führt.

Wenn hier und da der Abgesang auf den Sonntagsgottesdienst angestimmt wird – veraltet, verstaubt, kaum jemand geht noch hin –, so widerspreche ich. Das heißt nicht, falsche Alternativen aufzumachen, als könnte und sollte es nicht neue Formate geben, andere Tage und Anlässe für Gottesdienste, mit Familien, zu Stadtteilfesten, mit Schulen, in Krankenhäusern und Altersheimen. Und all das gibt es ja in Fülle. Das macht aber die Einübung der Wiederholung nicht überflüssig, weil nur sie in die Tiefe führt. Keine Frage, dass dieser Anspruch für Pfarrerinnen und Pfarrern streckenweise frustrierend ist. Vielleicht hilft es, den Sonntagsgottesdienst von falschen Erwartungen (als müsste sich eigentlich die ganze Gemeinde versammeln) zu befreien. Ihn einzuüben und durchzuhalten ist im besten Sinne Treue: Treue zum Evangelium, zur Vertiefung des eigenen Lebens und das der anderen.

Wer nach langer Zeit wieder oder überhaupt zum ersten Mal zum Gottesdienst kommt, sollte vorsichtig herangeführt werden. Dazu gehört auch ein realistisches »Erwartungsmanagement«. Die Feier eines unergründlichen Geheimnisses kann sich nicht vom ersten Augenblick an erschließen. Sie kann ihrem Wesen nach gar nicht – im alltäglichen Sinne – vollständig verständlich sein. Um sich ihr zu nähern, braucht es Sehnsucht und Neugierde, dann aber auch Geduld und wenigstens versuchsweise etwas Treue.

Personen und Orte

Wer heute in Deutschland einen Gottesdienst in einer evangelischen Kirche besucht, wird es mit einem Pfarrer bzw. einer Pfarrerin zu tun haben, der bzw. die umfassend für die Gestaltung des Gottesdienstes ausgebildet wurde. Dazu gehört neben dem Studium der Theologie, das die Qualität des theologischen Gehalts der Predigt sichern soll, eine Ausbildung mit historischen Informationen über die Geschichte des Gottesdienstes, Rhetorik, Predigtkritik in einer Gruppe, Unterricht im Auftreten, in der Bewegung, im Ton – eventuell unterstützt von einem ausgebildeten Schauspieler – mit Videomitschnitten, anhand derer Auftreten, Haltung, Bewegungen, Ton und Rhythmus eingehend analysiert werden, Unterricht in Zeichentheorie und Ästhetik. Auch die Ausbildung der Prädikantinnen und Prädikanten, also Laien, die ehrenamtlich Gottesdienste halten, ist in den letzten Jahren sehr anspruchsvoll geworden. Doch selbst die gründlichste Ausbildung kann nicht garantieren, dass der Gottesdienst den Gottesdienstbesuchern gefällt, schon gar nicht – denn das ist immer subjektiv – dass sie etwas für sich persönlich mitnehmen, und schließlich auch nicht, dass der Geist Gottes im Vollzug und in den Menschen wirkt – denn der Geist weht, wo er will. Man kann einen Gottesdienst nicht – und schon gar nicht sein Gelingen (worunter man sich sehr Unterschiedliches vorstellen kann!) – »machen«. Man kann aber nach bester Einsicht alles menschenmögliche tun, damit für das Gelingen und das Wehen des Geistes gute Voraussetzungen geschaffen werden.

Nicht unwesentlich ist auch der Kirchenraum – denn der Raum »feiert mit«. Das kann förderliche, aber auch hemmende Konsequenzen haben. Wie oben am Beispiel der »Maria Magdalena-Kirche« in Hamburg gezeigt, kann ein Mehrzweckraum zum Feiern zwar praktisch sein, aber das Gefühl, sich in einer Kirche zu befinden, fördert er nicht. Ob man sich in einer Kirche aus der Romanik, der Gotik, dem Barock, der Neugotik oder der Moderne am wohlsten fühlt, ist subjektiv. Eine Rolle spielt auch, ob die Größe der Zahl der Gottesdienstbesucher entspricht. Es kann ein Problem sein, mit 5 Personen in einer riesigen, nicht beheizbaren mittelalterlichen Kirche Gottesdienst zu feiern. Die Pfarrerinnen und Pfarrer auf dem Land in Mecklenburg, Pommern oder Sachsen-Anhalt wissen davon ein Lied zu singen. Mit Fantasie und Liebe gelingt es oft, einen Teil des Raumes zum praktischen Gebrauch zu gestalten oder abzuteilen.

Braucht man überhaupt eine Kirche, um Gottesdienst zu feiern? Ein berühmtes Zitat zum Verständnis des evangelischen Gottesdienstes stammt aus der Predigt, die Martin Luther am 5. Oktober 1544 anlässlich der Einweihung der neuen Schlosskapelle in Torgau gehalten hat:

> *»Meine lieben Freunde, wir wollen jetzt dieses neue Haus einsegnen und unserem Herrn Jesus Christus weihen. Das gebührt nicht mir allein, sondern ihr sollt auch zugleich mit angreifen, auf dass dieses neue Haus dahin gerichtet werde, dass nichts anderes darin geschehe, als*

dass unser lieber Herr selbst mit uns rede durch sein heiliges Wort und wir umgekehrt mit ihm reden durch unser Gebet und Lobgesang.«

Nach Luthers Verständnis ist Gottesdienst also die Kommunikation des Evangeliums und die Antwort der Gemeinde. Das kann auch auf einer grünen Wiese vonstattengehen und tut dies bei vielen Gelegenheiten ja auch. Gott ist überall! Aber Kirchen sind Orte, an denen man dies in besonderer Weise spüren kann. Wir sprechen in der evangelischen Kirche nicht von »heiligen Räumen«. Aber es sind Räume mit einer besonderen Ausstrahlung. Das liegt an ihrer Bauweise, dem Altar, den Fenstern, Bildern. Es liegt aber auch daran, dass dort Woche für Woche (und öfter) Gottesdienste gefeiert werden. Auch wenn es seltsam klingt: Aber der »Geist« der Gottesdienste, die vielen Gebete und Lieder prägen über die Jahre den Raum, bleiben irgendwie darin aufbewahrt. Das kann man spüren, wie man ja auch beim Betreten einer Wohnung etwas vom »Geist« der Bewohner spürt, ob man willkommen ist, ob Streit herrscht, ob hier gerne gegessen und gefeiert wird.

Gottesdienst und öffentlicher Auftrag der Kirche

Gottesdienste sind ihrem Wesen nach öffentlich. Zwar finden sie in Zeiten von Not und Verfolgung auch geheim statt. Aber ihre Botschaft von der Liebe Gottes gilt allen Menschen. Dem entspricht ihr öffentlicher Charakter. Zur Feier von Gedenktagen oder um der gemeinsamen Trauer über eine Tragödie Ausdruck zu verleihen, können sie auch eine öffentliche Funktion erfüllen.

Beispiele dafür aus den letzten Jahren sind Gottesdienste nach der Flutkatastrophe im Ahrtal[31], nach Amokläufen[32] oder Mordtaten[33], die die Öffentlichkeit erschüttert haben.

Die Beispiele öffentlicher Trauer zeigen, dass die Kirche nach wie vor mit ihren Gottesdiensten ein gesellschaftlich relevanter Ort ist. Sie bietet mit ihren Formen ein Erfahrungswissen darum, wie sich gemeinschaftlich Freude, Klage, Angst oder Leid ausdrücken lassen. Unabhängig vom persönlichen Glauben der einzelnen Teilnehmenden erinnern sie an eine Dimension des Lebens, die über das Sichtbare hinausgeht. Eine Gesellschaft, die sich öffentlich zum Gottesdienst versammelt, lässt erkennen, dass in ihr mehr und anderes gilt als allein die materielle Welt.

Selbst glauben und feiern!

Die meisten Menschen, die, vielleicht nach vielen Jahren, versuchen wollen, ob Gottesdienst »etwas für sie ist«, werden schauen, was sie an ihrem Ort oder in der Nachbarschaft vorfinden. Oder sie nutzen den Urlaub und gehen dort am Ort in einen Gottesdienst. Da mag es sein, dass ihnen die Gottesdienste, aus welchem Grunde auch immer, so gar nicht gefallen. Was kann man tun? Zunächst etwas Geduld aufbringen. Manches, was beim ersten Mal unverständlich oder unzugänglich wirkt, kann sich beim Einüben erschließen. Dann: ins Gespräch gehen. Die Pfarrerin, den Pfarrer ansprechen. Vielleicht wird ein Predigtnachgespräch angeboten. Wer einmal Kontakt aufgenommen hat, kann sich auch beteiligen, ein Gebet sprechen, eine Lesung übernehmen. Dafür werden Schulungen angeboten. Und wer schließlich ganz viel »Feuer gefangen« hat, kann sogar selbst eine Prädikantenausbildung machen! Um eines aber bitte ich: Schauen Sie auch auf Ihre Erwartungen. Sich dem Gottesdienst »von innen« her zu nähern halte ich für das Beste. Das heißt, ihn als eine Zeit außerhalb der alltäglichen Zeit zu nehmen, als einen Ort, wo man in Ruhe in der Gegenwart Gottes verweilen und horchen kann, ob etwas von der anderen Seite der »Membran« zu vernehmen ist. Das verändert den Maßstab, mit dem man das äußerliche Geschehen beurteilt. Das Verweilen in Gottes Gegenwart hat einen Zauber eigener Art.

Ringen um Glaube und Wahrhaftigkeit

Wie kann ein zeitgenössischer, vernünftiger Mensch Christ sein? Ist das überhaupt möglich? Muss man dann nicht glauben, dass Jesus von einer Jungfrau geboren wurde? Soll man etwa glauben, dass die Welt in sieben Tagen entstanden ist, wie es im 1. Buch Mose beschrieben ist? Die Naturwissenschaft sagt seit Charles Darwin (1808-1882), dass die Welt, wie wir sie kennen und erfahren, in Millionen von Jahren nach und nach entstanden sei und die belebte Natur sich in einem Anpassungs- und Selektionsmechanismus von einfachsten zu höheren Lebewesen, zuletzt (vorläufig zuletzt) bis zum Menschen, entwickelt habe.

Das Thema Glaube, Vernunft und Naturwissenschaften scheint einerseits ein Fachgebiet für Spezialisten zu sein. Aber es berührt andererseits jeden Einzelnen, der glauben, aber seinen Verstand nicht an der Kirchentür abgeben will. Umgekehrt soll ja aber auch der Glaube nicht seines Inhaltes beraubt werden. Seit 300 Jahren wird um Antworten gerungen, wie dieser Gegensatz redlich aufgelöst werden könne. Ich erinnere mich an viele Gespräche, in denen diese Fragen eine Rolle spielten. Sie stellen eine Hürde da, glauben zu können. Sie lassen den Glauben, lassen die Kirche veraltet und aus der Welt gefallen erscheinen. Oft sagten Menschen sinngemäß: »Glauben würde ich ja gerne, aber was die Kirche lehrt, das kann ich nicht glauben.« Aber was lehrt »die Kirche«? Seit 300 Jahren sind Christinnen und Christen damit beschäftigt, über den Graben der Zeit hinweg, der sich zwischen antiken Vorstellungen und modernem Wissen auftut, eine Brücke zu bauen. Wie kann das gehen?

Über den normativen Rang der Tradition

Ich finde es zunächst hilfreich, sich bewusst zu machen, wie andere Bereiche unserer Gesellschaft mit ihrer Tradition umgehen. Stellen Sie sich vor, ein Arzt würde Sie nach den Erkenntnissen des berühmtesten Arztes der Antike, Hippokrates (5./4. Jh. vor Christus) behandeln. Also ohne Kenntnis über Bakterien und Viren, ohne Antibiotika, ohne Betäubungsmittel. Vielleicht würden Sie sich seinen Rat interessehalber anhören und über seine Weisheit staunen, aber dann doch lieber zu einem Arzt wechseln, der auf dem neuesten Stand der Medizin arbeitet. Oder Sie würden in einem Rechtsstreit bei einem der berühmtesten Juristen der Antike, dem römischen Senator Cato dem Älteren (gestorben 152 v. Chr.), Rat suchen. Wahrscheinlich würde Ihnen schnell klar werden, dass dieser Jurist Ihnen wenig hilfreich sein kann. Oder Sie wollen die gegenwärtige Weltlage besser verstehen und greifen zu Platons berühmten Werk »Politeia«, »Über die Politik«. Dann würden Sie manchen interessanten Gedanken über die Demokratie und manche Ähnlichkeiten mit heutigen Fragestellungen finden, insgesamt aber feststellen, dass man Platons Vorstellung von der Gesellschaft, die aus dem 4. Jh. vor Christus stammen, nicht zur Norm für heute machen kann. Denn so »demokratisch« war sie gar nicht: Es durften nur ausgewählte Männer mitreden – und Frauen gar nicht.

Stellt man die verschiedenen Wissenschaften und Kulturbereiche der Gegenwart einmal im Vergleich nebeneinander, wird man feststellen, dass sie alle eine lange Geschichte und Wurzeln in der Antike haben. Wissenschafts- und Kulturhistoriker wissen um die Verbindungen in die Vergangenheit, aber niemand käme auf die Idee, 2000 Jahre alte Texte zur Norm für heute zu erheben. Der einzige Lebensbereich, bei dem dies grundsätzlich anders ist, ist die *Religion.* Für ihre Identität, und zwar auch in der Gegenwart, haben die alten Texte unaufgebbare Bedeutung, ja, sie sollen normativ sein für das Handeln in der Gegenwart. Damit steht Religion als Lebensfunktion vor einer komplett anderen Herausforderung als alle (anderen) Wissenschaften oder Lebensbereiche. Sie steht, im Bilde gesagt, »wie ein Pferd quer im Stall«, also quer und widerständig zu den Veränderungen, die sich über die Jahrhunderte hinweg vollzogen haben.

Praktisch drohen drei Gefahren: Man versucht, die alten Normen der Gegenwart mit Gewalt aufzuzwingen. Dann wird Religion fundamentalistisch und fanatisch. Oder man behandelt die alten Texte wie Museumsstücke. Die Kirchen werden dann zur Ausstellungsvitrine dessen, was Menschen vor Jahrhunderten geglaubt haben. Oder man überträgt die Bedeutung der alten Texte und Einsichten auf das Leben heute und unterscheidet dabei den zeitlosen inhaltlichen Kern von der zeitgebundenen Schale. Nur auf diesem dritten Wege, das ist meine Überzeugung, kann der Brückenschlag zwischen Tradition und Gegenwart, Glaube und Vernunft gelingen. Dann braucht es für die Unterscheidung zwischen Kern und Schale allerdings nachvollziehbare Kriterien. Sonst würde diese Methode in Willkür abgleiten.

Das Aufkommen des naturwissenschaftlichen Weltbildes

Konflikte zwischen den modernen Naturwissenschaften und dem Glauben der Kirche waren nahezu unausweichlich. Denn die Erkenntnisse der Naturwissenschaften stellten den Anspruch der Kirche, mit der Bibel die Welt vollständig erklären zu können, in Frage. Das aber berührte nicht nur den Glauben, sondern auch Machtfragen: Wer hatte die Deutungshoheit über die Welt? Zu einem Höhepunkt der Auseinandersetzungen kam es, als Galieo Galilei (1564-1642) behauptete, dass die Erde sich um die Sonne dreht. Er hatte sich die Erkenntnisse seines Kollegen Nikolaus Kopernikus (1473-1543) über das Planetensystem zu eigen gemacht und geriet in den Bannstrahl der katholischen Kirche. Das kopernikanische Weltbild stellte das alte Weltbild gewissermaßen auf den Kopf: Wenn das Weltbild der Bibel infrage gestellt wurde, dann war auch die göttliche Ordnung, auf der die Hierarchien in der Welt ruhten, in Frage gestellt. Wenn sich nicht die Sonne um die Erde drehte, sondern umgekehrt, und wenn man gleichzeitig annahm, dass die Hierarchien in der Welt die göttliche Ordnung des Kosmos abbildeten, dann waren mit der neuen wissenschaftlichen Erkenntnis auch die Hierarchien auf der Erde – wer sich um wen zu drehen hätte – infrage gestellt. Und wenn die Bibel nicht mehr als unmittelbare göttliche Offenbarung respektiert wurde, dann war der Aufruhr gegen die von Gott eingesetzte Obrigkeit nicht weit. Galilei wurde vom Vatikan als Ketzer verurteilt.

Im 16. und 17. Jahrhundert wurden heftige Kämpfe um die Rollen von christlichem Glauben, Heiliger Schrift, Kirche, Fürsten und Naturwissenschaften ausgetragen. Missliebige Veröffentlichungen unterlagen der Zensur, ihre Autoren der Ächtung. Eine der bekanntesten Auseinandersetzungen ist der sogenannte »Fragmentenstreit«: Der Hamburger Gymnasiallehrer Hermann Samuel Reimarus (1694-1768) hatte sich mit den Widersprüchen innerhalb der Bibel und den Widersprüchen zwischen der Bibel und den naturwissenschaftlichen Erkenntnissen auseinandergesetzt und sich eine äußerst kritische Meinung gebildet: Die Jünger

Jesu seien Schwindler und Betrüger gewesen. Das ganze Christentum beruhe auf Lug und Trug. Einzig wahr könne nur eine »natürliche Theologie« sein, die man mit seinem Verstand aus der Natur erkennen könne. Wohlweislich veröffentlichte er seine Texte nicht. Es wäre ihm schlecht bekommen. Seine Schriften kamen nach seinem Tod in die Hände von Gotthold Ephraim Lessing (1729-1781), dem Hofbibliothekar in Braunschweig. Lessing war mit Reimarus keineswegs in allen Dingen einverstanden, fand seine Thesen aber so wichtig, dass er sie, zusammen mit kritischen Anmerkungen, als »Fragmente eines Ungenannten« in der von ihm herausgegebenen Zeitung veröffentlichte.

Was folgte, war eine der heftigsten theologischen Auseinandersetzungen der Neuzeit. Gegenspieler war der Hamburger Hauptpastor Johann Melchior Goeze (1717-1786), ein Vertreter der lutherischen Orthodoxie. Zwischen Lessing und Goeze entwickelte sich über mehrere Jahre eine literarische Fehde. Lessing stritt für den Gebrauch der Vernunft, Goeze verteidigte die Lehre der Kirche. Das Machtgefälle war auf seiner Seite. Lessings Dienstherr belegte die erschienenen Texte mit einer Zensur und erteilte Lessing ein generelles Publikationsverbot für religiöse Themen. Doch Reimarus' Texte waren in der Welt. Der Geist der Aufklärung ließ sich nicht wieder in die Flasche zurückschicken.

Die angestoßenen Fragen bestimmten die Diskussionen der folgenden Zeit: Soll nur das aus der Bibel heute noch Gültigkeit haben, was mit der Vernunft in Einklang steht? Oder noch weitergehender: Soll nur das gültig sein, was die Vernunft ohne Blick in die Bibel erkennen kann? Kann man die Widersprüche nicht doch harmonisieren? Also etwa die Sturmstillung auf dem See Genezareth dadurch erklären, dass das Schiff hinter eine Landzunge bog und somit vor dem Sturm geschützt war? Sollte man umgekehrt nicht einfach weiter die geschichtliche Realität all dessen, was die Bibel berichtet, behaupten und sie im Zweifel durch ein übernatürliches Eingreifen Gottes in die Naturgesetze erklären? Wie stehen historische Wahrheiten und Vernunftgründe zueinander?

Die historisch-kritische Bibelauslegung

Ein entscheidender Baustein zum Umgang mit diesen Fragen war die Entwicklung der sogenannten »historisch-kritischen« Auslegung von Bibeltexten, die vor dem Hintergrund der Geschichtsforschung in der Neuzeit entstand. Der Doppelbegriff »historisch-kritisch« verweist auf ein ganzes Bündel von Perspektiven, die zu untersuchen und zusammenzuführen sind: In welcher Zeit ist der Text entstanden? Was waren die Umstände seiner Entstehung? Wer war der Autor bzw. waren die Autoren? Ist der Text in einem Stück entstanden, gab es mündliche oder schriftliche Vorstufen? Welches ist die Textgattung? Zu welchem Zweck wurde er verfasst und bei welcher Gelegenheit wurde er genutzt?

Als Beispiel nehmen wir die biblische Schöpfungsgeschichte. Eine erste Erkenntnis bei genauerer Untersuchung war die, dass es sich am Anfang des 1. Buches Mose nicht um *eine*, sondern um *zwei* Schöpfungsgeschichten handelt. Rein äußerlich ist dies daran zu erkennen, dass 1. Mose 2, 4 den Abschluss der ersten und den Anfang einer weiteren Schöpfungsgeschichte beschreibt: »Dies ist die Geschichte von Himmel und Erde, da sie geschaffen wurden.« Soweit der Abschluss der ersten Geschichte. »Es war zu der Zeit, da Gott, der Herr, Erde und Himmel machte.« Was nun folgt, passt inhaltlich überhaupt nicht zu der schon erzählten Geschichte. Denn jetzt heißt es, dass Sträucher und Kräuter noch nicht vorhanden waren, während Gott sie nach 1. Mose 1, 11 schon geschaffen hatte. Der grundlegendste Unterschied ist wohl der, dass der erste Bericht mit dem Wasser beginnt, dem Gott das trockene Land abringt, während im zweiten Bericht Gott einen Garten schafft, in den erst Flüsse fließen müssen, um ihn zu bewässern. Im ersten Bericht wird der Mensch von Anfang an männlich und weiblich nach Gottes Bild erschaffen, im zweiten Bericht wird zuerst der Mann aus Erde und dann die Frau aus der Rippe des Mannes erschaffen.

An derlei Unterschieden kann man Anstoß nehmen und die Bibel für unglaubwürdig erklären. Man kann aber auch den Text kritisch, d.h. »unterscheidend«, ansehen und feststellen: Offensichtlich wurden zwei verschiedene Überlieferungen über den Anfang der Welt in die Bibel aufgenommen und hintereinandergestellt. Dass sie beide aufgenommen wurden, heißt, dass beide als gleichberechtigt angesehen wurden. Anscheinend kommen beide Überlieferungen aus unterschiedlichen Kulturkreisen und Landschaften: Der erste Bericht aus einer Landschaft, die mit Überschwemmungen zu tun hat, vor denen Gott retten muss. Der zweite Bericht aus einer trockenen Landschaft, in der die Menschen die Existenz von Flüssen Gottes Güte zuschreiben. Vermutlich waren in beiden Kulturen die Rollen von Mann und Frau unterschiedlich, einmal weniger unterschieden, einmal stärker. So kann man die Beobachtungen immer weiter differenzieren und verfeinern. Da Israel/Palästina insgesamt sehr trocken ist, kann der erste Bericht kaum aus dieser Region stammen. Babylon dagegen mit Euphrat und Tigris hatte regelmäßig mit Überschwemmungen zu tun. So liegt die Annahme nahe, dass der erste Bericht aus der Zeit des babylonischen Exils stammt, also der jüngere ist, während der zweite aus Palästina kommt und vermutlich älter ist.

Welche Funktion hatten solche Schöpfungserzählungen? Zur Beantwortung dieser Frage hilft ein Blick in die Psalmen, wo nämlich ebenfalls mehrere Schöpfungsberichte erzählt werden, am ausführlichsten in Psalm 104. Dessen Beginn »Lobe den Herrn, meine Seele« gibt den Schlüssel zur Antwort in die Hand. Die Schöpfungsgeschichten sind ein Gotteslob. Es ging darum, Gott für seine Welt und die Gaben darin zu danken. Dies wurde mit den Vorstellungen der jeweiligen Zeit getan. Es flossen mythologische Traditionen wie die vom »Tohuwawohu« über der Urflut ein (1. Mose 1, 1), und die Menschen zeichneten sich so, wie sie sich vorfanden, in den Rahmen der Erzählung ein.

Damit sind mehrere Erkenntnisse gewonnen: 1. Sinn und Zweck dieser Geschichten ist es, Gott zu loben und zu danken. 2. Dazu wird die Welt beschrieben, wie man sie jeweils vorfand, und sich selbst mittendrin. 3. Man erklärte sich das Vorfindliche dadurch, dass Gott es so geordnet haben müsse. 4. Man maß diesen Erklärungen keine sich gegenseitig ausschließende Wahrheit oder Normativität zu. Aus der Perspektive derer, die diese Erzählungen sammelten, hatten sie alle ihr Recht. 5. Was man überhaupt nicht beabsichtigte, war, eine Erklärung der Entstehung der Welt zu liefern, die mit unserem naturwissenschaftlichen Verständnis vergleichbar wäre. 6. Deshalb stehen Bibel und Naturwissenschaft in keinerlei Konkurrenz zueinander. – Sie als Konkurrenten zu sehen, wäre so ähnlich, wie Äpfel und Birnen zu vergleichen. Die Themen des Glaubens sind andere als die der Naturwissenschaft. Die Bibel behauptet nicht im naturwissenschaftlichen Sinne, die Welt sei in sechs bzw. sieben Tagen erschaffen. Sie dankt vielmehr

Gott, den sie als Urheber allen Seins ansieht, für seine Gaben und fragt nach dem Sinn dessen, was wir vorfinden.

Die Analyse-Instrumente, die wir hier an einem Beispiel vorgeführt haben, sind auf jeden einzelnen Text gesondert anzuwenden. Trotz durchgehender Grundsätze müssen dabei Unterschiede gemacht werden. So sind die Evangelien zwar auch keine wissenschaftliche Geschichtsschreibung im heutigen Sinn, sondern Glaubenszeugnisse. Das heißt aber noch nicht, dass die Frage danach, was »wirklich« geschehen ist, schon beantwortet oder unwichtig wäre. Können Wunder passiert sein? Wie ist es mit den Jesus zugeschriebenen Heilungen? Manche der Heilungen können psychologisch erklärt werden, z. B. die Heilung eines von Dämonen besessenen Menschen, an dem man heute vielleicht eine »dissoziative Identitätsstörung« diagnostizieren würde, die sich durchaus im Vertrauen auf einen Menschen mit besonderem Charisma gelöst haben kann (Mk 5, 1-17). Das Wunder der Speisung der 5000 Menschen (Mk 6, 30-44) mag darauf zurückzuführen sein, dass die Armen, die Jesus um sich versammelte, im Vertrauen auf ihn alles hergaben, was sie hatten.

Die Entwicklung einer solchen Herangehensweise an die Lektüre biblischer Texte war umstritten. Denn sie wandte sich gegen die bis dahin zumeist angenommene »Verbalinspiration«, das heißt, dass die biblischen Texte von Gott den Autoren in die Feder diktiert wurden. Der historisch-kritische Blick untersucht die Texte als Ergebnis menschlicher Dicht- und Schreibkunst, als Ergebnis jahrhundertealter Überlieferungen, und als Zeugnis des Glaubens der Menschen und ihrer Erfahrungen mit Gott. Das »Heilige« sind nun nicht mehr die Texte als solche, sondern der Geist, der in ihnen vorborgen liegt. Es wird, ganz wie Paulus fordert, zwischen

Buchstabe und Geist unterschieden: »Denn der Buchstabe tötet, der Geist aber macht lebendig.« (2. Kor 3, 6) Diesen Geist zu erkennen ist seitdem Aufgabe aller, die sich mit dem Glauben beschäftigen.

Die Anwendung der historisch-kritischen Auslegung auf die Auferstehung Jesu

Diese Fragen der Auslegung spitzen sich zu in der Frage nach der Geschichtlichkeit der Auferstehung Jesu. Muss auch sie historisch-kritisch betrachtet werden? Und was heißt das dann? War das Grab am Ostermorgen leer? Hatten die Jünger seinen Leichnam gestohlen? War Jesus tatsächlich wieder lebendig geworden? In der Mitte des 20. Jahrhunderts wurde diese Frage noch einmal mit besonderem Nachdruck gestellt. Der Neutestamentler Rudolf Bultmann hatte ein Programm der »Entmythologisierung« entworfen, d.h. er wollte konsequent alle biblische Sprache, die auf mythischen Bildern beruhte, tilgen bzw. in modernes Verständnis übersetzen. Seiner Meinung nach gehörte auch die Auferstehung zu diesen mythischen Bildern, von denen wir uns trennen müssten. Er formulierte, Jesus sei »ins Kerygma« auferstanden, in die Verkündigung. Jesus sei also insoweit lebendig, als er verkündigt werde.[34] Diese Deutung ging vielen dann doch zu weit. Sie sahen den Kern des christlichen Glaubens angetastet. Wenn Jesus nicht »wirklich« auferstanden wäre, dann wäre der ganze Glaube nichtig. So ähnlich hat es ja schon Paulus formuliert: »Ist aber Christus nicht auferweckt worden, so ist unsre Predigt vergeblich, so ist auch der Glaube vergeblich.« (1. Kor 15, 14) Müssten Christen nicht wenigstens beim Thema Auferstehung darauf pochen, dass Gott die Naturgesetze außer Kraft gesetzt habe?

Vielleicht hat er es getan. Ich würde mich an dieser Stelle nie verkämpfen. Wer bin ich, dass ich festzustellen hätte, was Gott getan hat oder nicht und was er hätte tun können oder nicht? Gottes Welt ist allemal größer als unser menschlicher Verstand. Gerade aufgeklärte Positionen sollten Ernst mit der Einsicht in die Begrenztheit unseres Verstandes machen. Doch was ist damit gesagt? Ich würde mich zwar nicht dafür verkämpfen, dass Gott die Naturgesetze nicht aufheben kann; ich halte aber umgekehrt das Beharren darauf, es müsse so gewesen sein und dies sei das Fundament des christlichen Glaubens überhaupt, ebenfalls für verfehlt.

Eine der klügsten Bemerkungen zu diesem Thema hat eben jener Gotthold Ephraim Lessing in der Auseinandersetzung mit dem Hamburger Hauptpastor Johann Melchior Goeze gemacht. Lessing schrieb: »Zufällige Geschichtswahrheiten können der Beweis von notwendigen Vernunftwahrheiten nie werden.« Auf die christliche Theologie angewandt: Was hat eine historische Tatsache mit meinem Heil zu tun? Lessings Erkenntnis: als solche gar nichts. Wenn sich die Auferstehung Jesu genauso sicher als Tatsache beweisen ließe wie die, dass sich in der Tasse vor mir Kaffee befindet, so hätte die Auferstehung Jesu mit meinem Heil ebenso viel oder so wenig zu tun wie der Kaffee in meiner Tasse.

Das heißt, das Entscheidende muss und kann nur geglaubt werden. Dass es vor ungefähr 2000 Jahren ein Ereignis gegeben hat, das mit mir zu tun, Bedeutung für mein Leben und Sterben hat, ist unbeweisbar und wäre es auch durch erweiterte Möglichkeiten historischer Forschung nicht. Das Entscheidende ist die Deutung, die die Anhänger Jesu dem Ereignis damals gegeben und die sie uns überliefert haben. Sie merkten, dass sie die Kraft hatten weiterzumachen. Sie konnten dabei auf Traditionen zurückgreifen, die es im Judentum schon gab: Gott erweckt die Gerechten zum Leben. Die Erfahrung neuen Lebens war entscheidend, nicht, ob das Grab leer war oder nicht. Diese Deutung ist weitererzählt worden über die Jahrhunderte und Jahrtausende. Wie sie mich anspricht, was sie mir bedeutet, das liegt bei mir. Theologisch gesprochen ist die Annahme dieser Überlieferung das Wirken des Heiligen Geistes. Aber auch das kann nur geglaubt, nicht naturwissenschaftlich bewiesen werden.

Woran können wir uns halten?

Ich verstehe gut, dass viele Menschen, sowohl fromme Christen wie auch diejenigen, die sich von außen mit Glaubensfragen auseinandersetzen, diese Auskunft unbefriedigend finden. Ja, man möchte mehr in der Hand haben. Das wäre schon gut. Aber aufgrund eines solchen Wunsches unlogische Beweisführungen aufzubauen hilft auch nicht weiter. Letztlich kommt man immer wieder an den Punkt, dass »Glaube« mit »glauben« zu tun hat. Welche Erfahrungen dabei lebensgeschichtlich individuell hilfreich sind, das ist von Mensch zu Mensch unterschiedlich. Es gibt Menschen, denen mit der Weitergabe des Glaubens durch ihre Eltern oder Großeltern ein so tiefes Reservoir an Überzeugungen eingepflanzt ist, dass es für ihr ganzes Leben ausreicht. Es gibt andere, die nähern sich dem Glauben über philosophische Gedanken. Ich wiederum gehöre zu denen, für die die eingangs geschilderten »mystischen« Erfahrungen eine große Rolle spielen. In der Stille so etwas wie »Seinsfühlung« zu erfahren, ein unmittelbares Berührtsein von Gott, ist kein Gottesbeweis und sollte auch nicht zu einem solchen überhöht werden. Es ist aber eine ungeheuer wertvolle Erfahrung, die ähnlich wie die Liebe nicht als Tatsache festzuhalten ist, die aber wie die Liebe das Leben komplett verändern kann. Insofern hat für mich die stärkste Überzeugungskraft, dass Christus auferstanden ist und lebt, die persönliche Berührung mit ihm. Was ich in der Berührung mit Christus erfahre, gehört auf die Seite von Glaubenswahrheiten, die durch Geschichtswahrheiten welcher Art auch immer niemals bewiesen werden können. Das ist ungeheuer viel – es ist aber sehr wenig, wenn man eigentlich etwas anderes, nämlich materielle Beweise sucht. Dies einzugestehen gehört zur Redlichkeit christlicher Rede über den Glauben dazu. Glaube ist Vertrauen, nicht das Für-wahr-halten bestimmter Lehren.

Die Abkehr vom mechanistischen Weltbild in der gegenwärtigen Naturwissenschaft

Die Entwicklung der historisch-kritischen Bibelauslegung und eines darauf aufbauenden und an der europäischen Aufklärung orientierten Glaubens fällt überwiegend in das 17. bis 19. Jahrhundert. Damit fällt es in die Zeit des von Männern wie Kopernikus und Newton geprägten mechanistischen Naturverständnisses. Seitdem haben die Naturwissenschaften sich grundlegend verändert. Mit Einsteins Relativitätstheorie und Heisenbergs Quantentheorie im 20. Jahrhundert sind neue Fragen in die Welt gekommen. Sie erschließen sich nur Spezialisten. Zu ihnen gehöre ich nicht. Was ich verstehe, ist, dass man heute nicht mehr meint, die Dinge so lückenlos erklären zu können wie noch mit dem mechanistischen Weltbild des 19. Jahrhunderts. Die Quantenphysik des 20. und jetzt auch des 21. Jahrhunderts sind erheblich komplexer und zugleich bescheidener. Sie gestehen ein, vieles nicht erklären zu können. Es gibt sogar die Vermutung, dass irgendwo in diesen Theorien ein grundsätzlicher Fehler stecken müsse, weil manche Ungereimtheiten sich sonst nicht erklären ließen.

Diese Entwicklung hat in Theologie und Kirche hier und da die Versuchung aufkommen lassen, den Glauben doch wieder in Konkurrenz zur Naturwissenschaft in Stellung zu bringen. Nach dem Motto: ›Da sieht man ja, dass die Naturwissenschaft eben doch nicht alles erklären kann und die Bibel vielleicht doch Recht hat.‹ Dieser Versuchung sollte man nicht nachgeben. Denn erstens wäre es nur ein Gewinn auf Zeit. Die Lücken in der naturwissenschaftlichen Erkenntnis werden sich weiter schließen und der Glaube müsste, wie schon vor 300 Jahren, immer weiter zurückweichen. Zweitens und entscheidender ginge die Einsicht verloren, dass Glaubenswahrheiten eine andere Ebene des Lebens betreffen als naturwissenschaftliche Wahrheiten. Der Platz Gottes ist ein eigener, den er einnimmt, ohne Lückenbüßer für die Grenzen naturwissenschaftlicher Erkenntnis zu sein.[35]

Das Ringen um Glaube und Vernunft im globalen Kontext

Diese Gedanken stelle ich in den aktuellen globalen Kontext, in dem die europäische Aufklärung nur eine Tradition unter vielen ist. Bis vor einigen Jahren war ich der Überzeugung, es gebe eine weltweite Entwicklung hin zu den Errungenschaften der europäischen Aufklärung, etwas salopp aufgezählt: Vernunftorientierung, Anerkennung naturwissenschaftlicher Methoden, Toleranz, Menschenrechte, Religionsfreiheit, Gleichberechtigung der Geschlechter, demokratischer Rechtsstaat, offene Gesellschaft.

Als könnte es eine Art »nachholender Entwicklung« geben wie beim wirtschaftlichen Wohlstand. Und in der Tat gab es ja nach dem Zweiten Weltkrieg und noch einmal nach dem Ende des Kalten Krieges 1990 Phasen, in denen man die Hoffnung haben konnte, Menschenrechte und Rechtsstaatlichkeit würden sich global durchsetzen und die Welt könnte vielleicht sogar friedlicher werden. Wir dachten, mindestens die Menschenrechte seien universal.

Heute zeigt sich im Rückblick, dass diese Hoffnung naiv und eurozentrisch gedacht war. Die Errungenschaften der europäischen Aufklärung sind eben dies: Errungenschaften der europäischen Aufklärung. Andere Weltgegenden mit ihren Kulturen beharren selbstbewusst auf *ihren* Traditionen. Das Ansinnen, sie müssten in Europa entstandene und geprägte Werte und Erkenntnismethoden übernehmen, weisen sie als neue Form des Kolonialismus zurück. Aus der Sicht deutscher Universitätstheologie wirkt es befremdlich und bizarr, dass in den USA der sogenannte »Kreationismus« Aufschwung hat, der die naturwissenschaftlichen Erkenntnisse zur Entstehung der Welt leugnet und stattdessen die biblischen Geschichten als historische Erklärungen (»Intelligent Design«) nimmt. Es mutet aus europäischer Perspektive kurios an, dass fundamentalistische Welterklärungen ausgerechnet in einem Land Konjunktur haben, das naturwissenschaftliche Spitzenforschung betreibt. Vielleicht erklären sich solche Widersprüche gerade dadurch, dass eben die fortschreitende Technisierung gleichzeitig die Sehnsucht nach emotional anschlussfähigeren Erklärungen stärkt.

Schon dieser kleine Blick in die Welt zeigt, dass das Thema »Glaube und Naturwissenschaft« Teil des größeren Themas kultureller Verständigung der Weltgemeinschaft ist. Daran, wie man Glaube und Naturwissenschaft zueinander ordnet, entscheidet sich, wie man den Glauben insgesamt im Leben, in der Kultur, im Rechtssystem und im Verhältnis zur Politik verankert. Das geschieht in verschiedenen Weltgegenden auf ganz unterschiedliche Weise. Die Emanzipation der Wissenschaft, der Kultur, des Rechts und der Politik neben der Religion ist ein europäisches Erbe. Andernorts werden aus den Religionen normative Ableitungen für Gesellschaft und Politik getroffen.[36] Das wirkt aus unserer Perspektive rückständig und bedrohlich, wenn Intoleranz und sogar Gewalt gegen Andersglaubende damit verbunden sind. Die globalen Aushandlungsprozesse über eine Weltordnung, in der unterschiedliche Auffassungen vom Verhältnis des Glaubens zu Vernunft und Naturwissenschaften und von der normgebenden Rolle der Religionen bestehen, sind in vollem Gange. Mit ungewissem Ausgang.

Wie das Verweilen bei einem Freund

Auf wessen Seite steht Gott?

Bilder prägen sich ein. Manche Bilder gehen um die Welt. Der argentinische Fußballstar Lionel Messi fällt nach jedem Tor auf die Knie, betet und bekreuzigt sich. Nach dem Sieg Argentiniens bei der Weltmeisterschaft 2022 ließ er sich in einem Interview vernehmen: »Ich wusste, dass Gott mir diesen Titel schenken wird.«[37]

Sich an Gott zu wenden scheint im Menschen tief verwurzelt zu sein. Wer hat nicht schon gebetet? Als Kind. Oder in großer Not. Zu beten ist ein Ur-Akt des Danks, der Bitte, der Erleichterung, der Verzweiflung oder der Klage. Die Palette der Gebete reicht von wortlosen Stoßseufzern und einem Blick zum Himmel bis hin zu sorgfältig ausformulierten Fürbitten im Gottesdienst. In der 6. Kirchenmitgliedschaftsuntersuchung der EKD geben zwar nur wenige Evangelische und Katholische an, regelmäßig zu beten, aber immerhin 53 % der Gesamtbevölkerung beten wenigstens ab und an. Wenn man annimmt, dass die Befragten mit Beten ein ausdrücklich formuliertes Gebet meinten, dürfte die Zahl derer, die Stoßgebete oder Seufzer zum Himmel schicken, noch deutlich höher liegen. Beten ist nicht so »out«, wie man in einer säkularen Gesellschaft denken könnte. Aber anders als etwa in den USA, wo Politiker und Prominente Gebete öffentlich zelebrieren, herrscht bei uns eher eine Scheu. Beten ist sehr privat. Darüber spricht man nicht, danach fragt man auch nicht. Beten ist fast so intim wie Erotik.

Ist beten vernünftig? Und kann man sich die Erfüllung der vielen verschiedenen Gebete, die Menschen auf der Welt sprechen, logisch als Gesamtheit vorstellen? Das Beispiel von Lionel Messi kann daran Zweifel aufkommen lassen. Denn ist es vernünftig zu glauben, dass Gott in das Geschehen der Fußball-Weltmeisterschaft eingegriffen hat, um Messi einen Titel zu schenken? Warum sollte Gott das tun? Und auf wessen Seite sollte Gott sich stellen, wenn er aus allen Mannschaften mit Gebeten bedrängt wird? Ist Messi frömmer als andere? Ist er ein besserer Mensch? Ist er von Gott auserwählt? Doch wohl nicht. Wie aber dann? Wenn beten nicht vernünftig ist und die Erfüllung der verschiedenen Gebete der Menschen nicht logisch zueinander passen kann, ist beten überhaupt sinnvoll? Kann ich damit rechnen, dass meine Gebete erhört werden? Und wenn ja: Was heißt das und woran merke ich das?

Gerade in Not beten auch Menschen, die das sonst nicht tun. Angesichts einer lebensgefährlichen Diagnose oder bei einer schweren Verletzung beten Menschen für sich und ihre Angehörigen und hoffen inständig, dass Gott ihr Gebet erhört. Möglicherweise verstehen wir das Gebet besser, wenn wir die Perspektive umdrehen: Das Gebet beeinflusst nicht das Verhalten Gottes, es macht nicht etwas mit Gott, sondern es macht etwas mit dem betenden Menschen. Im Gebet richten sich Betende aus auf den Grund des Seins, es ist ein Vorgang des sich Öffnens oder auch des Hinabsteigens. Betende sprechen nicht nur Gebete, sie werden im Gebet auch ansprechbar. So schafft das Gebet eine Verbindung mit Gott. Diese Verbindung verändert den betenden Menschen, macht es ihm möglich, anders mit den Herausforderungen des Lebens umzugehen, klagend und hoffend, kämpferisch und ergeben, aber, und das ist vielleicht das Entscheidende: nicht mehr als jemand, der dem Leben ausgeliefert ist, sondern als Subjekt, das spricht und angesprochen wird.

Das ist aber nicht einfach zu haben. Beten verlangt Wiederholung und Übung. Darum wird in den christlichen Klöstern die Tradition des Stundengebetes gepflegt, und auch der Islam, der den Glaubenden fünf Gebetszeiten als Pflicht auferlegt, weiß darum.

Die Hinwendung zu Gott im Gebet lässt sich so zwar beschreiben, aber ganz ergründen lässt sie sich nicht. Es bleibt ein Sinn-Überschuss wie auch in der Liebe. Unsere Seele weiß mehr als unser Verstand. Im Beten öffnet sich unsere Seele für Gott.

Die Bibel als Gebetbuch

Eine große Palette verschiedenster Gebete finden wir auch in der Bibel. Abraham bittet Gott, Sodom nicht zu vernichten, wenn es dort nur wenigstens zehn Gerechte gebe (1. Mose 18). Mose betet vor dem brennenden Dornbusch (1. Mose 3). Salomo betet bei der Einweihung des Tempels in Jerusalem (1. Kön 8). Das Buch der Psalmen enthält 150 Gebete – Dank, Lob und Klage. Sie spiegeln die Bandbreite menschlichen Lebens wider. Trotz des zeitlichen Abstandes und einer fremden Sprache kann man sich in den Psalmen untermittelbar wiederfinden. »Lobe den Herrn, meine Seele, und vergiss nicht, was er dir Gutes getan hat.« (Ps 103, 2) »Aus der Tiefe rufe ich, Herr, zu dir.« (Ps 130, 1) »Meine Zeit steht in deinen Händen.« (Ps 31, 16) »Ich liege und schlafe ganz mit Frieden, denn allein du, Herr, hilfst mir, dass ich sicher wohne.« (Ps 4, 9) Der vielleicht bekannteste Psalm beginnt: »Der Herr ist mein Hirte, mir wird nichts mangeln.« (Ps 23, 1)

Das Neue Testament erzählt, dass die Menschen in den ersten Gemeinden füreinander beteten. Die ersten Christen trafen sich zum

Brotbrechen und zum Gebet (Apg 2, 42). Vor allem aber hat Jesus selbst gebetet. Am Abend vor seiner Hinrichtung bittet er: »Vater, nimm diesen Kelch von mir. Aber nicht wie ich will, sondern wie du willst.« (Mt 26, 39) Und Jesus hat ein Gebet hinterlassen, das wir nach seinem Anfang in altertümlicher Sprache »Vater unser« nennen (Mt 6, 9-13). Auch in diesem Gebet steht – ähnlich wie in dem Gebet vor seinem Tod – der Satz »dein Wille geschehe, wie im Himmel so auf Erden«. Damit ist eine Spur gelegt. Wir können Gott um alles bitten, aber eine Art Wunscherfüllungsautomat ist Gott nicht. Beten ist eine Haltung des Vertrauens. Wir legen Gott unser Leben in seine Hände und hoffen, dass es dort – so oder so – gut aufgehoben ist.

Gott ist Geist. Wer ist unser Gegenüber im Gebet?

Wie wir beten, ist abhängig von unserem Gottesbild. Dazu bedarf es an dieser Stelle einer Klärung. Sich Gott als alten Mann mit weißem Bart vorzustellen – dieses Bild von Gott dürfte heute nicht mehr allzu verbreitet sein, allenfalls als Zerrbild, um den Glauben lächerlich zu machen. Wenn Gott aber kein alter Mann mit weißem Bart ist, ist es dann überhaupt richtig, ihn sich menschlich vorzustellen? Jesus hat Gott als »Vater« angeredet. Aber auch das sagt weniger darüber, wie wir uns Gott vorstellen können, als vielmehr über eine Haltung des Vertrauens. Wie man einem Vater vertraut, so können wir Gott vertrauen. Doch alle Bilder haben ihre begrenzte Geltung und verschiedene Seiten, auch dieses. Es gibt Menschen, die mit ihrem leiblichen Vater keine guten Erfahrungen gemacht haben, vielleicht von ihm verprügelt, vernachlässigt oder sogar missbraucht worden sind. Dann ist es eher beängstigend, sich Gott als Vater vorzustellen. Vertrauen wird dann nicht aufkommen. Deshalb ist es richtig, Bilder nicht überzustrapazieren. Die Bibel kennt eine Fülle von Bildern für Gott, auch weibliche Bilder. Gott wird als Mutter beschrieben, die ihr Kind tröstet (Jes 66, 7-17), die ihr Kind stillt (Ps 131, 2) oder sich ihrer Kinder erbarmt (Jes 49, 15). Bilder sind Annäherungsversuche an eine Wirklichkeit, die sie aber nie vollständig erfassen können.

Wenn aber alle Bilder nicht die Wirklichkeit abbilden und Gott nicht menschlich zu fassen ist, ist er dann überhaupt ein persönliches Gegenüber, zu dem ich beten kann? Wie soll ich mir ein solches Gegenüber vorstellen, zu dem Millionen Menschen gleichzeitig beten und ihn alle um etwas anderes bitten? Tatsächlich sind genau solche Überlegungen ein Grund, warum manche Menschen nicht beten. Sie finden es veraltet, an Gott als ein persönliches Gegenüber zu glauben und zu ihm zu sprechen. Solche Gedanken können einer liberalen, aufgeklärten Theologie nicht ganz fremd sein. Denn es ist ja richtig: Wenn man sich Gott nicht als menschliches oder menschenähnliches Gegenüber vorstellen kann, wie denn dann?

Für mich ist Gott eine geistige Wirklichkeit. Gott ist Geist. Diese Feststellung ist übrigens nicht so neu, wie man denken könnte, sondern stammt von Jesus (Joh 4, 24). Und wer ihn anbetet, so Jesus weiter, soll ihn in Geist und Wahrheit anbeten. Für mich ist es kein Widerspruch, mir Gott als geistige Wirklichkeit vorzustellen und doch ein persönliches Gegenüber in ihm zu sehen. Denn ich stelle mir vor, dass wir alle Geist von seinem Geist sind und am Ende wieder ein Geist mit ihm werden. Das ist eine noch persönlichere Beziehung, als man sie zu einem Menschen haben kann.

Sich im Gebet miteinander verbinden

Neben der Ausrichtung auf Gott hat das Beten aber auch eine zwischenmenschliche Dimension. Paulus dankt Gott für seine Gemeinden und bittet für sie (Röm 1, 9; Phil 1, 3). Die ersten Gemeinden sind miteinander verbunden sowohl durch Geldsammlungen (Kollekten) als auch durch Gebete (Fürbitten) (2. Kor 9). Ausdrücklich werden die Gemeinden ermutigt, für Kranke und füreinander zu beten (Jak 5, 13-20). Gerade der Jakobusbrief ist ein Zeugnis dafür, dass man in den christlichen Gemeinden von der Frühzeit an für Kranke betete und davon ausging, dass solche Gebete Menschen heilen können.

Ob Gott dies im Einzelfall tut, wer weiß? Ausschließen tue ich es nicht. Aber ich würde mit den Worten Jesu hinzufügen: »Doch nicht wie ich will, sondern wie du willst.« Gebete sind keine Leistung, und Fürbitten sind keine Leistungsschau. Wer nicht geheilt wird, hat nicht zu wenig gebetet. Es liegt in Gottes Hand. Eine heilende Wirkung entfalten Fürbitten, weil sie die Gemeinschaft stärken. Die Fürbitte im Gottesdienst führt heraus aus dem engen Umkreis der einzelnen Gemeinde und verbindet sie mit der Welt. Wer krank ist und weiß, dass Menschen für ihn beten, wird vielleicht eine große innere Stärkung daraus ziehen. Im Gebet sind wir nicht allein.

Beten ist Vertrauen, ist Träumen – auch ohne Worte

Je älter ich geworden bin, desto stiller ist mein Gebet geworden. Es ist immer mehr zu einer Haltung des Vertrauens und des Träumens geworden. Ich kann Gott alles sagen, was mir auf der Seele liegt. Er ist mir nah und kennt mich besser, als ich mich kenne. Was also sollte ich ihm erzählen? Teresa von Ávila (1515-1582), eine spanische Nonne und etwas jüngere Zeitgenossin Luthers, war für ihr tiefes Beten bekannt. Sie hat einen Satz geschrieben, der für mich die beste Beschreibung des Gebetes überhaupt ist:

> *»Denn meiner Meinung nach ist inneres Beten nichts anderes, als das Verweilen bei einem Freund, mit dem wir oft allein zusammenkommen, einfach um bei ihm zu sein, weil wir wissen, dass er uns liebt«.*[38]

Teresa grenzt bewusst »inneres Beten« (im spanischen Original »oración mental«) von gesprochenen und ausformulierten Gebeten ab. Es ist eine Haltung, eine Art da zu sein, die in bestimmten Stunden besonders intensiv ist, aber letztlich das ganze Leben durchzieht. Es ist Fühlungnahme mit Gott. Leben in seiner Gegenwart.

Wenn Sie, liebe Leserin, lieber Leser, vielleicht gerne beten würden, aber denken, Sie könnten es nicht oder Ihnen falle nichts ein – versuchen Sie es ganz schlicht. Als Stoßgebet mit einem Wort, einem einfachen Satz oder ohne Worte. Vielleicht geschieht etwas, das Sie vorher nicht geahnt haben. Die Membran zwischen der sichtbaren und der unsichtbaren Welt wird dünn im Augenblick des Gebets. Wie in Jakobs Traum in Bethel die Engel auf der Himmelsleiter hinauf- und herabsteigen, ist beten wechselseitig. Wir wenden uns Gott zu und er kommt zu uns und berührt uns. Beten ist menschlich, es ist unergründlich. So unergründlich wie die Liebe.

Vertrauen in der Krise – Das Böse als Anfechtung

Warum? Diese Frage hängt manchmal zentnerschwer in der Luft. Beim Fernsehen, beim Blick in die Zeitung: Warum lässt Gott so furchtbare Gewalt zu? Terror, Hass, Fanatismus? Ist das nicht ein Beweis gegen Gott? Dass es ihn nicht geben kann? ›Warum ausgerechnet mein Mann?‹, fragt die Witwe, erst Ende 20, die mit zwei kleinen Kindern verzweifelt am Grab steht. Warum musste unser Opa so leiden? Er war so ein guter Mensch, was hat er denn verbrochen? Die Warum-Frage hat mich mein ganzes Berufsleben, ja, mein Leben überhaupt begleitet. Warum ist mein Vater gestorben, als ich fünf Jahre alt war? An einer zu spät erkannten Blinddarmentzündung. Es hat unserer Familie den Boden unter den Füßen weggezogen. Warum?

Ein Erdbeben erschüttert Europa

Warum gibt es das Böse?[39] Das Böse in Form von Krankheiten und Naturkatastrophen, aber auch in Form von Gewalt, Hass oder – etwas alltäglicher – in Form von Missgunst, Mobbing oder Kränkungen? Diese Frage scheint so alt wie die Menschheit zu sein. Sie hat nicht nur Theologen, auch Philosophen mehrerer tausend Jahre beschäftigt. Eine der größten Naturkatastrophen der Geschichte geschah am 1. November 1755. Etwa 200 km vor der portugiesischen Küste gab es unter dem Meeresboden ein Erdbeben. Seine Stärke wird mit 8,5 auf der Richterskala geschätzt. Noch in Paris spürte man die Erde beben und in skandinavischen Häfen rissen sich Schiffe vom Anker los. Aber Lissabon, die größte Stadt in der Nähe des Epizentrums, traf es mit furchtbarer Wucht. Binnen weniger Sekunden stürzten 80 % der Gebäude ein, begruben Tausende Menschen unter sich. Blitzschnell breiteten sich Brände aus. Die Überlebenden flüchteten vor der Feuersbrunst, rannten zum Fluss, dem Tejo. Doch das war ihr Tod. Überlebende berichten, dass sich das Wasser weit zurückgezogen hatte. Man sah Schiffswracks, die man noch nie gesehen hatte. Seit dem Tsunami 2004 an der Küste Indonesiens ist bekannt, was das bedeutet: Das Wasser wird gleich umso heftiger zurückkehren. Eine 20 Meter hohe Flutwelle begrub die Menschen und die tiefer liegenden Teile der Stadt unter sich. Die Zahl der Toten wird auf bis zu 100.000 geschätzt – bei 275.000 Einwohnern. Dieses schreckliche Ereignis hatte Folgen für die Politik, den Städtebau, die Kultur und die Philosophie. Der Philosoph Voltaire protestierte im Namen der Vernunft gegen das Unglück. Die Theorie seines Kollegen Leibniz, dass unsere Welt »die beste aller möglichen Welten« sei, erschien mit einem Mal lächerlich.

Das physische und das moralische Übel

Die Warum-Frage kann fromm und gottergeben machen, sie kann gleichgültig und zynisch werden lassen, sie kann zum Atheismus führen. Alles ist möglich. Eine befriedigende und allgemeingültige Antwort gibt es bis heute nicht. Ich skizziere einige Wege, auf denen Menschen nach Antworten gesucht haben. Sie beanspruchen nicht, unsere Fragen, unseren Ruf nach Gerechtigkeit zu beantworten.

Wenn wir Spuren der Antworten auf die Frage nach dem Warum des Bösen suchen, müssen zwei Formen des Bösen unterschieden werden: eine, die man traditionell das physische, und die andere, die man das moralische Übel nennt. Zum physischen Übel gehört das Leid, das mit den natürlichen Lebensbedingungen verbunden ist, mit der Endlichkeit des Körpers und mit den Gewalten der Natur. Zum moralischen Übel gehört das Leid, das Menschen durch ihr Handeln verursachen. Hier ist nach der Verantwortung nicht nur Gottes, sondern auch des Menschen selbst zu fragen. Allerdings kann man beide Formen oder Gestalten des Bösen nicht vollständig voneinander trennen. Denn dass der Mensch Böses tut, gehört ja auch zu den natürlichen, vorfindlichen Gegebenheiten. So berühren sich beide Formen, sind aber nicht identisch.

Gott wird mir Gerechtigkeit schaffen – Ein Vertrauen gerät in die Krise

In der Hebräischen Bibel gibt es ein großes Vertrauen in Gottes Gerechtigkeit, dass er nämlich den Sünder straft und den Gerechten belohnt. Man nennt dies den »Tun-Ergehen-Zusammenhang«. Es ergeht mir also entsprechend meinem Tun. Ich habe es selbst in der Hand. Ein Beispiel ist Psalm 37: »Entrüste dich nicht über die Bösen, sei nicht neidisch auf die Übeltäter, denn wie das Gras werden sie bald verdorren und wie das grüne Kraut werden sie verwelken. Hoffe auf den Herrn und tue Gutes.« Und wenn der Tun-Ergehen-Zusammenhang offensichtlich nicht eintritt, so ist es nur eine Frage der Zeit: »Sei stille dem Herrn und warte auf ihn … Noch eine kleine Zeit, so ist der Gottlose nicht mehr da … Aber die Elenden werden das Land erben und ihre Freude haben an großem Frieden.« So entstand eine Zukunftshoffnung, die später auf das Leben nach dem Tod übertragen wurde. Aber zunächst rang man viele Jahrhunderte damit, die Gerechtigkeit innerhalb des irdischen Lebens zu suchen.

Dass das Vertrauen auf den Tun-Ergehen-Zusammenhang immer stärker infrage gestellt wurde, dafür ist die Hiob-Erzählung das vielleicht berühmteste Beispiel. Sie besteht aus zwei Überlieferungsschichten: der Rahmenhandlung und den Gesprächen Hiobs mit seinen Freunden. In der Rahmenhandlung ist es Satan, der Gott dazu reizt, Hiob in Versuchung zu führen: »Meinst du, dass Hiob Gott umsonst fürchtet? Hast du doch ihn und sein Haus und alles, was er hat, ringsumher bewahrt. Du hast das Werk seiner Hände gesegnet, und sein Besitz hat sich ausgebreitet im Land. Aber strecke deine Hand aus und taste alles an, was er hat: Was gilt's, er wird dir ins Angesicht fluchen!« (Hi 1, 9-11). In der Rahmenerzählung bleibt Hiob fromm und gottergeben: »Ich bin nackt von meiner Mutter Leibe gekommen, nackt werde ich wieder dahinfahren. Der Herr hat's gegeben, der Herr hat's genommen, der Name des Herrn sei gelobt.« (Hi 1, 21). Daraufhin gibt ihm Gott alles Glück zurück und verdoppelt es sogar (Hi 42, 10).

Mit der Rahmenerzählung verwoben sind die Gespräche Hiobs mit seinen Freunden. Hier erleben wir einen ganz anderen Hiob, der nämlich mit Gott hadert. Seine Freunde saßen zunächst sieben Tage und sieben Nächte bei ihm »und redeten nichts mit ihm; denn sie sahen, dass der Schmerz sehr groß war« (Hi 2, 13). Dann allerdings holen sie zu langen Reden aus: Hiob sei gar nicht so gerecht, wie er glaube. Er müsse sich nur tiefer erforschen, dann werde er sehen, warum Gott ihn strafe. Oder: Seine Söhne hätten ohne sein Wissen gesündigt und deshalb komme so viel Leid über ihn. Schließlich: Wer sei er, dass er mit Gott rechten könne? Könne er es mit dem Schöpfer aufnehmen? Das ist nun alles nicht wirklich tröstlich und erinnert an manche misslungenen Trostversuche, die man aus der eigenen Erfahrung kennt.

Hoffnung auf eine himmlische Gerechtigkeit

Nachdem man über Jahrhunderte den Tun-Ergehen-Zusammenhang zu retten versucht hatte, setzte sich die Einsicht durch, dass die so aufgemachte Rechnung in diesem Leben nicht aufgehe. In den späten Schriften der Hebräischen Bibel und dann im Neuen Testament wird die Hoffnung auf den Lohn des Gerechten ins Jenseits verlagert: »Sammelt euch aber Schätze im Himmel …« (Mt 6, 20). Ganz ausdrücklich handelt von diesem Thema die Geschichte von Lazarus und dem reichen Mann. Als der reiche Mann in die Hölle kommt und über den Graben, der Himmel und Hölle trennt, sieht, dass Lazarus in Abrahams Schoß liegt, ruft er hinüber: »Vater Abraham, erbarme dich meiner!« Abraham antwortet: »Gedenke, Kind, dass du dein Gutes empfangen hast in deinem Leben, Lazarus dagegen hat Böses empfangen; nun wird er hier getröstet, du aber leidest Pein.« (Lk 16, 23-25)

Das Ringen um die Frage nach der Gerechtigkeit Gottes war mit solchen Antworten aber nicht zu Ende. Es ging über alle Jahrhunderte weiter. Man spricht von der »Theodizee-Frage«: (griech.) Theos = Gott, dikae = Recht, Gerechtigkeit. Übrigens wurde die moralische Erschütterung, die das Erdbeben von Lissabon hervorrief, noch dadurch verstärkt, dass fast alle Kirchen zerstört wurden, während das Rotlichtviertel nahezu unversehrt blieb. Sieht so Gottes Gerechtigkeit aus?

Hat Gott eine böse Konkurrenz?

Die eigentlich theologische Frage darin lautet: Ist Gott die *alles* bestimmende Wirklichkeit? Ist ihm als Herrn der Schöpfung alles, was geschieht, zuzurechnen? Oder gibt es Mächte neben ihm, die für das Böse verantwortlich sind? Die Rahmenerzählung des Hiobbuches berichtet von Satan als Gegenspieler Gottes. Martin Luther warf auf der Wartburg der Legende nach mit einem Tintenfass nach dem Teufel. Der Humanist Erasmus von Rotterdam stritt mit Luther 1525 darüber, ob der Mensch eher einem Esel vergleichbar sei, der zwischen zwei Heuhaufen zu wählen habe und dem mit vernünftiger Aufklärung bei der Wahl geholfen werden könne (so Erasmus), oder ob der Mensch das Reittier von Gott und Teufel sei, und der Mensch gar nichts dagegen tun könne, wenn ihn der Teufel ritte (so Luther). Allerdings hat es in der Theologie nie (auch bei Luther nicht) eine ausgearbeitete Satanologie oder Teufelslehre gegeben. Die Rede vom Teufel war eher in der Volksfrömmigkeit verankert und spielte in der Theologie eine Nebenrolle.

Jedenfalls waren sich die Theologen weithin einig, dass es neben Gott *keine andere* das Leben bestimmende Wirklichkeit gebe. In der frühen Kirche hatte es im Anschluss an die antike Philosophie des Manichäismus, der einen Dualismus zweier Welten lehrte, vereinzelt Überlegungen gegeben, ob dies auch für die christliche Theologie ein taugliches Modell sein könnte. Ein Gott des Lichts neben einem Gott der Finsternis. Der spätere Bischof von Hippo in Nordafrika, Augustinus, war in seiner Jugend Anhänger des Manichäismus gewesen. Er wandte sich jedoch von dieser Lehre ab und schrieb mehrere polemische Schriften gegen sie. Breite Resonanz fand sie im Christentum nie.

Damit allerdings stellte sich die Frage, wie das Böse zu erklären sei, wenn allein Gott die alles bestimmende Wirklichkeit ist. Und wenn das Nachdenken über ihn die gesamte Wirklichkeit und alle Erfahrungen erfassen soll. Ist er dann auch die Ursache des Bösen? Diese Schlussfolgerung legt sich ja geradezu zwangsläufig nahe.

Die Theologen griffen zu einem »Trick«, der aus heutiger Sicht schwer verständlich ist. Sie sagten nämlich, das Böse habe kein »Sein«, existiere also eigentlich gar nicht. Deshalb könne es gegenüber Gott keine eigenständige Bedeutung haben. Da Gott das höchste Sein sei, sei das Sein gut. Was nicht gut sei, habe folglich einen Mangel an Sein. Zeitgenössische Leserinnen und Leser werden gegen diese Deutung sofort Einwände haben. Denn sie ist überaus abstrakt. Was soll man damit konkret anfangen? Wenn ich unter einer unheilbaren Krankheit oder unerträglichen Schmerzen leide, was soll es dann heißen, diese Krankheit, diese Schmerzen hätten kein »Sein«, existierten also eigentlich gar nicht? Oder wenn mein Haus von Bomben und Granaten in Schutt und Asche gelegt wurde und ich mich auf der Flucht befinde: Dann ist diese Katastrophe einfach ein Mangel an »Sein«? Diese Erklärung des Bösen konnte nur überzeugen, solange die Theologie von dem sogenannten »ontologischen Denken« geprägt war, das aus der griechischen Philosophie abgeleitet wurde. Wirklich ist danach nur, was ontologischen, also seinshaften Charakter hat. Mit der Wende zur Neuzeit, in der der Mensch mit seinen Erfahrungen stärker in den Mittelpunkt des Denkens rückte, konnte diese Art eines ontologischen Denkens nicht mehr überzeugen.

Der menschliche Wille als Ort des Bösen

Schon im Hochmittelalter, bei Thomas von Aquin (1225-1274), der uns bereits begegnete, deuteten sich Veränderungen dieser Sichtweise an. Thomas erkannte nämlich, dass das Böse als Böses nur im Bewusstsein des Menschen existiert. Die Phänomene selbst, wie Erdbeben, Vulkanausbrüche, Krankheiten, Schmerzen gibt es unabhängig vom Menschen. Aber kein anderes Wesen in der Natur erkennt dies als ein Problem oder gar als eine moralische Kategorie. Der Löwe, der die Antilope frisst, frisst sie, weil er leben will. Darüber nachdenken kann nur der Mensch. Thomas hat den Menschen geradezu von dieser Fähigkeit her definiert, dass er dasjenige Wesen sei, dass das Böse als Böses erkennen könne und deshalb auch zum Guten fähig und gerufen sei. Gut sein könne nur, wer im Stande sei zu erkennen, was Böse ist. Wer aber erkannt habe, was Böse ist, sei in der Folge verpflichtet, das Gute zu tun.

Entlang dieser Linie wurde in der Aufklärung weitergedacht. Zu nennen sind hier Immanuel Kant, Friedrich Wilhelm Schelling und Georg Friedrich Wilhelm Hegel. Sie haben das Böse mit dem Willen des Menschen und seiner Freiheit in Verbindung gebracht. Das Böse (jedenfalls das moralische Böse) könne nirgendwo anders angesiedelt sein als im Willen des Menschen. Voraussetzung sei, dass der Mensch Gut und Böse erkennen könne und eine

Wahlfreiheit zwischen beidem habe. Man las jetzt die Geschichte vom Sündenfall im Paradies (1. Mose 3) als »Gründungslegende« menschlicher Wahlfreiheit zwischen Gut und Böse. Die Schlange verspricht Adam und Eva, wenn sie den Apfel vom Baum der Erkenntnis gegessen hätten, würden sie sein wie Gott und Gut und Böse erkennen (1. Mose 3, 5). Das Böse ist der Widerspruch im Menschen selbst: Von Gott ist er zum Guten angelegt, hat aber die Freiheit, das Böse zu wählen. Tut er dies, wählt er den Widerspruch zu sich selbst und zu Gott.

Man kann es auch so sagen: Das (moralische) Böse ist der Preis für die Freiheit des Menschen. Wenn er nicht zum Bösen fähig wäre, sondern nur zum Guten, wäre er eine Marionette, die von Gott an den Fäden gezogen wird.

Doch kann man auch hinter den Horizont dieser Erklärung weiterfragen. Denn jemand könnte ja sagen: Die Welt wäre mir allemal lieber, wenn wir Marionetten wären und wenn es dafür keine Kriege, keine Gewalt, kein Unrecht mehr gäbe. Da wir es nicht anders kennen würden, würden wir die Freiheit vermutlich gar nicht vermissen. Und überhaupt: Wenn Gott allmächtig ist, warum hat er dann nicht eine ganz andere Welt erschaffen, in der diese Probleme gar nicht erst auftreten?

Gott kann auch aus dem Bösesten Gutes entstehen lassen (Bonhoeffer)

Immer wieder sind es die großen Einschnitte und Katastrophen, die alte Welterklärungen infrage stellen und neue Gedanken hervorbringen. Die beiden Weltkriege im 20. Jahrhundert in Verbindung mit dem Massenmorden durch das nationalsozialistische Regime waren ein solcher Einschnitt. Dietrich Bonhoeffer (1906-1945) gehört zu den Theologen, deren Denken und Leben entscheidend von diesen politischen Geschehnissen geprägt wurde. Sein Widerstand gegen das Regime brachte ihn in Haft. Am 9. April 1945, also kurz vor der Kapitulation der deutschen Wehrmacht und der Befreiung Deutschlands durch die Alliierten, wurde er im Konzentrationslager Flossenbürg hingerichtet. Er hatte die letzten zwei Lebensjahre in Haft verbracht, die meiste Zeit davon im Gestapo-Gefängnis in Berlin-Tegel. Die Briefe und Schriften aus der Haft wurden nach 1945 publiziert und erreichten hohe Aufmerksamkeit auch über den engeren Kreis der evangelischen Kirche hinaus. Sein später vertontes Gedicht »Von guten Mächten wunderbar geborgen«, das er zum Jahreswechsel 1944-45 für seine Verlobte Maria von Wedemeyer schrieb, gehört heute zum geistlichen Kulturgut. Aber bereits 1934 schrieb er ein bemerkenswertes »Glaubensbekenntnis«, das es in den Anhang des Evangelischen Gesangbuches geschafft hat:

> *»Ich glaube, dass Gott aus allem, auch aus dem Bösesten, Gutes entstehen lassen kann und will. Dafür braucht er Menschen, die sich alle Dinge zum Besten dienen lassen.*
> *Ich glaube, dass Gott uns in jeder Notlage soviel Widerstandskraft geben will, wie wir brauchen. Aber er gibt sie nicht im Voraus, damit wir uns nicht auf uns selbst, sondern allein auf ihn verlassen. In solchem Glauben müsste alle Angst vor der Zukunft überwunden sein.*
> *Ich glaube, dass auch unsere Fehler und Irrtümer nicht vergeblich sind, und dass es Gott nicht schwerer ist, mit*

ihnen fertig zu werden, als mit unseren vermeintlichen Guttaten.
Ich glaube, dass Gott kein zeitloses Fatum ist, sondern dass er auf aufrichtige Gebete und verantwortliche Taten wartet und antwortet.«

Bonhoeffer fragt hier nicht ausdrücklich nach der Herkunft des Bösen. Aber klar ist: Das Böse wird von Menschen gemacht. Doch Gott kann selbst aus dem Bösen Gutes entstehen lassen. Dazu aber braucht er uns. Der Mensch wird auf seine Verantwortung angesprochen. Es reicht nicht, das Böse zu beklagen. Aus dem Bösen kann Gutes entstehen, wenn Menschen Verantwortung übernehmen. Diese Haltung hat er selbst bis in die letzte Konsequenz gelebt und mit dem Tod bezahlt. Diese Glaubwürdigkeit hat ihn nach 1945 zu einem Vorbild für viele Menschen, nicht nur in der evangelischen Kirche, werden lassen.

Bonhoeffers Denkmodell ist vom Ansatz her nicht neu: Bereits die Geschichte von Josef und seinen Brüdern (1. Mose 37-50) endet mit der Deutung: »Ihr gedachtet, es böse mit mir zu machen, aber Gott gedachte, es gut zu machen« (1. Mose 50, 20). Josefs Brüder hatten ihn in einen Brunnen geworfen und dann nach Ägypten verkauft. Dort stieg er am Hof des Pharao zu dessen Verwalter auf und legte Getreidevorräte an, weil er im Traum eine Hungersnot vorhergesehen hatte. Die brutale Tat seiner Brüder wird so im Ergebnis zur Rettung zahlloser Menschen vor dem Hungertod. Bonhoeffer hat diesen uralten Gedanken in seine Gegenwart übertragen.

Wie sich Gutes und Böses im Leben verweben

Wahrscheinlich könnte jede Leserin, jeder Leser aus dem eigenen Leben Geschichten erzählen, wie ein Unglück oder auch nur ein Missgeschick sich am Ende als Glück herausgestellt oder zumindest glückliche Begleiterscheinungen mit sich gebracht hat. Doch spielen sich solche Ereignisse auf einer anderen Ebene des Themas ab und beantworten nicht die Frage nach der Herkunft oder dem Sinn des Bösen. Meine Mutter und mein Vater beispielsweise haben sich bei der Evakuierung eines Krankenhauses in Ostpreußen kennen gelernt, in dem sie als Krankenschwester gearbeitet hat und er als Soldat stationiert war. Ohne die furchtbare Katastrophe des Zweiten Weltkrieges, ohne Flucht und Vertreibung hätten sich meine Eltern nicht kennen gelernt und gäbe es mich nicht. Doch wäre es zynisch, daraus irgendwie etwas Gutes an dem furchtbaren Krieg sehen zu wollen.

Im konkreten Leben verweben sich die Ebenen, Gutes und Böses, Geplantes und Ungeplantes. Die Fäden des Lebens sind ineinander verschlungen. Dies für das eigene Leben anzunehmen und darin Verantwortung zu übernehmen ist eine zutiefst christliche Haltung. Sie ist aber von der »Theodizee-Frage« zu unterscheiden. Denn so sicher aus dem Bösen Gutes entstehen kann, so bleibt doch die Rückfrage nach den Opfern auf dem Wege und warum Gott, wenn er allmächtig ist, nicht eine andere Welt geschaffen hat, in dem das Gute nicht auf solch schmerzhaften Wegen entstehen müsste. Die Vertiefung in Bonhoeffers Gedanken kann ein Weg für den persönlichen Umgang mit dem Bösen in der Welt, mit Schicksalsschlägen, mit der Frage nach unserer Verantwortung sein. Eine Antwort auf die Frage nach

Herkunft und Sinn des Bösen wird sich daraus aber nicht erschließen lassen.

Das Böse hat eine Telefonnummer

Die Ratlosigkeit nach dem Zweiten Weltkrieg hat in der Theologie vermutlich keine andere Person so konsequent und provozierend auf den Punkt gebracht wie Dorothee Sölle. Wir begegneten ihr schon.[40] Die Frage nach dem Bösen hat sie so konsequent wie vielleicht niemand vor ihr in die Frage nach der menschlichen Verantwortung überführt. Sie formulierte pointiert: »Das Böse hat eine Telefonnummer.« Es gibt immer Verantwortliche, die man ausfindig machen kann und benennen muss. Angewandt auf die Kriege der letzten Jahre heißt das: Ob in Libyen, Syrien, im Irak, in der Ukraine, in Palästina – in alle Konflikte sind Staaten und nichtstaatliche Mächte mit geostrategischen oder wirtschaftlichen Interessen verwickelt. Gewaltfreie Konfliktlösungen wären möglich. Aber dazu müsste viel früher angesetzt werden und nicht erst, wenn die Kämpfe schon toben. Die »Telefonnummern« wären auch sehr nüchtern nicht nur im Kreise von Potentaten und Diktatoren zu suchen, sondern auch im Kreise westlicher Regierungen und multinationaler Konzerne. Denn viele sind mit ihren Interessen in die gewaltsamen Konflikte verwickelt.

Das Böse hat Namen, Gesichter und Hände

Zu den dunkelsten Kapiteln in der Geschichte der Kirchen gehören die Fälle von Missbrauch und sexualisierter Gewalt. Sie sind lange unter einer Decke aus Tabus, Schweigen und institutionellem Schutz für die Täter statt für die Opfer versteckt gewesen. Ihre Aufarbeitung und die Schlussfolgerungen für Prävention und Opferschutz beschäftigen sowohl die katholische als auch die evangelische Kirche intensiv, vielleicht immer noch nicht konsequent genug. Auf dem Feld von Missbrauch und sexualisierter Gewalt gilt das, was Dorothee Sölle im Blick auf Täter in Politik und Wirtschaft gesagt hat, umso eindringlicher. Die Opfer kennen Namen, Gesichter und Hände der Täter (und Täterinnen) – auf traumatische Weise besser, als ihnen lieb ist. Gerechtigkeit heißt, ihnen zuzuhören, ihnen zu glauben, ihnen Ansehen zu schaffen. Es gibt im Lukasevangelium den Lobgesang der Maria, das Magnifikat, in dem Maria singt: »Gott hat die Niedrigkeit seiner Magd angesehen.« (Lk 1, 48) Das ist ein Schlüssel zum Verständnis von Gerechtigkeit: Gott sieht die Leiden der Opfer, er sieht auch die Täter. Verantwortung zu übernehmen heißt, die Decke, die uns hindert, Täter, Taten und Opfer zu sehen, wegzureißen und den Opfern Ansehen zu verschaffen.

Am Ende bleiben Fragen und unabgegoltene Taten

Was haben wir mit all den klugen Gedanken vieler Jahrhunderte in der Hand? Wir sind den beiden Gestalten des Bösen, dem physischen und dem moralischen Übel nachgegangen. Für das moralische, von Menschen gemachte Böse ist klar geworden: Es sollte nie zu früh oder zu einfach gefragt werden: Wie kann Gott das zulassen? Bevor die Frage nach Gottes Verantwortung gestellt wird, muss die Fragen nach unserer eigenen Verantwortung gestellt werden. Das Böse hat Telefonnummern, Postanschriften, Mailadressen, X- und Instagram-Accounts. Das Böse hat Hände und Füße, wie das Gute auch. Bevor wir Gott verantwortlich machen, sollten wir uns mit unserer eigenen Verantwortung auseinandersetzen. Die Theodizee-Frage, die Frage nach der Gerechtigkeit Gottes, ist zunächst die Frage nach unserer eigenen Gerechtigkeit. Es bleibt aber auch dann die alte Frage nach dem Tun-Ergehen-Zusammenhang, nach einer ausgleichenden Gerechtigkeit durch Gott. Im Magnifikat heißt es auch: »Er stößt die Gewaltigen vom Thron und erhebt die Niedrigen.« (Lk 1, 52) Tut Gott das? Offenbar bleiben unabgegoltene Taten.

Es bleibt zudem das physische Übel, unsere Endlichkeit und Sterblichkeit, es bleiben Krankheiten und Unglücke, die sich jeder menschlichen Verantwortung entziehen. Am Ende bleibt das Böse ein Rätsel, bleibt auch Gott rätselhaft und unbekannt. Sich mit dieser schmerzhaften Erkenntnis ehrlich auseinandersetzen ist die Aufgabe jeder Theologie. Ich sagte eingangs, die Warum-Frage könne fromm machen, aber auch gleichgültig oder zynisch oder zum Atheismus führen. Anders wird man es auch am Ende der Überlegungen nicht sagen können.

Hier ist jeder Mensch nach seiner persönlichen Haltung gefragt. Kann ich diesem rätselhaften und unbekannten Gott trotzdem mein Leben anvertrauen? Reicht mir, das über ihn zu wissen, was wir an Jesus Christus von ihm erkennen können? Seine unendliche Liebe, seine Zuwendung zu den Menschen, sein Mitleiden mit den Schwachen und Geschundenen. Sein Mitleiden auch mit mir, wenn es mir schlecht geht. Oder halte ich solches Vertrauen für naiv? Wende ich mich ab, werde Atheist oder Zyniker? Das Beispiel der viel zu langen Reden, die die Freunde Hiobs an seinem Lager halten, macht skeptisch gegenüber allen Überredungs- oder Beschönigungsversuchen. Im Zweifel kann es besser sein, einfach da zu sein und zu schweigen. Gerade weil dieses Thema so ernst und so persönlich ist, ist es ungeeignet für Überredungsversuche. Nur eines steht fest: Niemand kommt um diese Fragen ganz herum. Alle Menschen sind endlich, werden krank, können von einem Unfall betroffen sein, erleben Hass oder Gewalt. Anstößig und rätselhaft bleibt das mit oder ohne Gott. So gesehen, befinden sich alle Menschen am Ende in derselben Situation. Eigentlich ist das eine gute Voraussetzung dafür, über alle Grenzen von Religionen und Nationen hinweg als Menschen solidarisch zu sein. Das Böse ist nicht nur ein philosophisches oder theologisches Problem. Es ist auch ein Appell an unsere Menschlichkeit.[41]

So viele Christentümer!

Die Ökumene der Christenheit – Warum gibt es verschiedene Christentümer?

352 – so viele Mitgliedskirchen hat der Ökumenische Rat der Kirchen (ÖRK; Stand 2024). Tatsächlich gibt es aber noch viel mehr Kirchen auf der Welt, denn nicht alle sind Mitglied des ÖRK. Auch nicht die römisch-katholische Kirche. Ist das nicht Wahnsinn, mögen manche denken? Was soll diese Aufspaltung? Wie viel Geld, wie viel menschliche Kraft gehen allein dadurch verloren, dass derartig viele einzelne Kirchen ihre eigenen Strukturen, Ausbildungsstätten, Ämter haben? Wer versteht das noch in einer säkular gewordenen Welt? Wäre nicht das Zeugnis der Christenheit viel glaubwürdiger, wenn es *eine einzige* Kirche gäbe, die in wichtigen Fragen mit einer Stimme spricht?

Die Antwort darauf kann man nur mit einem Blick auf die Entstehung der Kirchen geben. Ob man von verschiedenen Christentümern sprechen kann, kommt darauf an, wie man dieses Wort versteht. Ich spreche lieber von einem Christentum, dass es in verschiedenen Kirchen gibt. Alle zusammen bilden die Ökumene. Im Griechischen ist »oikuméne« der bewohnte Erdkreis. Die Ökumene ist also wörtlich die Gesamtheit aller christlichen Kirchen auf der Erde. Heute bezeichnet dieser Begriff aber oft das bestimmte Verhältnis der Kirchen zueinander und ihre Zusammenarbeit. Wer ökumenisch denkt, denkt in der Verbundenheit der Kirchen. Wer ökumenisch nicht interessiert ist, denkt nur im Horizont seiner eigenen Kirche. Die Gründung des Ökumenischen Rates der Kirchen 1948 war ein Meilenstein im Sinne dieser Bedeutung des Wortes: nämlich der Zusammenarbeit so vieler Kirchen. Es kamen damals Vertreter von 147 Kirchen zusammen. Diese Zahl hat sich inzwischen mehr als verdoppelt. Von den weltweit ungefähr 2,5 Milliarden Christen werden 580 Millionen durch den ÖRK vertreten. Sitz des ÖRK ist Genf.

Wir haben uns in den vorausgehenden Kapiteln mit der Entstehung und Entwicklung der Theologie und einigen Stationen der Kirchengeschichte beschäftigt. Ich habe die Kirche als »Erzähl- und Verstehgemeinschaft« bezeichnet. Alles fing damit an, dass Jesu Anhänger nach seiner Kreuzigung völlig am Boden zerstört waren und zu verstehen versuchten, wer Jesus gewesen war und wer er jetzt noch für sie sein könnte. Wir sahen, dass die Theologie lebt, wenn sie weiterentwickelt wird. Damit ist schon angedeutet, dass Vielfalt zum Wesen von Theologie und Kirche gehört. Trotzdem bleibt die Frage, wie und warum so viele Kirchen entstanden sind. Könnten Vielfalt und Lebendigkeit nicht auch in einer einzigen Kirche gelebt werden?

Um dieser Frage nachzugehen – ganz ergründen wird man sie nicht können – ist es hilfreich, die Entstehung verschiedener Kirchen sehr grob in drei verschiedene Epochen einzuteilen: Die ersten fünf Jahrhunderte, die Reformationszeit (das Jahrhundert ab 1517) und die Zeit etwa seit den 1970er-Jahren.

Die ersten fünf Jahrhunderte

Vielleicht erstaunt es manche Leserinnen und Leser, wie früh sich verschiedene Kirchen gebildet haben. Die »Armenisch-Apostolisch Orthodoxe Kirche« und die »Syrisch-Orthodoxe Kirche von Antiochien« entstanden bereits im 1. Jahrhundert und führen ihre Gründung auf die Apostel selbst zurück. Auch wenn es keine Gründungsdaten gibt, kann man aufgrund der geschichtlichen Entwicklung sagen, dass sie älter als die römisch-katholische Kirche sind. Vielleicht erstaunt es weiter, dass das Neue Testament erst später entstanden ist. Denn man könnte ja denken, dass das Neue Testament so etwas wie die Gründungsurkunde der Kirchen sei und dass die Einheit der Christenheit von Anfang an darin bestanden hätte, dass man sich eben auf diese Gründungsurkunde bezogen hätte.

Doch es war komplizierter und verschachtelter. Die verschiedenen Schriften des Neuen Testaments waren zwar früh im Umlauf. Neben den Schriften, die später in das Neue Testament, wie wir es heute kennen, Eingang gefunden haben, gab es aber eine Fülle weiterer Evangelien und Briefe. Welche als Grundlage für die christlichen Kirchen gelten sollen, wurde erst im Laufe von ca. 300 Jahren geklärt. Es hat nie den einen einzigen Synoden- oder Konzilsbeschluss dazu gegeben, sondern die Autorität des heute geltenden Kanons neutestamentlicher Schriften hat sich durch eine Reihe von Synodenbeschlüssen vom 3. bis zum 5. Jahrhundert entwickelt. Nimmt man die Hebräische Bibel und das Neue Testament zusammen, so sind ihre Texte, einschließlich der Zeit mündlicher Überlieferungen, in einem Zeitraum von ca. 3.000 Jahren entstanden. Die Spuren ihrer Entstehung, der Kulturen, der sozialen und politischen Verhältnisse, der gesammelten Glaubenserfahrungen der Menschen und schließlich die besondere Handschrift der Autoren haben sich in den Texten niedergeschlagen. Auch wenn es Versuche gab, mithilfe der Lehre von der Verbalinspiration zu behaupten, dass die so unterschiedlichen Texte alle vom Heiligen Geist selbst wörtlich diktiert und mithin in sich klar und widerspruchsfrei seien, so sind diese Versuche letztlich an den Texten selbst gescheitert. Der Tübinger Neutestamentler Ernst Käsemann (1906-1998) zog pointiert die Schlussfolgerung: Der neutestamentliche Kanon begründet nicht die Einheit der Kirchen, sondern die Vielzahl der Konfessionen.[42]

Es kommt hinzu: Jesus selbst hat keine Texte hinterlassen.[43] Überliefert wurden einzelne seiner Worte und Berichte über seine Taten. Die entstehende Christenheit stand als Erzähl- und Verstehgemeinschaft vor der Aufgabe, einen einheitlichen Bezugsrahmen erst zu schaffen. Zwar ist der Kanon neutestamentlicher Schriften im Laufe der Jahrhunderte mit nur kleinen Abweichungen überall anerkannt worden, aber theologisch hat es den einen, überall anerkannten Bezugsrahmen nie gegeben. Für die großen Kirchen heute gelten zwar die Entscheidungen der Konzilien von Nizäa 325, Konstantinopel 381 und Chalkedon 451 als verbindlich. Zu dieser Zeit waren aber die ältesten Kirchen, u. a. in Armenien und Syrien, aber auch in Ägypten, schon ihre eigenen Wege gegangen. Die Klärung theologischer Fragen, wie wir sie zur Christologie und zur Trinitätslehre kennen gelernt haben, war zudem eingebettet in geopolitische Machtkämpfe, damals vor allem um die Vorherrschaft zwischen Alexandria (im heutigen Ägypten) und Konstantinopel (das heutige Istanbul). Rom spielte noch nicht die spätere, dominierende Rolle. Wenn man sich die urchristlichen oder altkirchlichen Aufgliederungen der Christenheit anschaut, so fällt auf, dass sie alle geographisch gebunden sind und eigene Sprachen sprechen, also nicht Latein oder Griechisch: eine armenische, eine syrische, eine ägyptische, eine äthiopische Kirche und etwas später eine West- und eine Ostkirche, Okzident und Orient, die sich zur römisch-katholischen Kirche mit dem Papst in Rom und zur byzantinischen orthodoxen Kirche mit dem Patriarchen in Konstantinopel entwickelten.

Jede Kirche hatte ihre herausragenden und prägenden Theologen. Jede Kirche verarbeitete die philosophischen Traditionen der damaligen Zeit: Aristotelismus, Platonismus, Neuplatonismus und andere mehr. Die altorientalischen Kirchen vermittelten diese Traditionen später über das Syrische an die arabische Kultur und die islamische Theologie. Es kam zur Ausgestaltung unterschiedlicher Gottesdienstformen, die wiederum auf unterschiedliche Vorstellungen von der Gegenwart Gottes, der Gestalt Jesu Christi und der Rolle des Heiligen Geistes zurückgingen. Wer heute versuchsweise einmal eine römisch-katholische Messe und einen griechisch-orthodoxen Gottesdienst besucht, wird sich in zwei verschiedenen Welten fühlen. Und irgendwie stimmt das auch. Der römisch-katholische Gottesdienst ist konzentriert auf die Gegenwart Christi in der Eucharistiefeier; der orthodoxe Gottesdienst führt seine Teilnehmenden durch die Musik und die Ikonen wie durch ein offenes Fenster in den Himmel.

Natürlich kann man theoretisch fragen: Hätte denn nicht beides doch Platz in einer einzigen Kirche? Aber praktisch kann man nachvollziehen, wie fremd sich die verschiedenen Traditionen im Laufe der Jahrhunderte wurden, abgesehen von den konkurrierenden Machtansprüchen und den Konkurrenzen auf politischer Ebene zwischen dem mit der Kaiserkrönung Karls des Großen im Jahre 800 wieder erstarkten Römischen und dem Byzantinischen Kaiserreich. Im Jahre 1054 kam es zum endgültigen Bruch zwischen West- und Ostkirche.

Die Reformationszeit

Aus der Reformationszeit gingen die beiden großen reformatorischen Kirchen hervor: Die lutherische Kirche, die sich auf Martin Luther berief, und die reformierte Kirche, die sich auf Ulrich Zwingli in Zürich und Johannes Calvin in Genf als prägende Theologen berief. Der Blick nur auf diese beiden reformatorischen Kirchen und ihre Auseinandersetzungen mit Rom verstellt allerdings den Blick auf die Entstehung zahlreicher weiterer Kirchen in dieser Zeit oder mit Wurzeln in dieser Zeit. Zu nennen sind die Mennoniten, die Quäker und die Baptisten, die aus der Täuferbewegung der Reformationszeit hervorgegangen sind. Für Martin Luther waren die Täufer »Schwärmer«, die zu bekämpfen waren. Sogar seinen eigenen Doktorvater, Andreas Bodenstein aus Karlstadt, verketzerte Luther und ruinierte durch Flugblätter gegen ihn dessen weitere Karriere und sein Leben.

Die kirchliche und politische Lage in der Reformationszeit ist überaus komplex.[44] Die Entstehung der reformatorischen Kirchen kann nicht auf einen Nenner gebracht werden. Wenn man diese Epoche aber mit den vorausgehenden Jahrhunderten vergleicht, fallen einige Besonderheiten ins Auge. Ein prägender Impuls hieß »ad fontes« – zurück »zu den Quellen«. Dieses Motto hatten die Humanisten aufgebracht, die sich dem Studium der alten Sprachen widmeten und die alten Texte, auch die Bibel, im Original lasen. Martin Luthers Bibelübersetzung war nicht die erste, aber sie war diejenige, die sich durch den Buchdruck am schnellsten verbreitete. Man wollte zurück zu den Wurzeln des Christentums, was sich mit einer Stimmung gegen die römische Kirche verband, der man vorwarf, die ursprüngliche Jesusbewegung mit Dogmen, Bußgesetzen und kirchlicher Hierarchie bis zur Unkenntlichkeit überlagert und entstellt zu haben. Das berühmte Stichwort von der »Rechtfertigung aus Glauben« markiert eine Wende im Verständnis von Kirche. Während sich die römisch-katholische Kirche als Leib Christi versteht und als heilsnotwendig für die Gläubigen, steht in den reformatorischen Kirchen der Einzelne selbst vor Gott. Darin ist ein Keim dessen angelegt, was in der Moderne zur Betonung des Subjekts und individueller Freiheit werden sollte.

Ein Unterschied zu den urchristlichen und altkirchlichen Aufspaltungen ist, dass die Kirchen der Reformation weniger geografisch gebunden waren als etwa die armenische, die syrische, die ägyptische oder die äthiopische Kirche. Diese Aussage ist sicherlich anfechtbar, wenn man an Deutschland oder Skandinavien denkt, wo der lutherische und der reformierte Glaube an Landeskirchen in den jeweiligen deutschen Ländern bzw. an die Staatskirchen in Skandinavien gebunden war. Aber die Existenz des Lutherischen Weltbundes (mit 150 Mitgliedskirchen), des International Lutheran Council (mit 30 Mitgliedskirchen) und der Weltgemeinschaft Reformierter Kirchen (mit 230 Mitgliedskirchen) belegt, dass sich hier theologische Kulturen gebildet haben, die weltweit anschlussfähig wurden. Anlässlich des Reformationsjubiläums 2017 prägte der damalige Generalsekretär des Lutherischen Weltbundes Martin Junge den Satz: »Die Reformation ist eine Weltbürgerin«. Die aus der Täuferbewegung hervorgegangenen Kirchen, die zum Teil eine Verfolgungs- und Vertreibungsgeschichte hinter sich haben, leben erst recht über die Welt verstreut oder verteilt.

Kirchen- und Gemeindegründungen seit den 1970er-Jahren

Ungefähr ab den 1970er-Jahren kam es zu einem Boom der charismatischen Bewegung. Sie hat ihre Wurzeln in den Pfingstkirchen, die bereits im 19. Jahrhundert entstanden. Aber nun sprossen unzählige neue charismatische Kirchen oder Einzelgemeinden aus dem Boden, insbesondere in Lateinamerika, Afrika und Asien, aber auch in den USA. Sie wurden teilweise zu einer Massenbewegung (»Mega-Churches«), wie man an den Fernsehkirchen in Korea und in den USA sehen kann. Kennzeichnend für ihre Frömmigkeit ist eine sehr persönliche Hingabe an Jesus Christus und das Bewusstsein, vom Heiligen Geist erfüllt zu sein. Theologische Lehren spielen eine untergeordnete Rolle. Die Gottesdienste sind emotional, enthalten persönliche Glaubenszeugnisse und bedienen sich moderner Technik. Oft steht eine Gründerfigur im Mittelpunkt, deren Verehrung bis zum Personenkult reicht. Die Spendenbereitschaft ist hoch. In Lateinamerika fällt besonders auf, dass die charismatischen Kirchen ganz entgegen der Befreiungstheologie nicht auf Veränderung des sozialen oder wirtschaftlichen Kontextes der Menschen zielen, sondern auf die innere Erbauung. In Afrika ging die Gründung neuer Kirchen mit dem Ende der Kolonialzeit einher, mit dem auch die herkömmlichen Kirchen, die von europäischen Missionaren gegründet worden waren, an Zuspruch verloren.

Mit der Migration sind etliche Gemeinden aus der charismatischen Bewegung Afrikas auch nach Deutschland gekommen. Hier wurden sie mit wechselnden Begriffen bezeichnet. Man spricht heute von »Internationalen Gemeinden«. Versuche, sie in unsere Landeskirchen zu integrieren, waren in der Regel nicht erfolgreich. Das hat vermutlich viele Gründe. Die Frömmigkeit unterscheidet sich von der landeskirchlichen stark in ihrer Emotionalität. Manche Gemeinden lehnen die Frauenordination ab. Homosexualität wird von praktisch allen afrikanischen Gemeinden radikal abgelehnt. Aber daneben spielt bei den afrikanischen Gemeinden sicherlich auch eine Rolle, dass sie spezifisch afrikanische Kirchengründungen sind, deren Sinn auch in der Emanzipation von der Kolonial- und Missionsgeschichte liegt. Die Distanz zu unseren deutschen Landeskirchen ist insofern nachvollziehbar. In der römisch-katholischen Kirche gibt es auch charismatische Bewegungen und internationale Gemeinden, die aber aufgrund eines anderen Kirchenverständnisses in der Regel Teil der römisch-katholischen Kirche sind.

Durch die gewaltsamen binnen- und zwischenstaatlichen Konflikte im Nahen Osten, also gerade in dem Raum, in dem das Christentum entstand, sind mit den Geflüchteten aus Syrien, dem Irak und Äthiopien Anhänger der ältesten Kirchen nach Deutschland gekommen und haben hier eigene Kirchenstrukturen ausgebildet.[45]

Zahlen zur charismatischen Bewegung und den neu entstandenen afrikanischen Gemeinden lassen sich nur schwer nennen, denn die Fluktuation ist groß. Einige größere Kirchen haben Bestand und sind dem ÖRK beigetreten. Andere haben sich wieder aufgelöst, einzelne Gemeinden ebenso, oder es kommt zu Aufspaltungen, die oft mit Streit um die Leitungspersonen zu tun haben. Anfang der 2000er-Jahre ging man von weltweit an die 600 Millionen Mitgliedern charismatischer Kirchen aus. Sie waren die einzigen Kirchen, die wuchsen. Dieser Trend hat sich seit etwa 2010 abgeschwächt bzw. umgekehrt. Etliche der neuen Kirchen sind kleiner geworden, haben Versammlungsräume geschlossen oder sich aufgelöst.

Falls Sie sich fragen, warum es nicht nur *eine* Kirche gibt, dann war dieser Überblick möglicherweise enttäuschend, weil es noch sehr viel mehr Kirchen gibt, als Sie dachten. Dass 352 davon immerhin dem Ökumenischen Rat der Kirchen angehören, Kontakte untereinander pflegen und zum Teil zusammenarbeiten, ist da schon eine große Sache! Vielleicht konnte ich aber doch verständlich machen, dass die Vielfalt – mag sie hier und da auch auf Rechthaberei oder Machtbewusstsein beruhen – kein Schade ist, sondern ein Reichtum. Der christliche Glaube konnte sich durch diese Vielfalt mit Kulturen auf der ganzen Welt verbinden, und er konnte sich weiterentwickeln und lebendig bleiben. Er ist kein Ausstellungsstück im Museum.

C. Selbst urteilen

Selbst denken, selbst urteilen

Wie kommen ethische Urteile zustande?

Täglich treffen Menschen unzählige Entscheidungen. Beim Einkaufen entscheiden sie zwischen tierischen, vegetarischen oder veganen Produkten. Wir sehen auf der Verpackung einen Ampelcode, der anzeigt, wie nachhaltig das Produkt hergestellt wurde. Doch was sagen diese Informationen wirklich aus? Was muss man wissen, um eine gute Entscheidung treffen zu können? Wohin soll es in den Urlaub gehen? Ist eine Flugreise auf die Malediven heutzutage zu verantworten? Wir gehen an bettelnden Menschen vorbei und überlegen, ob es richtig ist, etwas zu geben. Vielleicht engagieren wir uns bei einer Tafel oder in einer Flüchtlingsinitiative. Sind Waffenlieferungen an die Ukraine richtig? Wie verhält sich der christliche Glaube gegenüber verschiedenen politischen Positionen in einer Demokratie? Im persönlichen Bereich entscheiden werdende Eltern über Vorsorgeuntersuchungen. Wollen sie einen Test auf mögliche genetische Schäden des Embryos machen lassen? Manche Menschen müssen schwerwiegende Entscheidungen für die sterbenden Eltern oder einen geliebten Menschen über das Abstellen lebenserhaltender Geräte treffen.

Gefragt ist die eigene Meinungsbildung

Vom kleinsten alltäglichen Vorgang über Fragen des Zusammenlebens in unserer Gesellschaft bis hin zu Entscheidungen, die Leben und Tod betreffen, ist das Leben voller Sachverhalte, die dem oder der Einzelnen eine Entscheidung und damit eine eigene Meinung abverlangen. Viele davon sind banal und können nach praktischen Gesichtspunkten schnell entschieden werden. Aber bei grundsätzlichen Themen kommt die Frage auf: Woran können wir uns halten? Hilft der christliche Glaube bei der Orientierung in unserer modernen Lebenswelt?

Dieses Buch ist kein Nachschlagewerk. Es geht auch nicht um meine persönlichen Meinungen zu den Themen. Sie schimmern hier und da durch, stehen aber nicht im Mittelpunkt. Vielmehr will ich Hintergründe und Methoden darstellen, die dabei helfen können, sich eine eigene Meinung zu bilden. Seit mehreren tausend Jahren denken Menschen darüber nach, an welchen Kriterien wir unsere Entscheidungen orientieren können. Davon soll in diesem Kapitel die Rede sein.

Die Bibel als Richtschnur

Der erste Reflex dürfte sein, in der Bibel nachzuschlagen. Schließlich ist sie die Heilige Schrift des christlichen Glaubens. Wo, wenn nicht dort, sollte zu finden sein, was richtig und was falsch ist im Leben? Die Zehn Gebote sind doch so etwas wie ein »Grundgesetz« des Lebens. Reicht das nicht zur Orientierung? Allerdings – so einfach ist das leider nicht. Tempo 100 auf der Autobahn? Fleisch oder vegane Ernährung? Wie viele Stunden Computerspielen ist für ein Kind noch unschädlich? So gut wie kein Thema unserer modernen Welt kommt in der Bibel auch nur ansatzweise vor. Schon deswegen nicht, weil es all die Technik, die heute selbstverständlich ist, zu Zeiten der Bibel nicht gab. Ja, einzelne Themen gab es schon. Z. B. ist die Bibel voller Geschichten von Flucht und Migration. Abraham wanderte aus Ur in Chaldäa in das Land Kanaan aus. Zur Zeit einer Hungersnot wanderten Scharen von Menschen aus Kanaan nach Ägypten, wo es Getreide in Fülle gab. Die Eltern Jesu fliehen mit ihm vor Herodes nach Ägypten. Daraus wird man aber nur eine grundsätzliche Sensibilität für die Thematik ableiten können. Was konkret der richtige Umgang mit 120 Millionen Flüchtlingen weltweit ist und welche politischen Regelungswerke es bräuchte, lässt sich nicht unmittelbar aus der Bibel erkennen. Prominent ist auch das Thema der Liebe der Geschlechter zu nennen. Hier ist umgekehrt gerade die Tatsache, dass dieses Thema auch in der Bibel vorkommt, eine Schwierigkeit. Denn in der Bibel werden die familiären Beziehungen und die Liebesbeziehungen so gelebt, wie es der damaligen Kultur entsprach. Dies für alle Zeiten als Norm festzuschreiben wäre völlig lebensfremd. Für alle Zeiten müsste sich dann die Frau dem Mann unterordnen und in der Gemeinde schweigen.

So sehr Menschen zu allen Zeiten aus der Bibel Inspiration für ihr Leben gezogen haben – eine schlichte Anleitung, wie wir heute leben sollen und wie wir die Fragen unserer komplexen Welt beantworten können, ist sie nicht. Jedenfalls nicht nach Art eines Rezeptbuches.

Glaube, Hoffnung, Liebe als Fundament menschlichen Urteilens

Wie dann? Es braucht zwischen dem, was in der Bibel steht, und ethischen Urteilen zu Fragen der Gegenwart eine Art Zwischenebene. Die früheste und einfachste Form, eine solche Zwischenebene zu formulieren, war es, zentrale Begriffe herauszufiltern, die ethische Wegweisung im Alltag geben können. So nennt Paulus im 13. Kapitel des 1. Briefes an die Korinther drei herausragende menschliche Existenziale: »Nun aber bleiben Glaube, Hoffnung, Liebe, diese drei, aber die Liebe ist die größte unter ihnen.« (1. Kor 13, 13) Dies haben Theologen zum Ansatzpunkt genommen: Was bedeutet es, das ganze Leben an Glaube, Hoffnung und Liebe auszurichten? Und was bedeutet es noch genauer, wenn man diese drei im Zusammenhang bedenkt und von Paulus schon einen Hinweis auf eine Rangordnung hat? Das heißt, im Zweifel das zu tun, was die Liebe gebietet.

Dazu ein Beispiel: Eine Mutter und ihre Tochter haben sich auseinandergelebt. Nach jahrelangen angespannten Begegnungen, in denen es immer wieder zu gegenseitigen Vorwürfen kam, haben beide den Kontakt abgebrochen und sich seit 10 Jahren nicht gesehen und nicht gesprochen. Nun schreibt die Tochter der Mutter eine Mail, in der sie ankündigt, sie besuchen zu wollen. Die Mutter freut sich und ist trotzdem hin- und hergerissen. Sie befürchtet, es werde doch nur den alten Streit geben. Sie findet die Mail der Tochter auch recht kurz angebunden, hätte sich gewünscht, da wäre mehr Gefühl zu spüren. Sie überlegt, wie groß ihre Hoffnung ist, dass sich tatsächlich etwas ändert. Aber dann stimmt sie zu, weil sie überzeugt ist, dass die Liebe zwischen ihnen eine Chance haben muss. Sie tut, was ihr die Liebe gebietet.

Es ist leicht zu sehen, dass diese Argumentation nicht überall funktioniert. Beispielsweise könnte eine Richterin, die über einen jugendlichen Straftäter zu urteilen hat, nicht einfach die Gesetze beiseite lassen, weil sie findet, er habe um der Liebe willen eine Chance verdient. Allerdings hat sie einen Spielraum, ein mildes Urteil zu fällen. Die Hoffnung auf Resozialisierung des Jugendlichen wird sie auch nicht einfach nach dem Gefühl einschätzen, sondern aufgrund von Erfahrungswerten und sozialwissenschaftlichen Untersuchungen, welche Jugendlichen unter welchen Bedingungen statistisch gesehen welche Chancen haben, künftig nicht wieder rückfällig zu werden.

Man kann solche konkreten Fälle weiter durchspielen und wird sehen: Glaube, Hoffnung und Liebe sind wichtige Orientierungspunkte des menschlichen Zusammenlebens. Aber wie sie anzuwenden sind, ist nicht immer einfach und klar zu erkennen, sondern braucht von Fall zu Fall und von Situation zu Situation unterschiedliche Regelwerke: vor Gericht andere als in der Politik, in der Schule oder in der Familie.

Aristoteles und die Tugenden

Für das Nachdenken der Theologen war ein Mann von zentraler Bedeutung, der 384 bis 322 vor der Geburt Jesu in Griechenland lebte: Aristoteles. Er hat ein umfangreiches philosophisches Werk hinterlassen, unter anderem zur Ethik. Ähnlich wie wir es bei den drei Begriffen des Paulus gesehen haben, identifiziert er Begriffe, die zu konkreten Welthaltungen anleiten. Diese Begriffe nennt Aristoteles Tugenden. Er meint damit z. B. Gerechtigkeit, Tapferkeit, Mäßigung, Freigiebigkeit, Einfühlsamkeit, Höflichkeit und andere. Die Tugenden sollen es dem Menschen ermöglichen, das Ziel des Lebens, das für Aristoteles die Glückseligkeit ist, zu verwirklichen.

Die wichtigsten Tugenden

Die frühen Theologen haben versucht, die Tugendlehre des Aristoteles aufzunehmen und die wichtigsten Tugenden aus der Bibel zu begründen und in ein System zu bringen. Nicht alle Theologen haben dabei dieselben Begriffe gewählt, aber eine Vierergruppe hat sich unter dem Begriff der »Kardinaltugenden« durchgesetzt und ist von Thomas von Aquin (1225-1274) genauer beschrieben worden, das sind: Weisheit, Tapferkeit, Mäßigung, Gerechtigkeit – manchmal um Glaube, Hoffnung und Liebe zur Siebenzahl ergänzt.

Wer mag, kann Situationen, die er oder sie gerade im eigenen Leben vor Augen hat, einmal durchspielen mit diesen Kriterien. Was bedeutet es, in einer bestimmten Situation weise, tapfer, maßvoll und gerecht zu handeln? Und dann vielleicht auch noch Glaube, Hoffnung und Liebe zu berücksichtigen? Auf diese Fragen zu antworten führt wahrscheinlich in den meisten Fällen zu einem langen, komplizierten Nachdenken, und das Ergebnis ist nicht so eindeutig und klar, wie man es sich vielleicht wünschen würde. Auch wenn Thomas von Aquin für viele Fragen seiner Zeit in seinem umfangreichen Werk klare, gut überlegte Antworten gegeben hat, so kann man sich doch leicht vorstellen, dass man auch zu anderen Ergebnissen hätte kommen können und dass die Fragen des 21. Jahrhunderts andere sind als die des 13. Jahrhunderts.

Jesu »Goldene Regel« und Immanuel Kants »Kategorischer Imperativ«

In der Bergpredigt ist ein sehr praktischer Hinweis Jesu nachzulesen, den man die »Goldene Regel« nennt: »Alles, was ihr wollt, dass euch die Menschen tun, das tut ihr ihnen auch.« (Mt 7, 12) Ähnlich lautet der »Kategorische Imperativ« des Philosophen Immanuel Kant (1724-1804): »Handle nur nach derjenigen Maxime, durch die du zugleich wollen kannst, dass sie ein allgemeines Gesetz werde.« Der Grundgedanke ist derselbe wie bei der Goldenen Regel. Man soll sich in andere Menschen hineinversetzen und am Ende so handeln, dass es für alle und auch für einen selbst gut ist. Kant denkt allerdings abstrakter. Er meint nicht das konkrete Handeln, sondern die »Maxime« dahinter. Eine Maxime wäre beispielsweise, wenn ich mein Handeln danach ausrichte, dass kommende Generationen nicht geschädigt werden. Könnte diese Maxime ein allgemeines Gesetz werden? Das deutsche Bundesverfassungsgericht hat in seinem Urteil zum Klimaschutz vom 24. März 2021 genau so argumentiert: Das Grundgesetz binde die Politik auch »zugunsten ökologischer Belange mit Blick auf künftige Generationen«. Das heißt, die Maxime soll Gesetzescharakter bekommen. Auch wenn die konkrete Anwendung komplex ist, bleibt der Grundsatz von Goldener Regel und Kategorischem Imperativ wichtig: Immer wieder einen Abgleich zwischen der eigenen Perspektive, dem eigenen Wollen, und den Perspektiven anderer vorzunehmen.

Güterethik

Während die Tugendethik nach den guten Eigenschaften des Menschen fragt, fragt die Güterethik nach dem Zweck des Handelns bzw. danach, wie wir leben wollen. Soll die Glückseligkeit des Einzelnen das höchste Gut sein oder der Weltfrieden? Sollen Konsum und Freiheit in der Lebensgestaltung handlungsleitend sein oder die Lebensmöglichkeiten kommender Generationen? Die Güterethik nimmt anders als die Tugendethik weniger das Individuum, sondern die soziale Gemeinschaft in den Blick, weil der Ansatz nicht beim einzelnen Individuum und seinen Eigenschaften, sondern bei der Bestimmung guten Lebens für die Gemeinschaft, ggfs. auch unter Einbeziehung kommender Generationen gesehen wird. Es ist leicht ersichtlich, dass dieses Abwägungsmodell für viele der heute anstehenden Fragen angemessener erscheint als eine reine Tugendethik, auch wenn die Frage nach unseren Tugenden wichtig bleibt. Oft genug braucht es Zivilcourage oder Respekt. Sie sind unverzichtbare Tugenden. In der Güterethik werden sie in einen Zusammenhang gestellt: Wie soll die Gesellschaft aussehen, in der wir leben wollen und in der wir respektvoll miteinander umgehen?

Sozialethik

Die Sozialethik entstand parallel zu den Sozialwissenschaften seit Ende des 19. Jahrhunderts. Sie berücksichtigt neben Tugenden und Gütern vor allem auch die Strukturen des Zusammenlebens und befragt sie kritisch auf gerechte und ungerechte Faktoren. Sozialethische Aspekte spielen in allen heute bedeutsamen ethischen Fragen eine wichtige Rolle; denn egal, worum es geht:

um Fragen der Arbeitswelt, der Gesundheit oder der Nachhaltigkeit – immer geht es auch um die Strukturen von Arbeitswelt, Gesundheitswesen, nachhaltigem Handeln und damit um die sozialen Akteure in diesen Strukturen. Ein kleines Beispiel: Sich mit nachhaltig produzierten Gütern zu kleiden und zu ernähren ist in der Regel teuer, teurer jedenfalls als Billigprodukte, die unter Vernachlässigung nachhaltiger Kriterien produziert wurden. Wer wohlhabend ist, hat es folglich leichter, nachhaltig zu leben. Die Sozialethik bezieht solche Aspekte sozialer Gerechtigkeit oder Ungerechtigkeit in ihre Überlegungen ein.

Normenethik und Naturrecht

Neben den von vornherein auf Abwägung verschiedener Kriterien ausgerichteten Modellen ethischer Urteilsbildung, gibt es Modelle, die versuchen, den Prozess der Abwägung zu vereinfachen oder gar unnötig zu machen, indem sie feststehende, unveränderliche und klare Normen formulieren. Sie gründen sich auf sehr allgemeine Begriffe wie Wahrheit oder Leben oder sie schließen sich an überlieferte Normenkataloge wie die Zehn Gebote an. So kommt es zu unbedingten Sollenssätzen wie »Du sollst nicht töten«, »Du sollst immer die Wahrheit sagen«, »Du darfst eine Ehe nicht scheiden«. Allerdings sieht man schon an diesen wenigen Beispielen, dass man auch bei solchen unbedingten Sollenssätzen um Anwendungsfragen, also um eine Abwägung nicht herumkommt. Denn es kann sehr wohl aus Takt und Liebe geboten sein, in einer bestimmten Situation einmal nicht die Wahrheit zu sagen oder sie zumindest nicht offensiv zu äußern. Und dass ein absolutes Ehescheidungsverbot ins Unglück führen kann, zeigt die Erfahrung. Normen können abstrakt richtig und dennoch für die Anwendung auf das konkrete Leben untauglich sein. Entweder entschließt man sich strikt, sie dennoch konsequent anzuwenden. Das führt in eine totalitäre Moral. Oder man muss sie doch für den Einzelfall variieren und braucht dafür Kriterien.

Eine besondere Variante einer Normenethik stellt das sog. »Naturrecht« dar, das in seiner modernen Form aus der frühen Neuzeit stammt und mit dem Namen des niederländischen Theologen und Juristen Hugo Grotius (1583-1645) verbunden ist. Unter dem Eindruck von schrecklichen Religionskriegen, die Hunderttausende von Menschenleben forderten, versuchte Grotius in seinem Modell, jenseits der strittigen religiösen Wahrheiten eine objektive, für alle verbindliche Wahrheit zu beschreiben. Damit sollten Streitereien und Kriege vermieden, Eintracht befördert werden. Diese objektive Grundlage wurde in der Beschreibung »natürlicher« Anlagen des Menschen oder »natürlicher« Gegebenheiten gesucht.

Dass das moderne Naturrecht sein Ziel, die Herstellung von Harmonie und Frieden, nicht erreichen konnte, liegt an einer Denkproblematik. Denn was ist »Natur«? Welchen Zustand der menschlichen Entwicklung sollten wir als »natürlich« ansehen? Faktisch ist »Natur« von »Kultur« nicht zu trennen. Die Folge ist, dass Urteile, die für sich in Anspruch nehmen, dem Naturrecht zu folgen, oft nur das kulturell Praktizierte für das »von Natur aus« Gegebene halten. Dass es nur Männer und Frauen gibt und dass nur diese sich verschiedengeschlechtlich zu Paaren zusammentun dürfen, war lange Zeit die übliche kulturelle Praxis, wurde entsprechend lange Zeit für natürlich gehalten. Wie strittig und kulturell abhängig das ist, sehen wir heute. Wenn man naturrechtlich argumentiert und alles vermeintlich von der »Natur« Abweichende als »widernatürlich« bezeichnet, ist der Konflikt mit einer sich verändernden Gesellschaft abzusehen. Konfliktsensible ethische Urteile werden in diesem Modell eher nicht möglich sein.

Freiheit und Verantwortung in einem »weiten Überlegungsgleichgewicht« (»reflectiv equilibrium«) ausbalancieren

In der neueren protestantischen Ethik gelten Freiheit und Verantwortung als die entscheidenden Kriterien der Urteilsbildung. Dabei enthält schon das Nebeneinander dieser beiden Begriffe eine innere Spannung. Denn Freiheit wird durch Verantwortung begrenzt und Verantwortung wird in einer Freiheit übernommen, die nicht einfach vorhanden ist, sondern theologisch begründet und gesellschaftlich gesichert werden muss. Die Würde des Menschen und die Unantastbarkeit der Person haben ihren Grund in der Anerkennung des Menschen durch Gott. Freiheit ist folglich von Gott geschenkte und an ihn gebundene – wie man sagt: relationale – Freiheit. Sie wird ausgeübt auch in der Verantwortung gegenüber den Mitmenschen bzw. der Gesellschaft.

Der amerikanische Philosoph John Rawls (1921-2002) hat den Begriff des »reflectiv equilibrium« geprägt, der auf Deutsch mit »weites Überlegungsgleichgewicht« wiedergegeben wird. Rawls ging es darum, in einer liberalen Gesellschaft Gerechtigkeit durchzusetzen. Dafür müssten alle irgendwie fassbaren Faktoren zur Beurteilung einer Situation herangezogen und in einen möglichst fairen Ausgleich gebracht werden. Diese Denkfigur wurde in der protestantischen Ethik der letzten Jahre vielfach aufgegriffen. Im Grunde versucht sie, all die verschiedenen Modelle, von denen wir einige oben dargestellt haben, zu verbinden. Bei jeder ethischen Frage kommt es darauf an, Grundtugenden wie Gerechtigkeit und Maßhalten anzuwenden, Güter abzuwägen, Normen ins Spiel zu bringen, soziale Voraussetzungen und Konsequenzen einer Entscheidung zu berücksichtigen und ihre Einbettung in das gesellschaftliche Handeln und ggfs. auch ihre Folgen für das gesellschaftliche Klima zu bedenken.

Außerdem gibt dieses Denkmodell der Sachebene großen Raum. Es mag selbstverständlich erscheinen, dass man von einer Sache, über die man urteilt, ausreichend Bescheid weiß. Das ist jedoch alles andere als immer der Fall. Sowohl im religiösen wie im politisch-gesellschaftlichen Raum werden Urteile oft aufgrund vorgängiger Normen oder Grundsätze getroffen, ohne dass der Sachverhalt ausreichend untersucht und verstanden worden ist. Gerade die neuen Fragestellungen, die mit medizintechnischen Möglichkeiten, mit Genom-Analyse oder mit »Big data« und »Künstlicher Intelligenz« zu tun haben, erfordern hohe Sachkenntnis. Da die Sachverhalte sich zudem rasend schnell verändern, sind wirklich treffende ethische Urteile nicht leicht zu fällen. Sich dies vor Augen zu führen und sich in den Sachverhalt hineinzudenken kann dennoch ein entscheidender Schritt im Hinblick auf die persönliche Urteilsbildung sein. Bei der Behandlung aktueller Themen und ethischer Fragen wird es immer wieder um die konkrete Anwendung des weiten Überlegungsgleichgewichts gehen.

Kommunikative Vernunft

Kann man sich über ethische Urteile im Gespräch verständigen? Aus der alltäglichen Erfahrung wird man darauf wohl zwiespältig antworten. Manchmal gelingt es, manchmal gelingt es nicht. Die verschiedenen Beteiligten werden Gründe geltend machen, sie werden argumentieren und vielleicht auch Vorlieben oder Ängste äußern und auf frühere Erfahrungen verweisen. Manchmal wird sich daraus eine gemeinsam getragene Entscheidung ableiten lassen, aber manchmal auch nicht. Denn es kommt vor, dass jeder sein Argument für das Bessere hält und sich von den Argumenten der anderen nicht überzeugen lässt.

Trotz dieser offenkundig gemischten Aussichten, sich im Gespräch darüber verständigen zu können, was in einer Gesellschaft gelten soll, hat der Philosoph Jürgen Habermas (geboren 1929) genau hierauf Hoffnung gesetzt und einen großen Teil seines Denkens darauf verwandt zu beschreiben, wie sich diskursiv die besten Gründe durchsetzen können. Er nennt dies »kommunikative Vernunft«. Ihm ist klar, dass der Austausch von Argumenten nicht ohne Streit abgehen kann. Die Pointe seines Modells besteht darin, dass es in einer Demokratie eine Öffentlichkeit gibt, an deren Debatten alle teilnehmen können. Die Entscheidungen werden schließlich von gewählten Repräsentanten getroffen, und zwar so, dass sie für alle nachvollziehbar und grundsätzlich auch akzeptabel sind, weil nicht nur der Wille der Mehrheit berücksichtigt wird, sondern auch das Gemeinwohl. So sollen am Ende alle mit den aufgrund der besten Argumente getroffenen Entscheidungen gut leben können.[46]

Sein Denken war von verschiedenen zeitgeschichtlichen Faktoren bestimmt: Er suchte ethische Denkmodelle, die gefeit wären gegen totalitäres und autoritäres Denken, wie es im Nationalsozialismus (aber auch im Stalinismus) mit Gewalt durchgesetzt worden war. Und er versuchte, ein Modell zu entwickeln, mit dem die konflikthaften Aufbrüche der 68er-Bewegung in diskursive Bahnen gelenkt werden könnten. Eine Zeit lang war er so etwas wie der »Hausphilosoph« der protestierenden Studierenden. Da er ihre immer radikaler werdenden Forderungen nach gesellschaftlichen Veränderungen und ihre teils auch vor Gewalt nicht zurückscheuenden Methoden jedoch ablehnte, kühlte sich das Verhältnis alsbald ab und brachte ihm den Vorwurf ein, »reaktionär« zu sein. In den folgenden Jahrzehnten prägte Habermas die öffentlichen Debatten in der Bundesrepublik maßgeblich mit. Im Jahre 2001 würdigte ihn Jan-Philipp Reemtsma in seiner Laudatio anlässlich der Verleihung des »Friedenspreises des Deutschen Buchhandels« als »den Philosophen der Bundesrepublik Deutschland«[47].

In seinem Werk bis zur Jahrtausendwende lehnte er die Einmischung religiöser oder weltanschaulicher Traditionen in die Kommunikation über vernünftige Argumente ab, weil er hier, aus historischer Erfahrung, ein Einfallstor für totalitäre und autoritäre Geltungsansprüche sah. Er glaubte zudem, die Religionen würden in absehbarer Zeit aussterben. Seit der Jahrtausendwende veränderte sich jedoch sein Blick auf die Rolle der Religionen, u. a. weil er sah, dass die Religionen keineswegs ausstarben, sondern durch Zuwanderung aus muslimisch geprägten Kulturkreisen in Deutschland an Bedeutung gewannen. Außerdem erkannte er jetzt stärker, dass die Argumente und weiteren Gründe, die Menschen in Diskurse einbringen, nicht sozusagen aus dem Nichts kommen, sondern in ihre lebensweltlichen Hintergründe eingebettet sind. Dazu gehören die religiösen Prägungen der Menschen. Entgegen seiner früheren Ablehnung der Mitwirkung der Religionen an der kommunikativen Urteilsbildung würdigt er inzwischen deren Beitrag für die Wertebildung in der Gesellschaft ganz ausdrücklich. Allerdings erwartet er, dass die religiös fundierten Argumente »übersetzt« werden in allgemein verständliche und an die säkulare Gesellschaft anschlussfähige Diskussionsbeiträge.

Damit ist ein gesellschaftlicher Diskursraum beschrieben, in den Christinnen und Christen, Theologinnen und Theologen sich mit ihren Argumenten und Überzeugungen einbringen können. Der von Habermas geforderte Prozess der säkular anschlussfähigen Übersetzung theologischer Argumente wird »Öffentliche Theologie« genannt. Hier schließt sich der Bogen zum »weiten Überlegungsgleichgewicht«: Die mit diesem Denkmodell angestellten christlich fundierten Überlegungen können in den öffentlichen Diskurs kommunikativer Vernunft eingebracht werden. Der Blick auf die gesellschaftliche Realität mit ihren zurzeit stark polarisierten Debatten zeigt, dass das Vertrauen auf »kommunikative Vernunft« einen gewissen Idealismus voraussetzt. Und doch kann gerade dieser Idealismus den heftiger und unversöhnlicher werdenden Auseinandersetzungen das Bild einer kontrovers, aber vernunftgerichtet diskutierenden Gesellschaft (und Politik) entgegenstellen.

Mut zur eigenen Meinung!

Nach all dem kann einem der Kopf schwirren: Gefragt war schlicht danach, was vom christlichen Glauben aus zu bestimmten Themen zu sagen ist. Die Vermutung war: Das kann doch so schwer nicht sein! Aber nun stehen wir vor einem hochkomplexen System verschiedener Modelle, in dem sich wohl nur Fachleute richtig zurechtfinden werden. Muss das sein? Geht das nicht anders?

Doch, es geht anders, allerdings um den Preis gegenwarts- und konfliktsensibler Urteile, die den Menschen unserer Zeit gerecht werden. Man kann sich auf Normen zurückziehen und deren Anwendung für einfach erklären, muss dann allerdings erhebliche Teile der Wirklichkeit ausblenden. Mit dem Ansatz einer liberalen Vermittlungstheologie ist das nicht zu vereinbaren. Zu ihr gehört die *Freiheit* der eigenen Urteilsbildung, die aber, das ist unvermeidlich, auch eine *Zumutung* ist.

Dennoch will ich, nicht nur zum Trost, sondern auch wegen der Alltagstauglichkeit dieser Überlegungen hinzufügen: Nicht in jeder Situation muss man den großen Apparat ethischer Modelle bemühen. Solche komplexen Überlegungen sind erforderlich, wenn man sich mit Fragen wie neueren medizinischen Möglichkeiten an Lebensanfang und Lebensende oder mit dem Umgang mit »Künstlicher Intelligenz« auseinandersetzen will. Im Alltag geht es aber oft auch einfacher. Unser Gehirn ist auf Vereinfachung ausgerichtet. Wenn man nimmt, wie viele Millionen einzelner Sinneseindrücke in jedem Augenblick auf uns einstürmen, dann vollbringt unser Gehirn eine großartige Leistung, daraus das Wichtige herauszufiltern. Natürlich kommt es gelegentlich vor, dass wir Wichtiges übersehen. Aber im Großen und Ganzen funktioniert diese Vereinfachung, und wir könnten im Alltag auch gar nicht anders zurechtkommen. Wir würden buchstäblich überschwemmt werden von Sinneseindrücken und darin untergehen.

Aus meiner Erfahrung möchte ich deshalb Mut zur *Intuition* machen. In unserem Gehirn und unserer Seele sind so viele Kriterien der Urteilsbildung aus Erfahrung abgespeichert, dass wir mit unseren intuitiven Einschätzungen meist nicht ganz daneben liegen. Wenn wir unsere Intuition mit einfachen Prüffragen verbinden – z. B. Was sagt die Liebe? Was würde ich wollen, dass man mir an dieser Stelle tut? –, dann wird unsere Intuition in vielen Fällen auf den Pfad einer christlich fundierten Urteilsbildung führen.

Gelebte Liebe – Diakonie

Die Zukunft der Kirche wird diakonisch sein oder sie wird nicht sein.[48] Die Anwendung des Zitats von Karl Rahner: »Der Christ der Zukunft wird ein Mystiker sein oder er wird nicht sein«, auf die Diakonie macht Sinn, weil beides zusammengehört: Aus einer direkten, tiefen und intimen Erfahrung mit Gott heraus wirken Christinnen und Christen als Kirche in universalistischer Liebe zu allen Menschen. Sie unterstützen sie zu versuchen, zu heilen und aufzurichten.

Von der Kindertagesstätte bis zum Pflegeheim – Diakonie als Lebensbegleiterin

In der Diakonie Deutschland sind ungefähr 5.000 selbstständige Träger zusammengeschlossen mit über 33.000 Einrichtungen. Das sind Kindertagesstätten, Krankenhäuser, Beratungsstellen für Lebensprobleme, Suchthilfe, Hilfe bei Arbeits- und Wohnungslosigkeit, Hilfe für Prostituierte, Flüchtlingsberatung, Schwangerschaftsberatung, Unterstützung alleinstehender Mütter, Suizidprävention, ambulante Pflegedienste, Seniorenwohnanlagen, Pflegeeinrichtungen und Hospize. Und das ist nur ein grober Überblick. Das Tätigkeitsfeld der Diakonie (und ihrer katholischen Schwester, der Caritas) ist weit. Hauptamtlich arbeiteten 2023 in der Diakonie etwa 630.000 Menschen, dazu kamen über 700.000 freiwillig Engagierte. Die Diakonie genießt ein hohes Ansehen. In der 6. Kirchenmitgliedschaftsuntersuchung der Evangelischen Kirche in Deutschland (EKD) von 2023 liegt das Vertrauen der Gesamtbevölkerung in die Diakonie (und die katholische Caritas) auf einer Skala von 1 (kein Vertrauen) bis 7 (großes Vertrauen) bei 4,20. Nur die Justiz und die Hochschulen haben höhere Werte.[49] Auf die Frage, was zum Christsein gehöre, antworten nur 12 % der Evangelischen, »dass man zur Kirche geht«. Aber 88 % der Evangelischen und auch 85 % der Konfessionslosen, »dass man sich bemüht, ein anständiger und zuverlässiger Mensch zu sein«.[50] Und noch deutlicher: 79 % der Evangelischen (und 77 % der Katholischen) stimmen der Aussage zu, die Kirche solle sich weniger auf ihre Gottesdienste konzentrieren, sondern »sich mehr in das allgemeine soziale Leben vor Ort einbringen«.[51]

Es geht, wie man an dieser Forderung sieht, nicht allein um Diakonie, wie sie in diakonischen Einrichtungen in Erscheinung tritt, sondern allgemein um die Ausrichtung des Glaubens auf das Handeln, auf die gelebte Liebe. Wo die Kirche sich sozial engagiert, sich um die Menschen kümmert, wird sie geachtet und für glaubwürdig gehalten. Die Frage, was der christliche Glaube heute in die Gesellschaft einzubringen habe, lässt sich klar beantworten: eine breite Palette diakonischer und sozialer Arbeit. Zu diesem ausdrücklich sozialen Engagement kommt eine ebenfalls breite Palette von Arbeit, die in den Kirchengemeinden geleistet wird. Auch diese sind auf Hilfe für Menschen ausgerichtet und deshalb ebenfalls zur diakonischen Seite der Kirche zu zählen. Hier haben die Kinder- und Jugendarbeit, die Besuchsdienste, die Seniorenarbeit, der Einsatz bei der Aufnahme von Geflüchteten, die individuelle Seelsorge usw. ihren Platz. Die Kirche bringt sich ein in die Gestaltung der Sozialräume vor Ort. Knapp 240.000 Hauptamtliche, darunter 20.000 Theologinnen und Theologen, sowie knapp eine Millionen freiwillig Engagierter sind in den Kirchengemeinden tätig. Kirche und Diakonie sind gemeinsam als Säulen des Sozialstaats ein erheblicher Faktor in unserer Gesellschaft. Denkt man sich ihr Engagement weg, wäre die Lücke riesig.

Was Menschen motiviert

Woran kann man erkennen, aus welcher Motivation ein Mensch handelt? Unterscheidet sich das diakonische und soziale Engagement in Kirche und Diakonie von dem Einsatz anderer Menschen und anderer Trägerorganisationen? Und muss es sich überhaupt unterscheiden? Denn, salopp gesagt, es gibt keine »christliche« oder »nicht christliche« Art, einem pflegebedürftigen Menschen den Po abzuwischen. Liebevoll kann jeder sein.

Das stimmt. Und dennoch haben diakonische Einrichtungen ein besonderes Klima, oder sollten es haben. Die Diakonie unternimmt große Anstrengungen für ihre Profilbildung. Dazu gehört zuallererst die Schulung der Mitarbeitenden. Nicht alle Angestellten in der Diakonie sind Kirchenmitglieder. Aber immer breiter wird das Angebot an Schulungen, die sie durchlaufen, um die christliche Prägung ihres Trägers kennen zu lernen und sich selbst darin zu vertiefen. Zeugen des Glaubens sind immer die Menschen.

Hinzu kommen, vor allem in großen stationären Einrichtungen, Räume der Stille und Andacht sowie gottesdienstliche Angebote und Seelsorge. Auch die Ethikkommissionen prägen das Profil mit, die unter Beteiligung von Theologinnen und Theologen über Grenzfälle des Lebens beraten, wenn z. B. über das Abstellen von lebenserhaltenden Apparaten zu entscheiden ist, über künstliche Ernährung oder den Wunsch nach einem assistierten Suizid. All die Facetten, in denen Freiheit und Verantwortung durchzubuchstabieren sind, die wir anhand vieler ausgewählter Themen in diesem Buch ansprechen, werden in den diakonischen Einrichtungen konkret. Die Würde des Menschen in allen Lebenslagen zu unterstützen und zu wahren gehört zum Leitbild der Diakonie.

Verschiedene Organisationsformen, aber ein Geist

Warum aber sind Kirche und Diakonie unterschiedlich organisiert? Und warum gibt es überhaupt diese zwei Begriffe, wenn das diakonische Handeln doch eigentlich Teil der Kirche ist? Warum »Kirche und Diakonie« und nicht einfach »Kirche«? Darauf kann man ganz praktisch antworten. Die Trägerschaft beispielsweise eines Krankenhauses erfordert eine andere Rechtsform als die einer Kirchengemeinde. Eine Kirchengemeinde wird von einem ehrenamtlichen Kirchenvorstand bzw. Kirchengemeinderat geleitet. Eine solche ehrenamtliche Leitungsstruktur wäre für ein Krankenhaus völlig ungeeignet. Um ein Krankenhaus zu führen, braucht man heute hohe Professionalität sowohl in rechtlichen, fachlichen wie auch wirtschaftlichen Fragen. Das lässt sich nur in Rechtsformen wie einer GmbH oder einer AG gewährleisten.

Man spricht heute darum auch von »unternehmerischer Diakonie«, weil die Träger der Einrichtungen »Unternehmen« sind. Das geht manchem gegen den Strich, weil es eine Anpassung an den wirtschaftlichen Druck, der in den Sozialsystemen herrscht, bedeutet. Aber ohne wirtschaftliches Denken müsste heute jede diakonische Einrichtung über kurz oder lang schließen. Die diakonische Landschaft hat sich in den letzten 30, 40 Jahren sehr verändert. Früher gab es Altenheime in Trägerschaft von Kirchengemeinden. Gemeinden hatten ihre eigene »Gemeindeschwester«, die mit dem Fahrrad zu pflegebedürftigen Kranken fuhr und im Dorf oder dem Stadtteil allseits bekannt war. Es ist keine Frage, dass diese Formen diakonischer Arbeit persönlicher waren. Aber es gab auch Nachteile: Die Gemeindeschwester konnte kaum Urlaub machen, weil es keine Vertretung gab. Zu viel Verantwortung lastete auf einzelnen Personen. Die Umstellung von der Arbeit mit Gemeindeschwestern auf die Arbeit mit Diakonie- und Sozialstationen war unvermeidbar, auch wenn viele zunächst den alten, überschaubaren Verhältnissen nachtrauerten.

Die *diakonische* Arbeit ist heute Teil der Sozialwirtschaft. Der Kosten- und Konkurrenzdruck, der hier herrscht, hat aber nicht nur Nachteile. Er hat auch zur Steigerung der Qualität der Arbeit beigetragen. Die *kirchliche* Arbeit ist gesellschaftlich anders eingeordnet. Sie konkurriert faktisch mit den vielen Freizeitangeboten, die es heute gibt. Sie ist bei der Wertebildung der Gesellschaft gefragt. Kirche und Diakonie müssen also sehr unterschiedlichen Anforderungen gerecht werden und brauchen deshalb differenzierte Organisations- und Rechtsformen. Sie sind trotzdem zusammen Kirche Jesu Christi.

Von Stephanus zu Wichern

Ein Blick in die Geschichte und auch in die Bibel ist interessant, weil man sehen kann, dass die Verkündigung des Glaubens und die tätige Liebe immer schon unterschiedliche Gestaltungsformen brauchten. Jede Zeit hat dies mit ihren Herausforderungen und Möglichkeiten umgesetzt. Schon als Jesus predigend und heilend durch Galiläa zog, kamen erste Fragen nach der Schwerpunktsetzung auf. Der Evangelist Lukas berichtet, dass Jesus im Haus zweier Schwestern einkehrte, Maria und Marta. Während Marta sich um die Versorgung der Gäste kümmerte, setzte sich Maria einfach zu Jesu Füßen und hörte ihm zu. Als Marta sich darüber bei Jesus beschwerte: »Herr, fragst du nicht danach, dass mich meine Schwester allein dienen lässt?«, antwortete Jesus: »Marta, Marta, du hast viel Sorge und Mühe. Eins aber ist not. Maria hat das gute Teil erwählt; das soll nicht von ihr genommen werden.« (Lk 10, 38-42) In der Kirchengeschichte hatte diese eine kleine Szene ungewollt große Auswirkungen. Denn gelegentlich wurde das »Dienen« zwar als notwendig, aber irgendwie doch zweitrangig angesehen. Und insbesondere wenn Frauen diakonisch tätig waren, hatten sie im Hintergrund zu dienen und dabei demütig zu sein.[52]

Wir hatten oben auch schon die Einsetzung der ersten Diakone in der Urgemeinde kennen gelernt: Es gab Unmut, weil man meinte, dass die griechischen Witwen gegenüber den hebräischen Witwen bei der Essensverteilung schlechter versorgt wurden. Daraufhin riefen die zwölf Apostel die Gemeinde zusammen und sagten: »Es ist nicht recht, dass wir das Wort Gottes vernachlässigen und zu Tisch dienen. Darum, liebe Brüder, seht euch um nach sieben Männern, die einen guten Ruf haben und voll Geistes und Weisheit sind, die wollen wir bestellen zu diesem Dienst. Wir aber wollen ganz beim Gebet und beim Dienst des Wortes bleiben.« (Apg 6, 1-4) So wurden die ersten sieben Diakone gewählt, darunter Stephanus, der als Märtyrer starb (Apg 7). Es gab also auch schon am Anfang eine Arbeitsteilung aufgrund praktischer Erfordernisse, durchaus mit einer leichten Konkurrenz zwischen den beiden Aufgaben.

In der Kirchengeschichte waren es später vor allem die Ordensgemeinschaften, die diakonisch tätig wurden. Sie spezialisierten sich auf Krankenpflege, den Betrieb von Schulen oder die Armenfürsorge. Als in den Ländern der Reformation viele Klöster aufgelöst wurden, mussten diese diakonischen Tätigkeiten neu geregelt werden. Die Kirchenordnungen, die die Reformatoren schrieben, enthalten deshalb ausführliche Regelungen zur Armenfürsorge, Krankenversorgung und schulischen Bildung. Der Begriff Diakonie taucht hier zwar nicht auf, aber der Sache nach gab es keine Kirchenordnung ohne Bestimmungen zur diakonischen Arbeit.

Wenigstens eines der vielen Beispiele dafür soll erwähnt werden, welch starke Kraft der Glaube entfaltete: die Gründung der Franckeschen Stiftungen in Halle. Dort war der Pietismus besonders stark, eine Glaubensrichtung, die die Frömmigkeit des Einzelnen betonte. Der Pfarrer August Hermann Francke fand 1695 Geld in seiner Pfarrwohnung und nahm diesen Zufall als göttliche Fügung zum Anlass, eine Stiftung für eine Armenschule ins Leben zu rufen. Diese Initiative fand viele Nachahmer und es erwuchs daraus eine Bildungsreform, die nicht nur Wissensvermittlung, sondern die Bildung der Persönlichkeit zum Ziel hatte.

Gelebte Liebe aus Leidenschaft – »Innere Mission«

Einen besonderen Aufbruch der Diakonie gab es im 19. Jahrhundert, und zwar als Reaktion auf die Massenverelendung unter den Arbeiterfamilien als Folge der beginnenden Industrialisierung. Diese massive soziale Krise schrie zum Himmel. Jemand musste etwas für die verelendeten Familien und die zahlreichen verwahrlosten und verwaisten Kinder tun. Die herkömmlichen Instrumente reichten nicht aus. Es waren zunächst Privatinitiativen, die sich dem Elend widmeten. Johann Hinrich Wichern gründete 1833 vor den Toren Hamburgs das »Rauhe Haus«. Dies bestand zuerst nur aus einer Bauernkate, in der er verwaiste Kinder aufnahm. Sein Konzept war revolutionär, denn es unterschied sich erheblich von den bestehenden »Besserungsanstalten« mit ihrer Zucht. Im Rauhen Haus lebten die Kinder in familienähnlichen Verhältnissen mit ihren Erziehern zusammen. Wicherns Motto lautete »Freie Kinder in freien Familien«.

Ebenfalls 1833 gründete Theodor Fliedner zusammen mit seiner Frau in Kaiserswerth in der Nähe von Düsseldorf ein Asyl für strafentlassene Frauen und drei Jahre später eine Ausbildungsstätte für Diakonissen in Pflegeberufen. Wilhelm Löhe (Neuendettelsau), Amalie Sieveking (Hamburg), Friedrich von Bodelschwingh (Bethel) – die Reihe der Namen, die hier zu nennen wäre, ist lang.

Johann Hinrich Wichern wollte die diakonische Arbeit auf solidere Füße stellen. Er befürchtete, dass die vielen verschiedenen Privatinitiativen langfristig nicht bestehen könnten, und strebte an, die tätige Liebe stärker ins Bewusstsein der Kirchen zu heben und die Privatinitiativen strukturell zu verbinden. Er kritisierte scharf, dass die Menschen in den Kirchengemeinden ihren »privaten Frieden« mit Gott machen würden, statt sich um das Elend um sie herum zu kümmern. Auf dem Kirchentag in Wittenberg 1848 ergriff er spontan das Wort und rief seinen Zuhörern zu, dass die Liebe ebenso wichtig sei wie der Glaube. 1849 gründete er den »Central-Verein für Innere Mission«, aus dem später das Diakonische Werk hervorging. Neben der »äußeren Mission«, die sich im 19. Jahrhundert auf die Weitergabe des christlichen Glaubens in den Kolonien richtete, wurde die Sorge für die Hilfsbedürftigen im eigenen Land als »innere Mission« verstanden. Heute richtet sich die Diakonie an alle Menschen, auch die anderer Religionen, ohne sie missionieren zu wollen. Aber der Anspruch, Zeugnis vom christlichen Glauben abzulegen – dieser Anspruch ist bis heute Kern der diakonischen Arbeit.

Diakonische Kirche im Aufbruch

Die Zukunft der Kirche wird diakonisch sein oder sie wird nicht sein. Was macht aber eine diakonische Kirche aus? Das ist für die Zukunft eine offene Frage. Sicherlich wird weiterhin dazugehören, im Bereich der Sozialwirtschaft als qualitativ hervorragender Anbieter aufzutreten, der sich durch Seelsorge, Gottesdienst und andere Formen menschlicher Begleitung heraushebt. Es wird die Gestaltung der Sozialräume durch die Kirchengemeinden dazugehören, sich einzumischen für die Belange der Menschen vor Ort.

Neuere Überlegungen aus dem Schnittfeld von Theologie, Diakonie und Sozialwissenschaften entwerfen spannende Perspektiven zur Bildung von Netzwerken, die Rückwirkungen auf die

Gestalt von Kirche und Diakonie haben könnten. Wenn Kirche und Diakonie sich darauf einlassen, Impulse von außen aufzunehmen, also auf den Bedarf oder die Not in der Nachbarschaft zu reagieren, innovative Projekte aufzustellen, dann werden traditionelle Planungs- und Handlungslogiken infrage gestellt. Die Menschen vor Ort wissen am besten, wo die Not am größten ist. So entstehen Netzwerke zur Wohnungsvermittlung, zur Überwindung von Einsamkeit oder zur Gestaltung eines Platzes als Begegnungsstätte für alle. An die Stelle institutioneller und unternehmerischer Planungen treten – neueren Überlegungen zufolge – Netzwerklogiken, die ein viel agileres Handeln erfordern und Selbststeuerungen unterliegen. Das hieße: Kirche und Diakonie müssten aus ihren Strukturen heraus lernen, loszulassen und Selbststeuerungen von Projekten und damit auch der Kompetenz der handelnden Menschen mehr zu vertrauen.

Erfahrungen zeigen: Wenn Netzwerke nach einer Phase des Aufbruchs an kirchliche oder diakonische Träger gegeben werden, wird damit zwar einerseits eine Stabilisierung erreicht, aber es greifen dann auch institutionelle Logiken, die das Netzwerk zum Erliegen bringen können. Es könnte in Zukunft aber auch umgekehrt sein, dass Netzwerke die kirchlichen und diakonischen Träger verändern. Trotz des Abstands von 2000 Jahren sind wir mit solchen Gedanken nicht weit entfernt von dem, was über den barmherzigen Samariter erzählt wird: »Er ging zu dem unter die Räuber Gefallenen, goss Öl und Wein auf seine Wunden und verband sie ihm, hob ihn auf sein Tier, brachte ihn in eine Herberge und pflegte ihn.« (Lk 10, 34) Von ihm heißt es weiter, er übergab den Kranken dem Wirt der Herberge und gab ihm Geld für die Pflege. Die Pointe ist: An der Basis wissen die Menschen am besten, was Not tut, und packen an. Im Hintergrund können diakonische Träger als hilfreiches Rückgrat stehen, an die man sein Projekt übergeben kann. Der Wirt damals wird sich allerdings gewundert haben, denn Krankenpflege gehörte bisher nicht zu seinen Aufgaben. Die Pflege des Kranken wird seine Herberge verändert haben. Wenn Menschen zupacken und helfen, wenn sie sich zusammentun und Netzwerke bauen, dann verändern sich auch die Institutionen um sie herum. So sieht diakonische Kirche im Aufbruch aus!

Friedensethik auf dem Prüfstand

Seit dem 24. Februar 2022 ist die Welt nicht mehr dieselbe wie vorher. So empfinden es viele Menschen. Russland hat die Ukraine angegriffen und damit die europäische Sicherheitsarchitektur schwer beschädigt. Fragen nach Waffenlieferungen an die Ukraine, nach Strategien für eine Beendigung des Krieges, nach Friedensverhandlungen werden breit diskutiert. Der Ton ist oft rau. Den einen wird vorgeworfen, eine neue Spirale der Aufrüstung in Gang zu setzen; den anderen, durch unrealistische Forderung nach Verhandlungen die Sicherheit der Ukraine und letztlich auch unsere eigene Sicherheit aufs Spiel zu setzen. Wie kann man sich orientieren?

Die evangelische Friedensethik hat eine lange Tradition. Ist sie jetzt nur noch ein Scherbenhaufen?

Unter dem Eindruck der Grauen des Zweiten Weltkriegs

»Krieg soll nach Gottes Willen nicht sein.« Diese Überzeugung formulierte der neu gegründete Ökumenische Rat der Kirchen auf seiner 1. Vollversammlung 1948 in Amsterdam. Wahrscheinlich spricht dieser Satz trotz aller offener Fragen in der Gegenwart den allermeisten Christinnen und Christen aus dem Herzen. Wenn man fragt, was denn der christliche Glaube zu Krieg und Frieden zu sagen hat, dann ist dies die Antwort. Klar und bündig. Die Vollversammlung der 147 Gründungskirchen, die überwiegend aus Europa und Nordamerika stammten, stand unter dem Eindruck der verheerenden Zerstörungen des Zweiten Weltkriegs einschließlich der Abwürfe zweier Atombomben auf die japanischen Städte Hiroshima und Nagasaki. Nie wieder Krieg – das grub sich als tiefe Überzeugung in die Herzen und das Denken vieler Menschen ein. Die modernen Waffen und die Mittel der Kriegsführung seien so verheerend geworden, dass die »herkömmliche Annahme, dass man für eine gerechte Sache einen gerechten Krieg mit gerechten Mitteln führen könnte … unter diesen Umständen nicht mehr aufrechtzuerhalten« sei. Die Erklärung fährt fort: »Es mag sein, dass man auf Mittel der Gewalt nicht verzichten kann, wenn das Recht zur Geltung gebracht werden soll. Aber ist der Krieg erst einmal ausgebrochen, dann wird Gewalt in einem Ausmaß angewandt, das die Grundlage des Rechts zu zerstören droht.«

In den zahlreichen Kriegen, die es nach 1948 weltweit gegeben hat, sind seitdem mehr Menschen gestorben als im ganzen Zweiten Weltkrieg. Man hat oft gehört, wir würden seit 60, 70 Jahren in Frieden leben. Das ist aber eine sehr eurozentrische Sichtweise. Keinen einzigen Tag gab es seit 1945 Frieden auf der Welt. Irgendwo tobte immer Krieg. Der Angriff Russlands auf die Ukraine am 24. Februar 2022 hat diese eurozentrische Perspektive grundlegend infrage gestellt.

Der terroristische Überfall der Hamas auf Israel am 7. Oktober 2023 hat dann einen der gefährlichsten Brandherde der Welt neu entzündet. Frieden für die Welt scheint weiter entfernt zu sein denn je. Aber ist der Satz »Krieg soll nach Gottes Willen nicht sein« deshalb falsch geworden?

Wiederbewaffnung und Friedensbewegung

Es sind die drei kleinen Wörtchen »es mag sein« in der Erklärung des Weltkirchenrates, die den ganzen moralischen und ethischen Sprengstoff des Themas enthalten. »Es mag sein, dass man auf Mittel der Gewalt nicht verzichten kann ...« Ob dem so ist oder nicht und wie beide Optionen konkret aussehen können, darüber wurde seit der Diskussion um die Wiederbewaffnung Deutschlands Ende der 1950er-Jahre in Kirche und Gesellschaft der Bundesrepublik heftig gestritten. Die »Heidelberger Thesen« von 1959, die die verschiedenen Positionen zur atomaren Bewaffnung im Raum der evangelischen Kirchen zu beschreiben versuchten, sahen in dem Für und Wider atomarer Bewaffnung »komplementäre Handlungsweisen«, die sich zwar widersprechen und sich dennoch ergänzen, ja, die sich gegenseitig brauchen, ohne dass der Widerspruch dadurch aufgelöst werden könnte.[53] Die Drohung mit Waffen, deren Einsatz ethisch nicht zu rechtfertigen ist, kann im Hinblick auf das Ziel, den Frieden zu erhalten, ethisch zulässig sein. Die darin enthaltene Spannung ließ die Debatte nie zur Ruhe kommen. Der NATO-Doppelbeschluss von 1979 mit der Ankündigung der Aufstellung neuer Atomsprengköpfe bei gleichzeitigen Abrüstungsgesprächen führte in der bundesdeutschen Gesellschaft zur Entstehung der Friedensbewegung, an der auch die Kirchen großen Anteil nahmen. Die Demonstrationen, Proteste und Debatten führten zu einer Weiterentwicklung der friedensethischen Positionen. Die Idee der Balance der »komplementären Handlungsweisen« trat in den Debatten in den evangelischen Kirchen immer mehr gegenüber einer Bevorzugung gewaltfreier Konfliktprävention und Konfliktlösung in den Hintergrund. Geist, Logik und Praxis der Abschreckung mittels

Atomwaffen wurden zunehmend als mit dem christlichen Glauben unvereinbar angesehen. Die Friedensdenkschrift der Evangelischen Kirche in Deutschland von 2007 »Aus Gottes Frieden leben – für gerechten Frieden sorgen«[54] formulierte Grundsätze für das Konzept eines »gerechten Friedens« und Kriterien für den legitimen Einsatz militärischer Gewalt. Die Kundgebung der Synode der EKD von 2019 »Kirche auf dem Weg der Gerechtigkeit und des Friedens« drückte die Überzeugung aus, dass der »Friede Gottes … Grenzen, Mächte und Gewalten« überwindet. Sie beruft sich auf die Erfahrung, die zeige, »dass Menschen, Gemeinschaften und Staaten in der Lage sind, Probleme und Konflikte in allen Bereichen gesellschaftlichen und politischen Lebens auf konstruktive und gewaltfreie Weise zu bearbeiten«.

Seit dem 24. Februar 2022 ist diese Hoffnung auf die Fähigkeit der Menschheit zum Frieden der Ernüchterung gewichen. Es wird behauptet, die evangelische Friedensethik sei ein Scherbenhaufen und müsse vollständig neu ausgerichtet werden. Stimmt das? Und falls ja: Wie sähe denn eine neue evangelische Friedensethik aus?

Zwischen dem Reich Gottes und der noch nicht erlösten Welt

Der Weltkirchenrat hatte 1948 sehr klar formuliert: »Krieg als Methode zur Beilegung von Konflikten ist unvereinbar mit den Lehren und dem Beispiel unseres Herrn Jesus Christus.« Das später folgende »es mag sein …« deutet zaghaft, vielleicht zu zaghaft an, dass wir in einer noch nicht erlösten Welt leben. Die Bedeutung dieser grundlegenden Überzeugung evangelischer und insbesondere lutherischer Theologie, die uns schon in anderen Kapiteln beschäftigte, wird vielleicht bei keinem anderen Thema so konkret wie bei Krieg und Frieden. Immer wieder werden wir damit auf die Anfänge der Kirche und der Entstehung der Theologie verwiesen. Jesus hat das Reich Gottes verkündet und moralische Maßstäbe gesetzt, an denen das Leben auszurichten ist. Aber das Reich dieser Welt ging mit seinem Tod nicht unter. Wie sind das Reich der Welt und das Reich Gottes zueinander zu denken? Die Entscheidung über diese Frage führt gewissermaßen in den Maschinenraum evangelischer Ethik und ganz besonders der Friedensethik. An der Antwort auf diese Frage entscheidet sich auch das Bild, das man vom Menschen allgemein hat. Die Positionen lauten in ihren Extremen: Das Reich Gottes ist noch nicht gekommen. Deshalb müssen wir nach den Regeln dieser Welt handeln. Dazu gehört es, Kriege zu führen, um die Gewalt einzudämmen. Der Mensch ist nun mal böse und nicht gut, solange diese Welt besteht. Das andere Extrem: Auch wenn die Welt noch nicht in ihrem erlösten Endzustand angekommen ist, ist das Reich Gottes doch unsichtbar schon da, und für Christinnen und Christen gelten seine Regeln. Sie haben grundsätzlich vom Bild des erlösten Menschen auszugehen, haben selbst ein Zeugnis des Friedens abzulegen und alles dafür zu tun, die Wirklichkeit in diese Richtung zu lenken.

Die meisten konkreten friedensethischen Positionen bewegen sich irgendwo zwischen diesen Extremen.

Ein Blick auf Jesus ist in der Friedensfrage zwar aufschlussreich, liefert aber keine klaren Antworten für heute. Als einer seiner Anhänger ihn bei der Festnahme im Garten Gethsemane mit dem Schwert verteidigen will, sagt er: »Stecke dein Schwert an seinen Ort! Denn wer das Schwert nimmt, der wird durchs Schwert umkommen.« (Mt 26, 52) Im Blick auf seine Mission kann Jesus aber auch recht kriegerisch reden: »Ihr sollt nicht meinen, dass ich gekommen bin, Frieden zu bringen auf die Erde. Ich bin nicht gekommen, Frieden zu bringen, sondern das Schwert.« (Mt 10, 34) Nach Lukas sagen die Engel auf dem Felde zu den Hirten bei Jesu Geburt: »Ehre sei Gott in der Höhe und Friede auf Erden bei den Menschen seines Wohlgefallens.« (Lk 2, 14) Und in der Bergpredigt sind die berühmten Worte überliefert: »Wenn dich jemand auf deine rechte Backe schlägt, dann biete die andere auch dar.« (Mt 5, 39) Alle diese Worte stehen in bestimmten Zusammenhängen und müssen in eben diesen Zusammenhängen verstanden werden. Sie eröffnen einen Rahmen, der das Feld begrenzt, auf dem wir nachdenken können. Aber das Nachdenken selbst nehmen uns die Worte Jesu nicht ab. Schlichte Rezepte für heute bieten sie nicht.

Martin Luther hat sich mit den Fragen von Frieden, Krieg und Gewalt intensiv auseinandergesetzt, weil die Lage zu seiner Zeit hoch explosiv war. Er trat für das Gewaltmonopol des Staates ein, das sich als rechtlich-politische Idee erst in der frühen Neuzeit herausgebildet hatte und zu Luthers Zeit noch neu war. Es ging um die Einhegung von Gewalt, die z. B. von Rittern ausging, die mit Söldnertruppen ihre Machtinteressen durchzusetzen versuchten, ähnlich wie wir das heute bei sogenannten »Warlords« oder Milizenführern sehen. Die Folgen waren damals wie heute dieselben: Oft kam es zu chaotischen Zuständen und Übergriffen auf die Zivilbevölkerung.

Der monopolisierten Gewalt misst Luther eine ordnende, friedenschaffende Funktion bei. Tatsächlich war dieses Gewaltmonopol damals ein echter zivilisatorischer Fortschritt. In seiner Schrift »Ob Kriegsleute in seligem Stande sein können«, schreibt Luther: »Warum führt man Krieg, außer weil man Frieden und Gehorsam haben will?« Er kann den Krieg sogar als Werk der

Liebe preisen, weil er Ordnung schaffe und noch größeres Übel verhindere. Das sind Sätze, die man heute für naiv halten mag und nicht mehr wiederholen würde. Bleibend interessant ist aber, wie Luther das Verhältnis von Freiheit und Ordnung in seiner sog. »Zwei-Regimente-Lehre« konzeptionell beschrieben hat: Der Mensch lebt unter zwei Regimenten, das heißt unter zwei «Regierungsformen«: dem Regiment Gottes und dem Regiment der Welt. Im Regiment Gottes steht der Christ vor Gott. Dort ist er frei. Im Regiment der Welt ist der Mensch Knecht und hat gehorsam zu sein, damit gute politische Ordnung, Kooperation und Frieden, bestehen können und so das Evangelium verkündet werden kann, durch das Menschen in Zeit und Ewigkeit gerechtfertigt und gerettet werden. In diesem Regiment steht der Bürger vor der staatlichen Ordnung und seinen Pflichten in der Ständegesellschaft.

Wichtig dabei ist: Luther entwickelt seine Gedanken ganz im Dialog mit eben dieser damaligen gesellschaftlichen Ständeordnung. Eins zu eins lassen sich seine Gedanken darum nicht auf das Heute übertragen, in der die Rechte und Pflichten des einzelnen Menschen eine viel größere Wertschätzung erfahren. Aber der Grundgedanke, die beiden extremen Positionen in der Sichtweise auf das Reich Gottes dadurch auszubalancieren, dass er sie unter zwei verschiedenen Gesichtspunkten beschreibt, ist zeitunabhängig interessant. Für heute lassen sich seine Gedanken etwa so übertragen: Wenn ich für mich als Privatmensch handele, dann stehe ich vor meinem Gott und frage mich, was er von mir will. Wie kann ich so leben, dass sein Reich schon hier sichtbar wird? Das kann heißen, dass ich in einem Konflikt meine andere Wange darbiete und auf Waffen verzichte. Wenn ich aber in einer Funktion handele, in der ich Verantwortung für andere habe, dann muss ich berücksichtigen, dass diese Welt noch nicht das Reich Gottes ist. Dann habe ich eine Verantwortung, andere zu schützen.

Luthers Menschenbild balanciert dabei diese beiden Seiten aus. Er sagt, der Mensch sei »simul iustus et peccator« – gleichzeitig Sünder und Gerechter. Manchmal wird Luther vorgehalten, sein Menschenbild sei zu negativ. Man kann entgegnen, dass sein Menschenbild nur realistisch ist. Sein Blick auf den Menschen schließt überhaupt nicht aus, anderen Menschen Vertrauen entgegenzubringen, sich an Menschen und ihrer Liebe, ihrer Zuwendung, ihrem Humor zu freuen. Aber es bleibt im Blick, dass Menschen nicht nur gut sind und dies, solange die Erde steht, auch nicht sein werden.

Die Abwägungen zwischen den verschiedenen Perspektiven haben die friedensethischen Debatten der letzten Jahre bestimmt. Das Pendel ist nach dem Ende des Kalten Krieges und mit den Zukunftshoffnungen Anfang der 1990er-Jahre stark in die Richtung ausgeschlagen, auf das Vertrauen in die Fähigkeiten des Menschen zu friedlichen Lösungen zu setzen. Die vielen weltweit bestehenden Kriege und Gräuel hätten eine Warnung sein sollen, dass sich solch ein Menschenbild von der Realität entfernt. Der 24. Februar 2022 und der 7. Oktober 2023 haben die Realität brutal in Erinnerung gerufen. Luthers Gedanken von den zwei Regimentern und dem Menschen als Sünder und Gerechter zugleich bieten einen Theorierahmen, in dem man die Friedensethik auch heute weiterentwickeln kann. Denn in diesem Rahmen ist sowohl Platz für das unsichtbar beginnende Reich Gottes und seinen Frieden wie auch für den Realismus der noch nicht erlösten Welt.

Können Kriege »gerecht« sein?

Zu den viel diskutierten Fragen gehört, was es mit dem »gerechten Krieg« auf sich hat. Es gibt historisch eine lange Tradition, unter bestimmten Umständen einen Krieg für »gerecht« zu halten. Zum Beispiel wenn man sich gegen einen Angriff verteidigt. Als klassische Belegstelle für diese Lehre wird der Artikel 16 der Augsburger Konfession herangezogen. Dort wird mit Bezug auf die von Gott eingesetzte Ordnung aufgezählt, was Christen, wenn sie als »Oberkeit«, Fürsten oder Richter handeln, »ohne Sünde« tun dürfen. Dazu gehört: nach kaiserlichem Recht Übeltäter verurteilen und *»rechte* Kriege führen«. Die Augsburger Konfession ist zweisprachig, Deutsch und Latein, geschrieben. Beide Fassungen sind in ihrer Wortbedeutung nicht immer ganz identisch. So spricht die lateinische Fassung von »iure bellare«, also *»rechtmäßig* Kriege führen«, was einen deutlich anderen Akzent hat als »(ge-)rechte Kriege« führen. In den politischen Auseinandersetzungen der folgenden Jahrhunderte hat die Rhetorik der deutschen Fassung stärker gewirkt. Sie wurde benutzt, um Kriege fürs Vaterland als »heilig« zu deklarieren. Auf der Gürtelschnalle, der Koppel, der Uniformen der deutschen Soldaten im Ersten Weltkrieg war eingraviert »Gott mit uns«. In zahllosen Predigten wurden die Soldaten mit dem Ruf »Gott mit uns« zum Kampf ermutigt.

Nach dem Zweiten Weltkrieg knüpfte man in unterschiedlicher Weise an diese »Lehre vom gerechten Krieg« an. Die 1. Vollversammlung des Ökumenischen Rates der Kirchen in Amsterdam 1948 formulierte, wie wir oben schon hörten, dass angesichts der Weiterentwicklung der Waffensysteme und ihrer ungeheuren Zerstörungskraft die »herkömmliche Annahme, dass man für eine gerechte Sache einen gerechten Krieg mit gerechten Mitteln führen könnte … unter diesen Umständen nicht mehr aufrechtzuerhalten« sei. Anders gelagert ist der Blick der Vereinten Nationen. Ihnen geht es nicht um die Frage eines gerechten, sondern rechtmäßigen Krieges. In der Charta, die bei der Gründung der Vereinten Nationen 1945 beschlossen wurde, ist in Artikel 51 vom »naturgegebenen Recht zur individuellen und kollektiven Selbstverteidigung« die Rede. Die Nuance zwischen einem rechtmäßigen und einem gerechten Krieg mag aus subjektiver Sicht nicht so groß sein. Wer sich rechtmäßig verteidigt, wird diese Verteidigungsmaßen, auch wenn sie Krieg bedeuten, als gerecht empfinden. Trotzdem sind die feinen Unterschiede in der Wortwahl nicht nebensächlich. Die Rede vom »gerechten Krieg« verführt dazu, den Krieg zu überhöhen, ihn selbst als ein Gut anzusehen, während die Rede von einem »rechtmäßigen Krieg« seine Begrenzung schon im Ton mitführt. Er ist rechtmäßig nämlich nur unter bestimmten Voraussetzungen, dazu gehören die Selbstverteidigung und die Verhältnismäßigkeit der Mittel.

Die in jüngeren Debatten üblich gewordene Redeweise vom »gerechten und begrenzten« Krieg trifft den Sachverhalt vielleicht genauer: Der Einsatz von tödlicher Gewalt ist immer rechtfertigungspflichtig, das heißt, er ist »äußerstes Mittel« und bedarf guter, allgemein zustimmungsfähiger Gründe.

Das Modell des »gerechten Friedens«

In den 1980er- und 90er-Jahren wurde in der evangelischen Friedensethik das Modell des »gerechten Friedens« entwickelt, das sprachlich bewusst an die Lehre vom »gerechten Krieg« anknüpft, sie aber sozusagen umgekehrt wendet. Um Krieg überflüssig zu machen, sei es erforderlich, Voraussetzungen eines gerechten Friedens zu schaffen. Ausgehend von der Gottebenbildlichkeit des Menschen bzw. der Menschenwürde als fundamentaler Kategorie, die weltweit anzuerkennen sei, gehören die Sicherung eines Existenzminimums, die sichere Versorgung mit Wasser und Nahrung, soziale Gerechtigkeit, Schutz vor Gewalt und die Anerkennung kultureller, ethnischer, religiöser und sexueller Vielfalt dazu.[55] Die Pointe dieses Konzepts ist die Bindung des Friedens an eine internationale Rechtsordnung. Gerechter Frieden heißt also: durch internationales Recht geregelter Frieden. Der heikle Punkt dabei ist die Frage, ob dieses internationale Recht auch wirksam durchgesetzt werden kann. Da dies gegebenenfalls nur mit militärischen Mitteln möglich ist, muss es Kriterien für deren Einsatz – als äußerstes Mittel, als »ultima ratio« – geben. Dazu wurden die Kriterien, unter denen früher Kriege für gerecht gehalten wurden, weiterentwickelt zu Kriterien für den legitimen Einsatz militärischer Gewalt. Diese Kriterien sind: Es muss darum gehen, »schwerste Unrechtshandlungen« abzuwehren. Es braucht eine Autorisierung durch die Vereinten Nationen. Die Mittel müssen dem Ziel der Unrechtsabwehr dienen und verhältnismäßig sein. Und es muss ein politisches Ziel im Hintergrund sein, das mit den militärischen Maßnahmen erreicht werden soll.[56] Dieses letzte Kriterium ist, wie die Einsätze in Afghanistan, in Mali und andernorts gezeigt haben, nicht einfach zu erfüllen. Das allgemeine Ziel, das auf englisch »nation building« genannt wird, also einen funktionierenden und demokratisch organisierten Staat aufzubauen, ist viel zu sehr von westlichen Verhältnissen aus gedacht und entspricht oftmals nicht den Traditionen und kulturellen Gegebenheiten vor Ort. Praktisch überall ist dieses Ziel gescheitert, auch weil oftmals andere Interessen dem Aufbau eines funktionierenden, demokratisch organisierten Staates entgegenstehen. Deshalb werden an derartige Einsätze zunehmend kritische Fragen gestellt.

Die Suche nach einem regelbasierten Pluralismus

In dem hier skizzierten Rahmen spielt sich heute die Meinungsbildung im Wesentlichen ab. Wie auch immer man die Argumente durchdenkt und dreht und wendet, am Ende bleibt eine Spannung zwischen der Einsicht, dass Krieg nach Gottes Willen nicht sein soll und dass das Reich Gottes ein Reich des Friedens ist, auf der einen Seite, und der Tatsache, dass wir in der noch nicht erlösten Welt mit dem Bösen, mit Gewalt und Unrecht rechnen müssen, auf der anderen Seite. Es gibt je nach Situation unterschiedliche Wege, damit umzugehen. Es können Mittel der gewaltfreien Konfliktlösung politisch eingefordert und eingeübt werden. Es kann persönlicher Gewaltverzicht geübt werden. Der christliche Glaube kann als Spiritualität gewaltfreier Konfliktlösungen gelebt werden. Es kann aber auch zum Schutz von Menschen der Einsatz militärischer Mittel unter bestimmten Voraussetzungen anerkannt werden. In allen Kirchen gibt es Initiativen, aus gelebter christlicher Spiritualität gewaltfreies Handeln zu stärken. Ein Beitrag der Kirchen kann auch sein, Orte kontroverser, aber sachlicher Debatten bereitzustellen.

Die größte Herausforderung der nächsten Jahre dürfte international darin bestehen, eine pluralismusfähige Rechtsordnung aufzubauen. Pluralismusfähig heißt, vereinbar mit den global unterschiedlichen Kulturen. Die Rechtsordnung der Vereinten

Nationen ist universal gedacht, aber, wie sich in den letzten Jahren zeigt, stark von den europäisch-westlichen Interessen und Denktraditionen bestimmt. China, Russland und die arabischen Staaten (um nur einige große Akteure zu nennen) fechten die Rechtsordnung mit Berufung auf ihre eigenen Interessen und Traditionen an. Im schlimmsten Fall führt eine solche Multipolarität zum Zerfall jeglicher internationaler Ordnung. Wie kann es gelingen, die unterschiedlichen globalen Traditionen zu akzeptieren und sich trotzdem auf gemeinsam anerkannte grundlegende Regeln eines friedlichen Miteinanders zu verständigen? Das ist die Frage. Eine Antwort versucht man mit der Idee eines »regelbasierten Pluralismus« zu geben. Wie diese genau Wirklichkeit werden kann, ist überhaupt noch nicht klar. Davon, dass sie Wirklichkeit wird, hängt die Möglichkeit einer friedlichen Zukunft, eines gerechten Friedens für die Welt ab.[57]

Kirche in der demokratischen Gesellschaft

Kirche und Politik

Am 21. März 2024 konnte man lesen: »Evangelische Kirche engagiert sich im Bündnis ›Zusammen für Demokratie‹«. Die Präses der Synode der Evangelischen Kirche in Deutschland (EKD), Anna-Nicole Heinrich, erläuterte dazu: »Wir können uns nicht neutral verhalten, wenn Menschen ausgegrenzt, verachtet, verfolgt oder bedroht werden.« Deshalb ist die EKD einem Bündnis aus über 50 Organisationen, darunter auch Gewerkschaften und Sportverbände, beigetreten.[58]

Wolfgang Schäuble, lange Jahre Innenminister der Bundesrepublik und Bundestagspräsident, betonte immer wieder, dass die Politik »auf den religiösen Glauben als eine der wichtigsten Quellen starker Wertvorstellungen nicht verzichten« könne. In einem viel beachteten Beitrag schrieb er der evangelischen Kirche 2016 dennoch ins Stammbuch: »Von der Reformation kann und muss aber auch der Christ heute lernen, dass Religion, um politisch zu sein, erst einmal Religion sein muss. Wir haben heute viele politische Protestanten, was für unsere Demokratie gut und wichtig ist. Manchmal aber entsteht der Eindruck, es gehe in der evangelischen Kirche primär um Politik, als seien politische Überzeugungen ein festeres Band als der gemeinsame Glaube.«[59]

Weniger abgewogen als Wolfgang Schäuble attestieren andere der Kirche, selbst an ihrem Mitgliederschwund Schuld zu sein, indem sie wie eine Vorfeldorganisation linksliberaler Parteien agiere, statt das Evangelium zu verkündigen. Wie denken Sie, liebe Leserinnen und Leser, wenn Sie so unterschiedliche Meinungen zur Rolle der Kirche in der Gesellschaft hören? Denken Sie: ›Richtig, das erwarte ich von der Kirche, dass sie sich für Demokratie und gegen rechten Populismus einsetzt!‹ – Oder: ›Schon wieder Politik … Man kann die Kirche kaum noch erkennen … sie sollte besser ihrem Auftrag nachkommen und das Evangelium verkündigen.‹?

Was heißt, die Kirche sei »politisch«?

Wie politisch darf, soll oder muss die Kirche sein? Um auf diese Frage zu antworten, ist zunächst zu klären, was denn »politisch« ist. In einem sehr weiten Verständnis ist alles Handeln politisch. Denn selbst wenn man nicht ausdrücklich handelt, unterstützt man damit indirekt die bestehenden politischen Verhältnisse. Das gilt für die Staatsbürgerinnen und Staatsbürger genauso wie für eine große Institution. Von diesem weiten Verständnis aus führen dann Stufen zu einem engeren, schließlich parteipolitischen Verständnis. Die Akteure im öffentlichen Raum haben ein unterschiedlich ausgeprägtes Sensorium dafür, ab wann die Kirche ihrer Meinung nach »auffällig« wird, d.h. eine Stufe betritt, die als nicht mehr in Ordnung oder ihrer Rolle entsprechend wahrgenommen wird. Das kann für den einen eine Äußerung zur Rettung von Flüchtlingen aus Seenot sein und für die andere eine Warnung, eine bestimmte Partei am rechten Rand zu wählen. Wo die Grenze seismographisch verortet wird, bleibt subjektiv. Man kann Argumente ins Feld führen, aber eine objektive Festlegung ist nicht möglich.

Was ist dran an der Behauptung, die Kirche sei selbst Schuld an ihrem Mitgliederschwund, weil sie zu politisch sei? In der 6. Kirchenmitgliedschaftsuntersuchung 2023 stimmen 63 % der Evangelischen und 71 % der Katholischen der Aussage, die Kirchen sollten sich »auf die Beschäftigung mit religiösen Fragen beschränken«, gar nicht oder eher nicht zu.[60] Hingegen stimmen 79 % der Evangelischen und 77 % der Katholischen der Aussage zu, die Kirchen »sollten sich weniger auf die Gottesdienste konzentrieren und mehr in das soziale Leben vor Ort einbringen«.[61] Die große Mehrheit der Mitglieder unterstützt offenbar das politische Engagement der Kirchen, insbesondere wenn es auf den unmittelbaren Sozialraum bezogen ist. Man wird schlussfolgern können: Je unmittelbarer das kirchliche Eintreten für gefährdete oder benachteiligte Menschen in der eigenen Umgebung erlebt wird, desto eher wird es akzeptiert oder gefordert. Je weiter entfernt von der eigenen Lebenswirklichkeit dieses Engagement stattfindet, desto umstrittener wird es. Aber allein mit Zahlen ist dieses Thema nicht erschöpfend auszuloten. Denn es können sich an einzelne Themen wie die Seenotrettung sehr kontroverse Reaktionen anschließen.

Ein Dreieck der Perspektiven

Im Folgenden sollen drei Perspektiven auf dieses Thema herausgehoben werden: Welcher Impuls geht von der Bibel für politisches Handeln der Kirchen aus? In welcher Tradition stehen wir in Deutschland? Welche Aspekte sind aus globaler Perspektive zu berücksichtigen?

Das Reich Gottes ist nicht von dieser Welt, aber es steht in dieser Welt

»Kehrt um, denn das Reich Gottes ist nahe herbeigekommen« (Mk 1, 15), lautet die Kernbotschaft Jesu.[62] Konkret spricht Jesus von der Liebe Gottes und der Liebe der Menschen untereinander, er ruft zur Hilfe für Bedürftige auf und heilt Kranke. Stellt man sich die Nächstenliebe, die Hilfe für Bedürftige, Heilungen für Leib, Seele und soziales Leben konkret vor, dann ist die Liebe Gottes politisch. Es geht um das Wohl der Menschen zu einer bestimmten Zeit an einem bestimmten Ort in einem konkreten gesellschaftlichen Gefüge. Es geht um Werte, die in diese Gesellschaft eingebracht werden. Das Evangelium von der Liebe Gottes würde zu einer Vertröstung auf das Jenseits, wenn es nicht auf die konkreten Lebensbedingungen der Menschen zielen würde.

Doch auch die andere Seite ist zu bedenken: Nach dem Johannesevangelium hat Jesus gesagt: »Mein Reich ist nicht von dieser Welt.« (18, 36) Daran erinnert er seine Jünger bei seiner Festnahme im Garten Gethsemane am Abend vor seiner Hinrichtung, als einer sein Schwert zieht und ihn verteidigen will. Und noch anders heißt es im Lukasevangelium: »Siehe, das Reich Gottes ist mitten unter euch.« (Lk 17, 21) Das Reich Gottes ist schon da und noch nicht da. Alle Aussagen zum Reich Gottes bleiben in dieser Schwebe. Löst man die Schwebe zu einer Seite hin auf, indem man den Anspruch erhebt, es verwirklichen zu wollen, dann wird das Reich Gottes zu einem irdisch-politischen Herrschaftsanspruch, der zu einer Theokratie, mindestens aber zu einer totalitären Menschenherrschaft im Namen Gottes führt. Löst man die Schwebe zur anderen Seite hin auf, indem man aus der Wirklichkeit des Reiches Gottes keinen Anspruch an das Handeln der Menschen ableitet, wird das Reich Gottes zu einer reinen Jenseitshoffnung ohne Bedeutung für das Hier und Jetzt. Die Kunst besteht darin, die Mitte zu halten. Was aber heißt das? Der Autor Fulbert Steffensky hat den Satz geprägt: »Hoffen heißt handeln, als ob Rettung möglich wäre.« Im Vertrauen darauf, dass das Reich Gottes »schon da« ist und nach Vollendung strebt, sind Christen und Kirchen aufgerufen, sich in die Hoffnung auf diese Vollendung zu stellen und zu handeln, als wäre das Reich Gottes schon Wirklichkeit. Sie sind politisch, allerdings sozusagen im Konjunktiv, wissend, dass Menschen diese Vollendung und Erlösung nicht machen können, sondern zugesprochen bekommen und geschehen lassen müssen.

Nur in dieser Schwebe oder Spannung des hoffenden Handelns kann die Predigt vom Reich Gottes Impulse für die Gestaltung der Politik geben, ohne sich mit einer bestimmten Politik oder gar Partei zu identifizieren oder ihr zu nahe zu kommen. Das Evangelium trägt in sich einen widerständigen Kern gegen alle menschliche Vereinnahmung. Diese Widerständigkeit zielt nicht nur nach außen, sondern auch nach innen auf die, die es verkündigen. Niemand kann beanspruchen, das Evangelium für sich gepachtet zu haben oder es »richtig« zu verkündigen. Diese selbstkritische Reflexivität sollten kirchliche Äußerungen im politischen Raum daher stets mit sich führen.

Kirche, Staat und Politik im Spiegel der Zeiten

Die Rolle der Kirche in der Gesellschaft und die Gestalt dieser Gesellschaft stehen immer miteinander in Verbindung. Sie bedingen und beeinflussen sich gegenseitig. Als Paulus schrieb: »Herr ist Jesus Christus« (1. Kor 12, 3), war dies eine Abgrenzung gegen den Anspruch des römischen Kaisers, gottgleich und Herr über die Welt zu sein. Als Kaiser und Papst sich im Hochmittelalter darum stritten, wer höher steht und wer wen einsetzen darf, standen sich Kirche und Staat gleich mächtig gegenüber (wobei dieses Gleichgewicht labil war und mal zur einen, mal zur anderen Seite kippte). Im Absolutismus des 17. und 18. Jahrhunderts verstanden sich die Fürsten als »von Gottes Gnaden« eingesetzt. Daraus leiteten sie den Anspruch ab, gegenüber ihrem Volk die gleiche Souveränität zu haben wie Gott gegenüber den Menschen. Die preußische Verbindung von »Thron und Altar« drückte sich im architektonischen Ensemble von Stadtschloss und Dom in der Mitte Berlins aus, wie es inzwischen (mit bewussten ästhetischen Brechungen) wieder zu besichtigen ist.

Nach Jahrhunderten enger Verbindung der Kirchen und der Fürstentümer und Stadtstaaten in Deutschland markierte die Verfassung der Weimarer Republik eine grundsätzliche Zäsur. Artikel 137 lautete: »Es besteht keine Staatskirche. Jede Religionsgemeinschaft ordnet und verwaltet ihre Angelegenheiten selbstständig. Den Religionsgesellschaften werden die Vereinigungen gleichgestellt, die sich die gemeinschaftliche Pflege einer Weltanschauung zur Aufgabe machen.« Die Kirchen wurden damit zu Akteuren im politischen Leben neben anderen. Das war für sie ungewohnt und stieß nicht auf ungeteilte Begeisterung. Während heute die Zustimmung der evangelischen Kirchen zur demokratischen Ordnung selbstverständlich erscheint, taten sie sich mit der Weimarer Republik und ihrer demokratischen Kultur schwer. Die Pfarrerschaft unterstützte zum großen Teil die Deutsch-Nationale Volkspartei (DNVP), die nationalkonservativ ausgerichtet war und schließlich 1933 der NSDAP zur Macht verhalf. Als die Nationalsozialisten nach ihrer »Machtergreifung« anfingen, direkt in das Leben und die Strukturen der Kirchen einzugreifen, bildete sich eine »Bekennende Kirche«, die am 30./31. Mai 1934 eine Bekenntnissynode in Barmen-Gemarke, einem Stadtteil von Wuppertal, veranstaltete. Sie verabschiedete die nach dem Tagungsort benannte »Barmer Theologische Erklärung«, die maßgeblich von dem Schweizer reformierten Theologen Karl Barth vorbereitet worden war. Mit ihrem Bekenntnis zu Jesus Christus als einziger Offenbarungsquelle Gottes geht die Synode ganz grundsätzlich auf Distanz zur NS-Ideologie, die im Führer eine Gestalt der »Vorsehung« Gottes, also eine Offenbarungsquelle sah.[63] Der Versuch des Nationalsozialismus, die Kirchen zu vereinnahmen, rief die *widerständige* Funktion des Evangeliums hervor. Das Verhältnis zum Staat wird in Artikel V der Barmer Theologischen Erklärung formuliert:

> *»Die Schrift sagt uns, dass der Staat nach göttlicher Anordnung die Aufgabe hat, in der noch nicht erlösten Welt, in der auch die Kirche steht, nach dem Maß menschlicher Einsicht und menschlichen Vermögens unter Androhung und Ausübung von Gewalt für Recht und Frieden zu sorgen. Die Kirche erkennt in Dank und Ehrfurcht gegen Gott die Wohltat dieser seiner Anordnung an. Sie erinnert an Gottes Reich, an Gottes Gebot und Gerechtigkeit und damit an die Verantwortung der Regierenden und Regierten. Sie vertraut und gehorcht der Kraft des Wortes, durch das Gott alle Dinge trägt.*
> *Wir verwerfen die falsche Lehre, als solle und könne der Staat über seinen besonderen Auftrag hinaus die einzige und totale Ordnung menschlichen Lebens werden und also auch die Bestimmung der Kirche erfüllen. Wir verwerfen die falsche Lehre, als solle und könne sich die*

Kirche über ihren besonderen Auftrag hinaus staatliche Art, staatliche Aufgaben und staatliche Würde aneignen und damit selbst zu einem Organ des Staates werden.«

Artikel V der Barmer Theologischen Erklärung wirkt bis heute nach. Er hält fest, dass wir in der »noch nicht erlösten Welt« leben. Auch hier begegnet uns wieder die Denkfigur vom »schon und noch nicht« des Reiches Gottes. Solange das Reich Gottes noch nicht auf Erden errichtet ist, braucht es staatliche Ordnung, die aber nicht religiös überhöht werden darf. Staat und Kirche haben jeweils ihre unterschiedlichen Aufgaben und Rollen, die sie in gegenseitigem Respekt anerkennen müssen. Aufgabe der Kirche in der Gesellschaft ist es, »an Gottes Reich, an Gottes Gebot und Gerechtigkeit« zu erinnern und »damit an die Verantwortung der Regierenden und Regierten«. Das ist eine eigene, unverwechselbare Rolle, ist das Alleinstellungsmerkmal der Kirchen.

Die Kirchen in der jungen Bundesrepublik – konstruktive Mitwirkung

In das Grundgesetz der Bundesrepublik Deutschland wurden die »Kirchenartikel« aus der Weimarer Verfassung übernommen.[64] Grundsätzlich also änderte man das Verhältnis von Kirche und Staat nicht – und doch mussten beide nach der Zeit des Nationalsozialismus die Kultur des Umgangs miteinander erst finden und ihre Rollen unter den neuen Bedingungen durchbuchstabieren.

1985 verabschiedete der Rat der EKD eine Denkschrift zur Demokratie.[65] Darin klärt sie ihr Verhältnis zu dem demokratischen Rechtsstaat der Bundesrepublik. Die Unterscheidung der Aufgaben von Staat und Kirche wird aus Barmen V übernommen. Es wird ausdrücklich festgehalten, dass die Demokratie keine »christliche Staatsform« ist. Staat und Kirche sind unterschieden, haben verschiedene Aufgaben. Die Demokratie sei aber im Augenblick diejenige Staatsform, die mit dem »christlichen Menschenbild« am stärksten übereinstimme. Zum christlichen Menschenbild gehört die unantastbare Würde jedes Menschen sowie die Freiheit und Gleichheit aller Menschen. Hinsichtlich der Rolle der Kirche heißt es: »Die Lebendigkeit der Demokratie beruht auf der offenen Diskussion und Auseinandersetzung über strittige Fragen. Sie bedarf aber eines tragenden Grundkonsenses. Zu beidem haben Christen und Kirchen etwas beizutragen.«[66] So sah die evangelische Kirche ihre Aufgabe: ihre Werte in die Gesellschaft einzubringen und damit den Grundkonsens zu unterstützen. Doch die Gesellschaft veränderte sich, wurde vielfältiger, schneller, konfliktreicher. Konsense sind weniger geworden und mühsamer auszuhandeln.

Kirche im Sozialismus

Unter völlig anderen staatlichen Bedingungen entwickelten sich die Kirchen in der DDR. Auf der Bundessynode des Bundes Evangelischer Kirchen in der DDR (BEK) 1971 in Eisenach erklärte der Vorsitzende, Bischof Albrecht Schönherr: »Wir wollen Kirche nicht neben, nicht gegen, sondern Kirche im Sozialismus sein.« Gemeint war, in der sozialistischen Gesellschaft Zeugnis vom Evangelium abzulegen. Die Formel von der »Kirche im Sozialismus« fand nicht überall in der Kirche Zustimmung, weil sie von manchen als Aufruf zur Anpassung empfunden wurde. Sie wird aber von vielen als Voraussetzung für ein kooperatives Verhältnis zwischen Kirche und Staat angesehen, ohne das die evangelische Kirche in den späten 1980er-Jahren nicht ihre Rolle als Raum für

Oppositionsgruppen hätte einnehmen können. Unabhängig von durchaus gegensätzlichen Einschätzungen dieser Rolle zeigt die Unterschiedlichkeit bei zeitlicher Parallelität der Entwicklungen in der Bundesrepublik und in der DDR, dass sich das Verhältnis von Kirche und Staat immer jeweils nach einer Art »kommunizierender Röhren« entwickelt, also in gegenseitiger Einwirkung. Dabei sind Nähe und Distanz jeweils auszubalancieren.[67]

Kirchen und andere Akteure im freiheitlichen demokratischen Rechtsstaat

Nur selten erlangt eine juristische Formulierung eine gewisse Popularität. Dies gelang einem Satz des Juristen Ernst-Wolfgang Böckenförde, den er 1964 im Rahmen eines Vortrags veröffentlichte: »Der freiheitliche, säkularisierte Staat lebt von Voraussetzungen, die er selbst nicht garantieren kann.« Gemeinhin wird dieses Diktum in dem Sinne zitiert, dass der säkularisierte Staat eben keine Werte begründen könne und hierfür anderer gesellschaftlicher Akteure, vornehmlich der Kirchen, bedürfe. In manchen kirchlichen Diskussionen wird dies mit einer gewissen Genugtuung zur Kenntnis genommen, weil man die Existenzberechtigung, ja Existenznotwendigkeit der Kirchen bestätigt sieht. Böckenförde selbst hat den Satz ein wenig anders gemeint, auch wenn das übliche Verständnis nicht völlig daran vorbeigeht. Böckenförde spricht vom »Wagnis« der Freiheit, das der Staat eingehe, indem er darauf verzichte, selbst Werte zu setzen (Böckenförde meint also nicht, der Staat *könne* dies nicht, sondern er *beschränke sich um der Freiheit willen selbst*, dies nicht zu tun).[68] Er beschränkt sich darauf, eine Rahmenordnung für das Funktionieren der Gesellschaft zu setzen, verzichtet aber auf eigene Einflussnahme hinsichtlich der Werte und ihrer Kultur. Das war Böckenfördes Konsequenz aus den Erfahrungen mit einem totalitären Staat, der beanspruchte, die Werte selbst zu setzen.

Diese Feinheiten sind alles andere als unbedeutend oder bloß theoretischer Natur. Denn genau an dieser von Böckenförde bezeichneten Grenzlinie finden heute zentrale Debatten und Aushandlungsprozesse statt. Nimmt man Böckenförde bis zur letzten Konsequenz ernst, müsste der Staat unter Umständen dabei zusehen, wie die Wertebildung in der Gesellschaft misslingt oder verkommt. Er dürfte weiterhin nur den Rahmen setzen, denn anderenfalls würde er totalitär agieren. Nun ist leicht ersichtlich, dass diese letzte Konsequenz nicht wünschenswert wäre. Der Gesetzgeber, die Gerichte und vor allem und zunehmend das Bundesverfassungsgericht stellen fest, was Werte sind, wie sie gefüllt werden, was als Menschenwürde gilt, wie die Persönlichkeitsrechte zu verstehen sind. Uns werden diese Fragen im Kapitel zu »Lebensanfang und Lebensende« genauer beschäftigen, weil das Bundesverfassungsgericht mit seinem Urteil zum assistierten Suizid vom 26. Februar 2020 genau in dieser Weise tätig geworden ist. Gleichzeitig muss jedoch ausgehandelt werden, wo die Grenzen dieses staatlichen Handelns sein sollen.

Für unseren Gedankengang ist festzuhalten: Im Rahmen der Rechtsordnung gibt es Spielräume, über deren Gestaltung zu diskutieren ist. Die *eine* reine Lehre gibt es nicht. An diesem Gestaltungsprozess können sich grundsätzlich alle gesellschaftlichen Akteure beteiligen. Die Kirchen können und sollen sich einbringen; ob sie aber so notwendig gebraucht werden, wie in der verbreiteten Deutung des Böckenförde-Diktums angenommen wird, bleibt offen. Letztlich müssen sie ihre Rolle durch konstruktive Mitwirkung beweisen.

Ein Blick auf die globale Perspektive

Während in Deutschland das Thema »Religion in der Gesellschaft« an Bedeutung eingebüßt hat, hat es international an Bedeutung gewonnen. In so unterschiedlichen Staaten wie Iran, Saudi-Arabien, der Türkei, Russland und Indien werden politische Strukturen und Machtansprüche entweder aus der Religion hergeleitet oder die Religion wird zu ihrer Unterstützung herangezogen. Kennzeichnend für diese Staat-Religion-Beziehungen ist, dass der Absolutheitsanspruch Gottes oder religiöser Wahrheit in staatlichen Strukturen gespiegelt wird. Eine Ähnlichkeit etwa zum Absolutismus Europas in der frühen Neuzeit ist unverkennbar. Die Trennung von Kirche und Staat war in Europa die Voraussetzung für das Entstehen von Toleranz und Religionsfreiheit. Heute können wir beobachten, dass diese Errungenschaften da verloren gehen (oder gar nicht erst entstehen können), wo »politische Religion« als »politischer Islam« oder »Hindunationalismus« unmittelbare Verbindungen zwischen Religion und Staat knüpft.

In manchen Debatten ist zu hören, es sei doch vielleicht besser, wenn die Religionen überhaupt keinen Einfluss auf die Politik und das gesellschaftliche Leben nähmen. Auf dieser Linie liegen inzwischen Impulse seitens der Politik, die Kirchen an der Meinungsbildung immer weniger oder gar nicht zu beteiligen, weil man verfassungsrechtlich sonst auch andere Religionen beteiligen müsste. Auf diese Weise wirkt sich der Blick auf die globale

Perspektive auch in unserer eigenen politischen Landschaft aus. Wie man dazu auch steht: Diese Aushandlungsprozesse sind in der Gegenwart zu leisten.

Die Kirchen in der Gegenwart – ein Ort demokratischer Beteiligung?

Wie geht es Ihnen, wenn Sie auf unsere Gesellschaft schauen? Vielleicht teilen Sie ein verbreitetes Gefühl, das unsere Gesellschaft gereizt und unruhig ist. Viele Konflikte müssen moderiert werden. Wie gehen wir um damit, dass der Reichtum so unterschiedlich verteilt ist? Was muss zur Absicherung der sozial Schwachen getan werden? Wie steuern wir die Zuwanderung? Wie offen sollen unsere Grenzen sein, welche Beschränkungen soll es geben? Wie gehen wir mit der Diversität um, mit gleichgeschlechtlicher Liebe und Transpersonen? Was muss getan werden, um den Klimawandel so zu begrenzen, dass auch die nächsten Generationen noch gut auf dieser Erde leben können? Das sind einige Kernthemen, an denen sich heute lebhafte Konflikte entzünden.[69] Die vielen notwendigen Veränderungen ermüden. Die Erschöpfung verstärkt die Gereiztheit. Ausgetragen werden die Konflikte zudem zu einem großen Teil in den digitalen Sozialen Medien, wo jeder seine Meinung verbreiten kann und wo zwischen Fakten und Fake-News oder Verschwörungstheorien manchmal schwer zu unterscheiden ist. Gesellschaftliche Grundkonsense zu formulieren ist schwieriger geworden als früher. Die digitalen Sozialen Medien sorgen für eine schwindelerregende Beschleunigung der Kommunikation. Aggression und Hass können sich binnen Minuten zu einem Shitstorm aufbauen. Es gibt zumindest eine gefühlte Polarisierung.[70]

Die Evangelische Kirche in Deutschland hat sich mit dieser Situation auseinandergesetzt.

Die »Kammer für Öffentliche Verantwortung der EKD« veröffentlichte 2016 »Konsens und Konflikt«[71] und 2021 »Vielfalt und Gemeinsinn«[72]. Darin wird um die Einsicht geworben, »dass der Konflikt nicht per se bereits eine Krise, sondern eher den Normalfall der Demokratie darstellt«.[73] Die Rolle der Kirche wird auf die Formel gebracht, sie sei »Ort demokratischer Beteiligung«. Sie bringt ihre Haltungen und Werte in die Debatten ein und zugleich trägt sie dazu bei, sich zu beteiligen, zu diskutieren und nach Lösungen für die Probleme zu suchen. Regional vor Ort können Kirchengemeinden in ihrem Sozialraum dies ganz praktisch tun. An Gottes Reich, sein Gebot und seine Gerechtigkeit zu erinnern, wie die Barmer Theologische Erklärung es eingeschärft hat, kann in einer konfliktreichen Kommunikationsgesellschaft heißen, die Fähigkeit zum Zuhören einzutragen und das Gespür für Werte und Resonanzen wachzuhalten.

Ich habe die Kirche eine Erzähl- und Verstehgemeinschaft genannt. Das war sie von ihrem Anfang an, als die schockierten Jüngerinnen und Jünger mit Jesu Hinrichtung klarkommen mussten. Eine Erzähl- und Verstehgemeinschaft bringt gute Voraussetzungen mit, Menschen auch heute mit ihren unterschiedlichen Erfahrungen, Hoffnungen, Ängsten und Erschöpfungen ins Gespräch zu bringen. Gereizt und erschöpft zu sein ist das eine. Ob man deshalb unfähig zum Gespräch werden oder gar in Aggressivität und Hetze verfallen muss, ist das andere. Heute kann die Kirche ihre Rolle als Erzähl- und Verstehgemeinschaft der Gereizten und Erschöpften finden. Sie wird dies insbesondere dann sachgerecht tun, wenn sie gegenüber allen Verführungen, sich mit der konkreten politischen Handlungsebene zu identifizieren, widersteht. Wenn gewahrt bleibt, dass das Reich Gottes in dieser Welt steht, aber nicht von dieser Welt ist, kann das Evangelium gehört werden.

Ich greife den Dialog mit Ihnen, den Leserinnen und Lesern, wieder auf. Haben Ihnen diese Überlegungen geholfen, das Handeln der Kirche besser zu verstehen? Sind Ihre eigenen Gedanken oder Einwände darin vorgekommen? Fühlen Sie sich ermutigt? Kirche – das sind nicht nur die wenigen öffentlichen Amtsträgerinnen und Amtsträger. Kirche – das sind alle Christinnen und Christen, auch die Suchenden. Mischen Sie sich ein! Gehen Sie auf Ihre Kirchengemeinde zu, suchen Sie nach Veranstaltungen oder Gruppen, in denen Sie diskutieren können. Sprechen Sie Ihre Pfarrerin, Ihren Pfarrer an, suchen Sie im Internet nach Veranstaltungen Evangelischer Akademien oder anderer Einrichtungen. Oder bringen Sie sich als engagierte Christinnen und Christen in die Politik ein.[74] Kirche als Ort demokratischer Beteiligung braucht Menschen, braucht Sie!

Flucht und Migration – Ein Kompass gesucht

Bilder, Zahlen, Menschen, Recht

Fotos und Filmaufnahmen von Flüchtlingen, die auf kleinen, oft nicht seetüchtigen Booten versuchen, das Mittelmeer Richtung Europa zu überqueren, haben sich ins Gedächtnis gegraben und bei den meisten Menschen wohl auch ins Herz. Bilder von Leichen, die an Land gespült werden. Bilder über die Seenotrettung durch private Organisationen, überfüllte Rettungsschiffe, die keine Einfahrt in einen europäischen Hafen erhalten. Wochenlang haben Hunderte Menschen auf engstem Raum ausgeharrt, bis sie an Land gehen konnten. Es ist eine menschliche Tragödie unübersehbaren Ausmaßes, die sich vor unseren Augen abspielt. Dabei ist das, was wir sehen, nur ein kleiner Teil dessen, was sich tatsächlich ereignet. Das liegt auch daran, dass die Berichterstattung von den Vorgängen an den Außengrenzen der Europäischen Union oft behindert wird. Zum Beispiel ist es fast unmöglich, sogenannte »push-backs« zu dokumentieren – dass staatliche Grenzschützer Menschen entgegen internationalem Recht gewaltsam abweisen oder sie gar gefesselt ins Mittelmeer werfen.[75]

Anfang 2024 waren nach Schätzungen der Vereinten Nationen etwa 120 Millionen Menschen weltweit auf der Flucht.[76] 68,3 Millionen davon waren innerhalb ihres Heimatlandes vor Gewalt oder Not geflohen, waren sogenannte Binnenvertriebene.[77] Die Zahl der Migranten, also *aller* Menschen, die aus irgendeinem

Grund ihr Heimatland verlassen haben, wurde 2022 auf 281 Millionen geschätzt. Ca. 3,6 % der Weltbevölkerung lebten in einem anderen Land als in dem, in dem sie geboren wurden.[78]

Zahlen sind wichtig, aber sie allein sagen wenig über die Probleme, die dahinterstehen, und nichts über das Schicksal der einzelnen Menschen. Zahlen allein helfen nur eingeschränkt bei der Urteilsbildung. Es geht um Größenordnungen, die unsere Vorstellungskraft übersteigen. Bei den einen löst die schiere Größe des Problems Ängste und Abwehr aus. Bei anderen den Impuls zu helfen. Und bei wieder anderen Gleichgültigkeit angesichts eines offensichtlich gigantischen Problems, zu dessen Lösung ein Einzelner kaum etwas beitragen kann.

Wer als »Flüchtling« anzusehen ist, bestimmt die Genfer Flüchtlingskonvention von 1951. Daneben gibt es aber zahlreiche weitere Regelungen auf internationaler und nationaler Ebene, die beispielsweise bestimmen, wer »subsidiären Schutz« genießt, wer eine Duldung oder ein Bleiberecht erhält, wer asylberechtigt ist und wer seine Familie aus dem Herkunftsland nach Deutschland holen darf. Das Recht auf Asyl ist im Grundgesetz verankert. Artikel 16a Absatz 1 lautet: »Politisch Verfolgte genießen Asylrecht.« Es ist das einzige Grundrecht, das ausschließlich Ausländern zusteht. Seine Hintergründe liegen in der deutschen Geschichte. Während der Nazi-Diktatur suchten Tausende Deutsche Asyl in anderen Staaten. Daraus entstand die moralische, aber eben auch rechtlich geregelte Verpflichtung, fortan Menschen, die in ihren Heimatländern aus politischen Gründen verfolgt werden, aufzunehmen und ihnen Schutz zu gewähren. Neben dieses Grundrecht traten im Laufe der Jahrzehnte zahlreiche Gesetze zur Regelung von Zuwanderung. Daraus ist eine überaus komplizierte

Materie entstanden, die nur Fachleute überblicken. Flüchtlinge oder Schutzsuchende werden deshalb in vielen Fällen von Fachstellen begleitet, die sie bei der Wahrnehmung ihrer Rechte unterstützen. Darunter spielen kirchlich-diakonische Einrichtungen eine wichtige Rolle. Trotz vieler Einzelregelungen und trotz des Fachkräfteeinwanderungsgesetzes von 2023 hat Deutschland sich bisher nicht als Einwanderungsland verstanden, obgleich es dies faktisch schon lange ist.

1955 schloss die Bundesregierung ein Abkommen mit Italien über die Anwerbung von »Gastarbeitern«, die den Arbeitskräftemangel angesichts des deutschen Wirtschaftswunders vorübergehend ausgleichen sollten. Bald kamen »Gastarbeiter« nicht nur aus Italien, sondern auch aus der Türkei, aus Spanien und aus anderen Ländern, mit denen die Bundesregierung entsprechende Vereinbarungen traf. In der Wirtschaftskrise 1973 verfügte die Bundesregierung einen Anwerbestopp, 1983 wurde ein Gesetz zur Förderung der Rückkehrbereitschaft von Gastarbeitern beschlossen. Dennoch blieben ungefähr ein Viertel der Gastarbeiter und ihre Nachkommen in Deutschland. Und auch wenn dieses spezielle Modell endete, so gab und gibt es Arbeitsmigration nach Deutschland weiterhin, auch innerhalb der Länder der Europäischen Union. Während des Bosnienkrieges 1992-1995 kamen viele Flüchtlinge aus den Kriegsgebieten nach Deutschland. Manche gingen später zurück oder wanderten weiter, manche blieben. In Erinnerung ist heute sicherlich das Jahr 2015, als Flüchtlinge überwiegend aus Syrien und Afghanistan Richtung Europa zogen. Dies löste in Deutschland sowohl eine Welle großer Hilfsbereitschaft aus, wie auch umgekehrt heftige Abwehr und Aggression. Das Wort der Bundeskanzlerin vom August 2015 »Wir schaffen das!« wurde zu einem geflügelten Wort, war aber auch vielfach Anlass von Kritik und nicht selten hasserfüllten Kommentaren. Die Zahl der Ankommenden ist seit 2015 mit Schwankungen zurückgegangen. Der Umgang mit Flucht und Migration ist seitdem jedoch ein gesellschaftlich und politisch drängendes und oft auch explosives Thema.

Umgang mit einer komplexen Sachlage

Unser Bild von Flucht und Migration ist stark eurozentrisch geprägt. Dabei sehen wir nur einen sehr kleinen Ausschnitt der tatsächlichen weltweiten Fluchtbewegungen. Den überwiegenden Teil des Problems haben wir sozusagen nicht »auf dem Radar«. Die Binnenvertreibung im Sudan beispielsweise findet bei uns keine nennenswerte Aufmerksamkeit. Und wussten Sie, dass nicht die Länder der Europäischen Union, sondern der Iran, die Türkei und Kolumbien weltweit die meisten Flüchtlinge aufnehmen? In der Frage der Migration ist es ähnlich: Nach den USA ist Saudi-Arabien das Land, das die zweithöchste Zahl von Migranten aufnimmt.

Wie die meisten ethisch wichtigen Themen unserer Zeit ist auch dieses eines für Spezialisten. Jedenfalls wenn man beansprucht, vor der eigenen Meinungsbildung die Sachlage zu klären. Gleichzeitig ist es ein emotional aufgeheiztes Thema, zu dem Meinungsbildung ständig geschieht: beim Einzelnen, der sich in seiner Nachbarschaft, auf der Straße, beim Einkaufen oder am Arbeitsplatz mit Menschen anderer Herkunft auseinandersetzen muss. In den Medien, in der Politik, in der Gesellschaft. Wir haben es also auch hier mit der typischen Kluft zwischen einem komplexen Thema, das schwer überschaubar ist, und emotionalen, spontanen Meinungsbildungen zu tun.

Das führt zu einer Gemengelage aus Unsachlichkeit, Emotionen und politischer Polarisierung. Die Polarisierung hat in den letzten Jahren zu einem plakativ wirkenden Gegenüber verschiedener gesellschaftlicher Gruppen geführt. Die zunehmende Zahl von Menschen aus anderen Kulturkreisen hat eine identitätspolitische Debatte ausgelöst. In diesem Zusammenhang fällt manchmal das Stichwort »Leitkultur«. Gefühlt haben viele Menschen eine Vorstellung davon, was das sein soll und was die heimische, deutsche Kultur prägt: Gleichberechtigung der Geschlechter, Diversität, Toleranz, Religionsfreiheit, aber auch bestimmte Weisen der Ernährung, Kleidung, Gepflogenheiten des Umgangs im Alltag. Dabei ist interessant, dass die meisten der für »typisch deutsch« gehaltenen Identitätsmarker eher neuerer Natur sind. Offensichtlich werden bei diesem Thema viele Ängste und Verunsicherungen verhandelt, für die ein Ventil gesucht wird. Damit gesellschaftlich und politisch umzugehen ist eine anspruchsvolle Aufgabe. Was kann der christliche Glaube zu dieser Thematik beitragen? Welche Argumente spielen ethisch und biblisch eine Rolle?

Der Beitrag der Kirchen

Die Kirchen haben durch die gesamte Geschichte der Bundesrepublik hindurch auf Zuwanderung von Geflüchteten[79] mit einer enormen Hilfsbereitschaft und politischen Unterstützungsarbeit reagiert. Ob es die vietnamesischen Boatpeople waren, die Geflüchteten des Bosnienkrieges oder ab 2015 die Geflüchteten aus Syrien und Afghanistan: Kirchengemeinden engagieren sich in den zentralen Aufnahmestellen mit einer großen Zahl Ehrenamtlicher, die Menschen zu Behördenterminen begleiten, zu Festen und Mahlzeiten einladen, Kleiderkammern einrichten oder schlicht und einfach menschlichen Kontakt und Beistand anbieten. Fachstellen bieten die Begleitung in Asyl- oder Aufnahmeverfahren an. In besonderen Fällen nehmen Kirchengemeinden Geflüchtete in ein sogenanntes »Kirchenasyl« auf. Dies ist ein mit den Behörden abgestimmtes Verfahren, Menschen bis zu einer erneuten rechtlichen Prüfung ihres Antrags Schutz zu geben. Entgegen landläufiger Meinung werden Menschen dabei nicht vor den Behörden versteckt.

Die Landeskirchen, die Evangelische Kirche in Deutschland und die Leitenden Geistlichen haben in unzähligen Äußerungen zur Aufnahme der Geflüchteten und zur Hilfsbereitschaft aufgerufen. Die Evangelische Kirche in Deutschland hat über die Gründung des Vereins »United4Rescue« zur Finanzierung und Bereitstellung eines Schiffes zur Seenotrettung auf dem Mittelmeer beigetragen. Gemeinsam mit der Katholischen Deutschen Bischofskonferenz und der ökumenischen Arbeitsgemeinschaft christlicher Kirchen in Deutschland (ACK) hat der Rat der Evangelischen Kirche in Deutschland 2021 eine ausführliche und mit wissenschaftlicher Expertise gefütterte Stellungnahme unter dem Titel »Migration menschenwürdig gestalten« veröffentlicht.[80] Auch bei der Aufnahme der Geflüchteten aus der Ukraine hat es eine große Hilfsbereitschaft in der Kirche wie auch in der Gesamtgesellschaft gegeben. Bei ihrer Unterstützung der Seenotrettung ist die evangelische Kirche auf viel Zustimmung gestoßen. Die Spendenbereitschaft für ein neues Schiff war enorm. Auf der anderen Seite ist ihr – zahlenmäßig kleiner, aber umso heftiger – Kritik, Häme und Hass entgegengeschlagen.

Die online-Kommunikation mit der Service-Stelle der EKD zu diesem Thema wurde in einer Studie wissenschaftlich ausgewertet.[81] Die Narrative sehen eine »korrupte Elite« am Werk, »Todfeinde Deutschlands, die seinen Untergang betreiben«, »keine Christen im Sinne neutestamentlicher Definition«. Kaum ein anderes Thema ruft derart heftige Reaktionen hervor. Was kann man von der evangelischen Ethik aus zur Versachlichung der Debatte beitragen?

Die Bibel ist ein Buch der Flucht

Die Bibel ist ein Buch von Flucht- und Migrationsgeschichten.[82] Abraham wandert aus Ur in Chaldäa (heute im Irak) nach Palästina (1. Mose 12, 1-9). Die Gründe bleiben unklar. Erwähnt wird nur, dass Gott ihm den Befehl zur Wanderung gegeben hat. Doch gleich die nächste Episode handelt davon, dass eine Hungersnot ihn zwingt, nach Ägypten zu ziehen (1. Mose 12, 10). Die Geschichte von Josef und seinen Brüdern erzählt davon, dass Josef von seinen Brüdern nach Ägypten verkauft wurde. Dort weiß er einen Traum des Pharao zu deuten, der sieben gute Jahre und sieben Jahre Hungersnot voraussieht. In den sieben guten Jahren legt Josef Getreidevorräte an, die in den sieben Hungerjahren ausgeteilt werden. Erneut gibt es auch in Palästina Hunger, sodass Josefs Brüder zum Getreidekauf nach Ägypten ziehen müssen (1. Mose 37-50). Einen tiefen Einschnitt in der Geschichte Israels bedeutet das babylonische Exil. Nach einem verlorenen Krieg wird ein großer Teil des Volkes Israel im Jahre 597 v. Chr. nach Babylon zwangsdeportiert (2. Könige 25). Erst 539 dürfen sie zurückkehren. Nach heutiger wissenschaftlicher Erkenntnis hat man im babylonischen Exil angefangen, die Überlieferungen Israels zu sammeln und aufzuschreiben. Damit wurde die Grundlage für die jüdische Tradition gelegt. Im Neuen Testament flüchten Maria und Josef mit ihrem neugeborenen Sohn Jesus vor der Verfolgung durch Herodes. Auch dieses Mal ist Ägypten das Ziel. Erst nach dem Tod des Herodes können sie wieder zurückziehen (Mt 2, 13-23).

Die Erfahrung von Flucht und Vertreibung, die Erfahrung, in der Fremde leben zu müssen, haben in der Bibel tiefe Spuren hinterlassen. Die »Zehn Gebote« werden eingeleitet mit dem Satz: »Ich bin der Herr, dein Gott, der ich dich aus Ägyptenland, aus der Knechtschaft, geführt hat. Du sollst keine anderen Götter haben neben mir.« (2. Mose 20, 2) Tief verankert ist nicht nur die Nächstenliebe, sondern auch die Liebe zum Fremden: »Darum sollt ihr auch den Fremdling lieben; denn ihr seid selbst Fremdlinge im Lande Ägypten gewesen.« (5. Mose 10, 9) Wie tief die Erfahrung, fremd auf der Erde zu sein, schließlich auch geistlich in das Selbstverständnis der ersten Christen eingegangen ist, formuliert ein Satz im Hebräerbrief: »Wir haben hier keine bleibende Stadt, sondern die zukünftige suchen wir.« (Hebr 13, 14). Von daher abgeleitet verstehen manche das ganze Leben als eine Pilgerwanderung auf dem Weg zu Gott. Die Stellungnahme der Kirchen aus dem Jahr 2021 spricht deshalb von Migration als »Lernort des Glaubens«. Denn immer wieder sind entscheidende Lebens- und Glaubenserfahrungen auf Wanderungen, auf der Flucht oder im Exil gemacht worden. Wenn der äußere Halt, den wir in unseren gewohnten Lebensbedingungen finden, wegfällt, rücken die Fragen, was unser Leben trägt und woher wir unsere Kraft zum Durchhalten beziehen, in den Mittelpunkt.

Wer ist mein Nächster?

Zu den heiß umstrittenen Fragen im Kontext der Problematik von Flucht und Migration gehört die Frage, was Nächstenliebe konkret heißt. Damit kommt die Auslegung der Geschichte vom barmherzigen Samariter (Lk 10, 25-36) in den Blick. Jesus wird gefragt, welches das höchste Gebot sei. Er antwortet mit der Hebräischen Bibel: »Du sollst den Herrn, deinen Gott, lieben von ganzem Herzen, von ganzer Seele und mit all deiner Kraft und deinem ganzen Gemüt, und deinen Nächsten wie dich selbst.« Darauf reagiert sein Gesprächspartner mit der Rückfrage: »Wer ist denn mein Nächster?« Jesus antwortet mit einer Geschichte: Ein Mann ging den Weg von Jerusalem nach Jericho hinab. Dieser Weg führt durch eine tiefe Felsenschlucht. Er beginnt in Jerusalem auf einer Höhe von 754 m über dem Meeresspiegel und fällt nach Jericho ab auf eine Tiefe von 276 m unter dem Meeresspiegel. Wer diese Schlucht auf einer Israelreise jemals besucht hat, kann sich vorstellen, wie gefährlich es damals war, hier zu reisen. Auf diesem Weg wird der Mann von Räubern überfallen, verprügelt, ausgeraubt und halbtot liegengelassen. Nacheinander kommen ein Priester und ein Levit vorbei, also religiöse Würdenträger der Juden. Sie gehen weiter und lassen ihn liegen. Zuletzt kommt ein Samariter des Wegs.

Dieses Wort ist so in unseren Sprachgebrauch als Begriff für einen barmherzigen Menschen eingegangen, dass die ursprüngliche Bedeutung dahinter verblasst ist. Es handelte sich um einen Mann aus Samaria, einen Samaritaner. Doch was ist das? Mit dieser Frage gehen wir zurück in die Zeit der Verschleppung der Israeliten nach Babylon. Die Babylonier hatten diejenigen deportiert, die ihnen nützlich sein konnten: Handwerker, Kaufleute, gebildete Leute. Und sie hatten die politische Oberschicht aus dem Land geführt, damit von dort keine Opposition mehr zu erwarten war. Die einfache Bevölkerung aber hatten sie im Land zurückgelassen. In den knapp 60 Jahren des Exils lebten die beiden Gruppen sich auseinander. Die deportierte Oberschicht und die Gelehrten schufen neue religiöse Texte, rückten die Gesetze der Thora als Mittel, in der Fremde die Identität zu wahren, in den Mittelpunkt des Glaubens. Zentral wurde u. a. die Einhaltung des Sabbats. Als sie 538 v. Chr. zurückkehrten, fanden sie im Land eine Bevölkerung vor, die an dieser Entwicklung nicht Teil gehabt hatte und die sie deshalb nicht mehr als zugehörig zu sich betrachteten. Sie hatten andere religiöse Bräuche und sie hatten sich durch Heirat mit den benachbarten Völker aus Moab, Ammon und Aschdod vermischt. Die Bücher Esra und Nehemia berichten von diesen Konflikten. Die Rückkehrer setzten sich schließlich durch. Sie bauten den Tempel in Jerusalem wieder auf und installierten dort eine Gottesdienstkultur nach ihren Gesetzen. Die im Land zurückgebliebenen Nachkommen des Volkes Israel siedelten sich in Samaria an und hatten ihre Gottesdienststätte dort auf dem Berg Garizim. Die Konflikte zwischen den beiden Bevölkerungsteilen waren zur Zeit Jesu hoch aktuell, wie beispielsweise die Geschichte von der Begegnung Jesu mit einer Samaritanerin an einem Brunnen zeigt (Joh 4).

Nach gängiger Auslegungspraxis ist die Pointe der Geschichte, die Jesus erzählt, die, dass es gerade ein Angehöriger eines als fremd und unrein betrachteten Volkes ist, der dem überfallenen Mann hilft. Der Nächste, den ich lieben soll, kann also gerade ein Fremder sein. Doch die Auswertung der online-Kommunikation mit dem Info-Service der EKD zum Thema Seenotrettung zeigt, dass man das Thema der Nächstenliebe auch genau andersherum sehen kann: Die Hilfe für die Fremden auf dem Mittelmeer wird von manchen als Verrat an den hilfsbedürftigen Nächsten bei uns selbst gesehen. Gerade hieran entzündet sich offenbar ein Großteil des Unmutes: Es gibt so viel Not bei uns im Land, sozusagen am Wegesrand vor unseren Augen. Daran, so wird argumentiert, gehen die Kirchenvertreter scheinheilig vorbei und kümmern sich stattdessen um Menschen, die sie nichts angehen.[83]

Wenn wir für die Urteilsbildung auf das »weite Überlegungsgleichgewicht« von John Rawls zurückgreifen[84], so ist die ganze Bandbreite der Thematik in den Blick zu nehmen und abzuwägen. Die Zielfrage dabei lautet: Worin besteht unsere Verantwortung, meine Verantwortung heute? Es ist bei einer solchen differenzierten Betrachtung klar, dass sich Kurzschlüsse von der Bibel auf die Gegenwart verbieten. Eine aufgeklärte Bibelauslegung kann sowieso nie die *eine* richtige Auslegung behaupten, sondern muss sich in einen vernünftigen Dialog einbringen. Das ist der Selbstanspruch aufgeklärter Bibelauslegung. Die Bibel selbst lässt erkennen, wie unterschiedlich die Situationen von Flucht, Vertreibung, Migration oder Deportation waren, wie unterschiedlich jeweils die Herausforderungen und Konflikte. Auch damals wurde in jeder Situation neu um eine angemessene Lösung gerungen. Genau das ist auch heute unsere Aufgabe, die uns niemand abnimmt und die nicht mit Vorbildern aus der Vergangenheit zu beantworten ist.

Zum weiten Überlegungsgleichgewicht gehört die Kenntnis des weiten Feldes von Flucht und Migration heute, einschließlich der Fluchtursachen, der wirtschaftlichen und klimatischen Faktoren, auch einschließlich der politischen Faktoren, die etwa durch Entwicklungshilfemaßnahmen oder internationale Wirtschaftsabkommen gesetzt werden. Aus diesem weiten Feld sei nur genannt, dass es der Politik immer wieder an Schlüssigkeit im Zusammenwirken der verschiedenen Handlungsfelder fehlt. Die wirtschaftspolitischen Ziele sind oft nicht dieselben wie die der Entwicklungspolitik. Wenn nach Verantwortung zu fragen ist, dann gehört die kritische Rückfrage an die verschiedenen politischen Handlungsträger national und europäisch dazu.

Ein Kompass für ehrliche Debatten

Wir hatten im vorigen Kapitel eine Aufgabe der Kirche in der demokratischen Gesellschaft darin gesehen, Ort demokratischer Beteiligung zu sein. Wie kann die Kirche dazu beitragen, dass Migration zum »Lernort des Glaubens« wird, wie die EKD-Schrift sagt. Kann sie es überhaupt?

Ich gestehe, dass ich mich mit der Rede vom »Lernort des Glaubens« schwertue. Nicht, weil ich sie für falsch hielte, sondern weil sie dogmatisch wirken kann. So als käme die Kirche mit einem Rezept oder mit einer Moral um die Ecke, die den Beteiligten übergestülpt werden soll. Die Oberfläche der Formel vom »Lernort« muss »aufgeraut« werden, damit sie ins Gespräch gebracht werden kann.

Konkret: An diesem Lernort sind Menschen in unterschiedlichsten Situationen und Erfahrungen beteiligt. Die Flüchtenden und die Migranten selbst, die hier Angekommenen, die Menschen in der hiesigen Gesellschaft, die mit neuen Nachbarn, fremden Kulturen und Integrationsproblemen konfrontiert sind. Es gibt die Fluchtursachen: Politische Verfolgung, Kriege, Bürgerkriege, Naturkatastrophen, Hunger. Es gibt die Lebensgefahren, Gewalt und Tod auf der Flucht. Dann folgen die Verfahren zur Aufnahme in Europa, die viel zu lange dauern und in manchen Ländern mit Unterbringungen verbunden sind, die menschenrechtliche Standards unterlaufen. Es gibt viele gelungene Beispiele der Integration, dass Menschen die deutsche Sprache gelernt, einen Arbeitsplatz haben und die Gesetze respektieren. Es gibt aber auch Kriminalität, Clan-Bildung und Widerstände gegen ein kulturelles Ankommen in der deutschen Gesellschaft. Nicht nur Flüchtende und Geflüchtete brauchen Schutz, die aufnehmende Gesellschaft muss auch ihre Mitglieder schützen. Man kann Not nicht gegen Not aufwiegen, darf schutzbedürftige Menschen nicht gegeneinander ausspielen. Das ist der Anspruch.

Es gibt Flucht und Migration. Es hat sie immer gegeben und alles spricht dafür, dass es sie auch in Zukunft geben wird. Migration und Flucht sind globaler Alltag. Und beides lässt sich – so zeigt alle Erfahrung – niemals vollständig steuern oder verhindern. Das sind Fakten, die wir uns eingestehen sollten und mit denen wir uns auseinanderzusetzen haben. Zur Ehrlichkeit der Debatte gehört auch die Einsicht, dass niemand ein Patentrezept weiß. Alle Maßnahmen, die erwogen werden, können, wenn überhaupt, nur langfristig wirken. Und wer angesichts dieser Perspektive in gewaltsame Fantasien abgleitet, als könne man Europa abschotten, wenn nur der Grenzschutz ausreichend rabiat wäre, der schaue auf die Grenze zwischen Mexiko und den USA. Obwohl sie mit Zaun und Stacheldraht bewehrt und streckenweise sogar mit einer Mauer geschützt ist, wird sie monatlich von Tausenden Menschen überwunden. Wenn Menschen verzweifelt sind, machen sie sich auf den Weg. Am besten wäre es, Menschen müssten nicht so verzweifelt sein. Es klingt abgedroschen, wenn man sagt, wir müssen die Welt zu einem besseren Ort machen. Ja, aber was denn sonst? Das ist unsere Aufgabe, als Christinnen und Christen zumal. Wenn auch in winzigen Schritten.

Diese Gemengelage als »Lernort des Glaubens« zu bezeichnen, kann, wie gesagt, dogmatisch wirken. Doch andersherum gefragt: Gibt es denn überhaupt eine andere Möglichkeit, als *aus* dieser Situation und *in* dieser Situation zu *lernen*? Wenn wir dies verweigern würden, gerieten wir unweigerlich in eine Spirale der Gewalt, die schlimmstenfalls kriegs- oder bürgerkriegsähnliche Zustände annehmen könnte.

Und wenn uns denn an den Werten des »christlichen Abendlandes« und ihrer Verteidigung liegt, liegt es dann nicht nahe, *den* Glauben in die Debatte einzuspielen, der diesen Werten zugrunde liegt? Zu diesen Grundlagen gehört die Humanität, an der alles menschliche Handeln gemessen werden muss. Es gehört die geistliche Haltung dazu, dass wir unsere wirkliche Heimat bei Gott haben und dass wir bis zum Ende Pilger, Migranten auf dieser Erde sind. Von daher verbieten sich alle nationalistischen Überhöhungen des Heimatbegriffs. Die Erde ist uns geliehen, niemandem gehört ein Land als Eigentum.

Um diese geistlichen Hintergründe in aktuelle Debatten einzuspielen, braucht es aber »Brechungen« in der Argumentation. Es wäre schief und unangemessen, so zu tun, als wäre denen, die – aus welcher Perspektive auch immer – unter der derzeitigen Situation leiden, damit eine Lösung an die Hand gegeben. »Zuwanderung ist eine Bereicherung.« Ja, aber welche Regulierungen braucht sie? Oder: »So schlimm ist es doch nicht.« Doch, es ist in vielerlei Hinsicht schlimm. Eine geistliche Haltung dient nicht dazu, dies zu beschönigen, sondern einen Kompass für den Umgang mit der schwierigen Realität zu geben.

Was ist genug? Die Herausforderung einer nachhaltigen Lebensweise

Herausforderungen für die Zukunft

Die Küstenlinie an Nord- und Ostsee wird um mehrere Kilometer ins heutige Binnenland gewandert sein. Die Inseln und Halligen in der Nordsee wird es nicht mehr geben. Die Niederlande werden zu Teilen unter Wasser liegen, die Küstenregionen Dänemarks und Frankreichs ebenso. Das Klima in Mitteleuropa wird wärmer und feuchter sein, Stürme und starke Regenfälle nehmen zu. Das Grundwasser wird salziger sein und als Trinkwasser nicht geeignet. Weltweit werden durch den Verlust tiefer liegender Zonen knapp eine Milliarde Menschen die Landstriche, in denen sie heute wohnen, verlassen müssen. Davon wird vor allem die Bevölkerung in Indien, Bangladesch, Indonesien und China betroffen sein. Die äquatorialen Zonen werden trockener, die Versteppung nimmt zu, der Amazonas-Regenwald wird zur Savanne. Inselstaaten wie die Malediven, Kiribati, Tuvalu und die Marshall-Inseln werden untergegangen sein, für ihre Bevölkerung mussten andere Ansiedlungsräume gefunden werden. Durch die Versteppung und die Ausbreitung der Wüsten wird der Hunger zunehmen, durch die Versalzung des Grundwassers auch die Knappheit des Trinkwassers.

Zwischen Berechnungen und den Grenzen unseres Vorstellungsvermögens

So könnte unsere Erde bereits in 50 Jahren aussehen, also noch zu Lebzeiten der heute jüngeren Generation. Klimatische Veränderungen sind äußerst komplex, sie verlaufen nicht linear. Es gibt zahlreiche Modelle, mit denen Forscherinnen und Forscher die Szenarien der Zukunft berechnen. Kleine Unterschiede in den Ausgangsdaten können große Unterschiede für das Ergebnis der Berechnungen haben. Doch kann diese Unsicherheit der Berechnungen nicht beruhigen. Denn alle Modelle sagen erhebliche Veränderungen unseres Planeten voraus; keines behauptet, die Erde bleibe, wie sie ist. Die Zunahme von Dürren, Orkanen und Unwettern ist bereits jetzt statistisch belegt. Diese Unwetterereignisse führen dazu, dass das Leben vieler Menschen – vor allem im globalen Süden – schon heute massiv beeinträchtigt wird, sie deshalb ihre Heimat verlassen oder dass besonders verletzliche Gruppen an den Folgen des Klimawandels vorzeitig sterben. Die Versicherungsbranche registriert diese Veränderungen am deutlichsten.[85] Eine Erderwärmung um mindestens 1,5 Grad gegenüber der vorindustriellen Zeit erscheint inzwischen als nicht mehr vermeidbar, sie wurde nach Auskunft wissenschaftlicher Studien sogar bereits 2023 erreicht.

Wir sind als Menschen nicht wirklich in der Lage, eine Zukunft zu antizipieren, die sich grundsätzlich von den Bedingungen, unter denen wir uns vorfinden, unterscheidet. Eine solcher Fähigkeit zu entwickeln war im Verlauf der Evolution einfach nicht nötig. Die Welt war für die Menschen aller vorangegangenen Generationen eben so, wie sie war, und so würde sie auch bleiben. Die Vorhersagen über die Zukunft unseres Planeten sind für uns deshalb schwer zu erfassen. Sie bleiben abstrakt. Wir nehmen sie wahr und nehmen sie doch nicht wahr. Vor allem ist der unmittelbare Zusammenhang zwischen dem eigenen Handeln und diesen gigantischen Veränderungen nur schwer zu begreifen.

Vielleicht nähert man sich dem Thema deshalb am besten dadurch, sich vorzustellen, wie sich das eigene unmittelbare Lebensumfeld verändern wird. Welche Regionen zum Meeresboden geworden sein werden, wie Ernährung und Trinkwassergewinnung sich verändern. Was es für Mitteleuropa bedeuten wird, wenn weltweit nicht 120 Millionen Menschen auf der Flucht oder 280 Millionen insgesamt zur Migration gezwungen sind, sondern eine Milliarde. Wer wird diese Prozesse steuern? Wie werden Lasten gerecht verteilt? Wie werden Freiheit und Verantwortung zueinander ins Verhältnis gesetzt?

In erdgeschichtlicher Perspektive sind die Veränderungen, die es geben wird, gering, gemessen an den extremen und lebensunwirtlichen Zuständen, die die Erde im Laufe ihrer Entstehung und Geschichte durchlaufen hat. Der glühende Ball aus Materie, aus dem die Erde wurde, hat Heiß- und Warmphasen ganz anderer Stärke überstanden. Deshalb passen Formulierungen wie »Zerstörung unseres Planeten« oder »Bewahrung der Schöpfung« nicht zu den aktuellen Zukunftsszenarien. Sie überschätzen die Einwirkungsmöglichkeiten, die wir tatsächlich haben. Menschen können diesen Planeten weder zerstören noch bewahren.

Was Menschen aber können, ist: ihre Lebensgrundlagen pflegen, verändern und auch zerstören. Küstenlinien haben sich immer verschoben, Warm- und Kaltzeiten haben sich abgewechselt. Neu und anders ist jetzt allerdings, dass diese Veränderungen durch unsere Mitwirkung erheblich schneller geschehen als in früheren Epochen der Erdgeschichte. Was sich sonst in 10.000 Jahren veränderte, verändert sich jetzt in 100 oder gar in 50 Jahren.[86] Und in den meisten Phasen erdgeschichtlicher Veränderung gab es keine menschliche Zivilisation, die von diesen Veränderungen betroffen gewesen wäre. Es sind immer Lebensformen zugrunde gegangen (am prominentesten: die Dinosaurier) und neue entstanden (z. B. die Primaten). Wenn jetzt aber unsere Zivilisation zugrunde ginge, so wäre dies ein bisher einmaliger Fall, zudem einer, der die ganze Menschheit unmittelbar betrifft.

Was brauchen wir, um die Veränderungen steuern zu können?

Die Klimaveränderungen sind *das* Zukunftsthema überhaupt. Alle anderen Zukunftsfragen der Gegenwart hängen davon ab. Denn wenn es unsere Zivilisation nicht mehr gibt, gibt es auch nichts mehr nachzudenken oder zu regeln. Aber auch, wenn es nicht zum Untergang der menschlichen Zivilisation kommt, sondern »nur« zu schweren Verwerfungen, so sind alle anderen Themen mit diesem einen verbunden. Wie wird unsere Gesellschaft diese Aufgaben bewältigen? Welche politischen Mechanismen werden wir brauchen, um die notwendigen Entscheidungen zu treffen? Werden Demokratien heutigen Zuschnitts dieser Herausforderung gewachsen sein? Wie werden Autokratien oder Diktaturen damit fertig? Wie wird das Zusammenspiel von nationalen und internationalen Entscheidungen funktionieren? Es werden internationale Handlungsmöglichkeiten gebraucht, um den Bewohnern eines Inselstaats, der untergeht, eine neue Heimat zu schaffen. Ist das überhaupt vorstellbar?

Was wird dies ganz elementar für das Miteinander der Menschen bedeuten, auch im nahen Umfeld? Wird es zu größerer Solidarität kommen? Oder im Gegenteil, wird jeder gegen jeden um seinen Anteil kämpfen? Wie sind Gerechtigkeit, Freiheit und Verantwortung zu bestimmen?

»Gerechtigkeit, Frieden und Bewahrung der Schöpfung«

In diesem Schnittfeld werden politische, soziale, naturwissenschaftlich-technische und religiöse Fragen verhandelt. Wenn der christliche Glaube überhaupt etwas zum Leben beizutragen hat, dann hier. Doch ist das so selbstverständlich?

Wenn die Kirchen sich heute zu Klimagerechtigkeit und Nachhaltigkeit äußern, wird ihnen gelegentlich vorgeworfen, nur auf einen grün-linksliberalen Zug aufzuspringen. Doch das ist nachweislich falsch. Die Vollversammlung des Ökumenischen Rates der Kirchen 1983 in Vancouver (Kanada) beschloss einen »Konziliaren Prozess«, also einen gemeinsamen Lernweg zu »Gerechtigkeit, Frieden und Bewahrung der Schöpfung«. Auslöser war der Vorschlag der DDR-Delegation, ein weltweites Friedenskonzil einzuberufen. Da dies angesichts des damals noch existierenden »eisernen Vorhangs«, der die Machtblöcke des Westens und des Ostens voneinander trennte, nicht möglich war, einigte man sich auf einen gemeinsamen Lernweg. Zu den großen Errungenschaften dieses Impulses gehört, dass man sehr weitsichtig die Friedensthematik in den Kontext von Fragen zur weltweiten Gerechtigkeit und zur Bewahrung der Schöpfung stellte. Man sah, dass es Frieden ohne Gerechtigkeit nicht geben könne, aber auch nicht ohne Bewahrung unserer Lebensgrundlagen, ohne Ernährungssicherheit, Zugang zu sauberem Trinkwasser und Gesundheitsversorgung. Schon früh sah man, dass künftige Kriege nicht nur um Territorien oder Bodenschätze geführt werden würden, sondern auch um Wasser und fruchtbaren Boden. Und man sah, dass umgekehrt Kriege zu massiven Umweltzerstörungen führen.

Zwar waren die Kirchen weltweit nicht die Ersten, die auf diese Zusammenhänge aufmerksam machten. 1972 veröffentlichte der »Club of Rome« seinen ersten Bericht mit dem Titel »Grenzen des Wachstums«. 1978 trat in Deutschland zum ersten Mal die Partei »Die Grünen« bei Landtagswahlen (in Bayern) an. Aber die Initiierung eines weltweiten konziliaren Prozesses durch die Kirchen in Vancouver 1983 gehört zu den frühesten Impulsen auf diesen Feldern, die tatsächlich eine breite Wirksamkeit entfalteten. So wurden 10 Jahre lang weltweit sogenannte »Dekade-Gottesdienste« gefeiert, in denen bei zahllosen, kirchlich engagierten Menschen ein Bewusstsein für die Umwelt- und Klimathematik entstand. Der Deutsche Evangelische Kirchentag in Düsseldorf 1985 trug mit seinem Motto »Die Erde ist des Herrn« zur Verbreitung des Themas in der deutschen Öffentlichkeit bei.

Was genau hat der Themenbereich Umwelt, Klima, Gerechtigkeit und Nachhaltigkeit aber mit dem christlichen Glauben zu tun? Warum feiert man Gottesdienste zu dieser Thematik? Und was ist der Inhalt dieser Gottesdienste?

Die Entdeckung, dass es Auftrag der Christinnen und Christen im Besonderen, aber generell aller Menschen ist, die Schöpfung zu bewahren, war 1983 noch neu. Sie berief sich auf einen Vers in der zweiten Schöpfungsgeschichte: »Und Gott der Herr nahm den Menschen und setzte ihn in den Garten Eden, dass er ihn bebaue und bewahre.« (1. Mose 2, 15) Zuvor hatte die Theologie den Menschen als »Krone der Schöpfung« gesehen, der die Schöpfung in Besitz nehmen konnte mit dem Auftrag: »Füllet die Erde und machet sie euch untertan und herrschet über die Fische im Meer und über die Vögel unter dem Himmel und über alles Getier, das auf Erden kriecht.« (1. Mose 1, 28) Kultur- und selbstkritisch erkannte man nun, dass dieser theologische Ansatz mitverantwortlich war für die abendländische Gegenübersetzung von Mensch und Natur, aus der das Recht zu ihrer Ausbeutung abgeleitet worden war. Insofern markiert Vancouver 1983 einen fundamentalen Wendepunkt, einen Paradigmenwechsel. Die Krise im Schnittfeld von Umwelt, Klima, Frieden und Gerechtigkeit führte zu einem neuen theologischen Denken.

Deep-Theology – eine Vertiefung des Nachdenkens im Glauben

Doch die Entdeckung des Auftrags, die Schöpfung zu bewahren, war nur ein erster Schritt. Seitdem ist nicht nur naturwissenschaftlich, sondern auch theologisch weitergedacht worden. Die Berufung auf 1. Mose 2, 15 wird heute in der Fachtheologie kritisch gesehen, weil sie willkürlich erscheint. Die historisch-kritische Auslegung der Bibel betont, dass die beiden Schöpfungsberichte unterschiedliche Weisen der Auseinandersetzung der Menschen zu ihrer Zeit mit ihrer Welt waren. Darum kann man sie nicht als Texte mit überzeitlichen Normen[87] lesen. Es ist folglich wenig überzeugend, einem einzelnen Satz, der zufällig in unsere Zeit passt, die normierende Begründungslast für unser Verhältnis zur Umwelt aufzulegen. Auch die Rolle des Menschen wird heute anders gesehen als 1983: Zu glauben, der Mensch könnte die Schöpfung bewahren, hatte immer noch etwas von der Selbstüberschätzung des Menschen als »Krone« der Schöpfung«, wenn auch unter veränderten Vorzeichen.

Dennoch: Die Formel von der »Bewahrung der Schöpfung« war kommunikativ und medial so erfolgreich, dass man sie schlechterdings nicht fallen lassen oder gegen eine andere austauschen kann. In den öffentlichen Äußerungen der Kirchen ist diese Formel deshalb bis heute in Gebrauch. In der Fachtheologie wird sie nicht mehr oder jedenfalls nicht allein und nicht ohne kritische Kommentierung, verwendet.

Das Nachdenken über die Schöpfung ist Gegenstand ökumenischer und internationaler Forschung. Deshalb sind es heute zwei englische Begriffe, die diesen Themenbereich der Theologie bezeichnen: Eco-Theology und Deep-Theology. Während sich der erste Begriff gut auf Deutsch mit Öko-Theologie wiedergeben lässt, gibt es für den zweiten keine Entsprechung, denn die wörtliche Übersetzung »Tiefen-Theologie« ist nicht gebräuchlich. Beide Forschungsrichtungen aber bohren »tiefer«, weil sie nicht nur einzelne Bibelzitate bemühen.[88] Zu den interessanten neuen Ansätzen gehört, eine Beziehung zwischen der ausgebeuteten Natur und dem gekreuzigten Christus herzustellen. Wie er gemartert wurde, so wird jetzt die Erde gemartert. Wer an Christus glaubt und seinen Martertod als Mahnung gegen alle Marter auch in unserer gegenwärtigen Welt nimmt, der kann die Marter der Erde nicht hinnehmen.[89] Damit wird eine »Tiefen-Matrix« gezeichnet, von der her man das Geschehen an der Oberfläche verstehen kann. Diesen Gedanken findet man ähnlich schon bei Paulus: »Denn das ängstliche Harren der Kreatur wartet darauf, dass die Kinder Gottes offenbar werden. Die Schöpfung ist ja unterworfen der Vergänglichkeit – ohne ihren Willen, sondern durch den, der sie unterworfen hat –, doch auf Hoffnung; denn auch die Schöpfung wird frei werden von der Knechtschaft der Vergänglichkeit zu der herrlichen Freiheit der Kinder Gottes. Denn wir wissen, dass die ganze Schöpfung bis zu diesem Augenblick seufzt und in Wehen liegt.« (Röm 8, 19-22) Solchen Bibelstellen wird nicht mehr allein die Begründungslast auferlegt, sondern sie werden in theologische Kontexte eingeordnet, z. B. in die Kreuzestheologie.

Etwas konkreter bedeutet das: In der Theologie wird der Mensch heute als ein Geschöpf inmitten von Mitgeschöpfen gesehen. Der Begriff der Mitgeschöpflichkeit brauchte lange, bis er auch in kirchlichen Äußerungen aufgegriffen wurde.[90] Mit seinen Mitgeschöpfen hat der Mensch pfleglich und sorgsam umzugehen. Dazu gehört auch die Sorge um das Tierwohl.[91] Wie viel Fleischkonsum ist vertretbar? Oder ist nur noch eine vegetarische bzw. vegane Ernährung verantwortbar? Zudem ist ein Bewusstsein für die Notwendigkeit des Erhalts der Artenvielfalt entstanden. Es ist aber auch klar, dass der Mensch keinen Atemzug tun, keinen Schritt gehen, keine Nahrung zu sich nehmen und verdauen kann, ohne die Schöpfung zu verändern. Wo der Mensch lebt, verändert er seine Umwelt. Es kann nur – ganz bescheiden – darum gehen, das Seufzen der Kreatur möglichst gering zu halten. Das ist die Verantwortung des Menschen.

Alles soll anders werden – und bleiben, wie es ist

Im Zuge der aktuellen Debatten ist oft von Bildern »guten, gelingenden Lebens« die Rede.[92] Denn die erforderliche Wende braucht hoffnungsvolle Ziele. Sie kann nicht gelingen und man wird die Menschen nicht dazu bewegen können, freiwillig ihr Verhalten zu verändern, wenn dies nur mit Verlust und Verzicht verbunden ist. Wie kann ein Leben, das die Erde weniger schädigt, aussehen, und zwar so, dass es trotzdem ein gutes Leben ist? Auf diese Frage gibt es bis heute keine wirklich befriedigende Antwort. Die Politik hat lange auf eine Vereinbarkeit von nachhaltigem und erfolgreichem Wirtschaften gesetzt. Wenn man nur geschickt genug ist in der technischen Umsetzung nachhaltiger Maßnahmen, dann – so die Annahme und das Versprechen – werde auch die Wirtschaft profitieren und es müsse in der Folge nicht zu einem Verzicht kommen. Also, alles muss anders werden, aber doch ohne dass der Einzelne es merkt und sich ändern muss. An die Stelle eines Autos mit Verbrennermotor tritt das Elektro-Auto. Und wenn seine Anschaffung staatlich gefördert wird, wird es für den Verbraucher nicht einmal teurer. So das Versprechen.

Natürlich wäre es schön, wenn es so wäre. Aber nach und nach hat sich die Erkenntnis durchgesetzt, dass diese Rechnung nicht aufgeht. Was uns vielmehr bevorsteht, wenn wir nachhaltiger wirtschaften, die Klimaveränderungen begrenzen und die Lasten der Veränderungen weltweit gerecht verteilen wollen, ist eine tiefgreifende Veränderung unseres Lebens. Dass dies auch Verzicht und Verlust bedeuten wird, ist deutlich zu sehen, während unklar und abstrakt bleibt, was wir stattdessen gewinnen werden.[93] Es bedarf einer umfassenden Transformation, die in vielen einzelnen Aktivitäten Gestalt gewinnt und in der neben der Politik alle gesellschaftlichen Bereiche, auch die Religionen, eine wichtige Rolle spielen.[94] Diese Transformation braucht Mut und einen nüchternen Blick auf die Wirklichkeit.

Der Realität ins Auge sehen

Der Stillstand weiter Bereiche des öffentlichen Lebens während der Covid-19-Pandemie führte eine vorübergehende Verminderung des Ausstoßes von Treibhausgasen mit sich. Der Flugverkehr kam 2020 fast völlig zum Erliegen, der Autoverkehr war deutlich reduziert. Eine Zeit lang schien es so, als sei mit der Pandemie eine (unfreiwillige) Wende des Lebensstils gekommen. Eine Rückkehr zum vorpandemischen Alltag schien kaum vorstellbar.

Doch diese Annahme täuschte. Seit etwa 2022 wird immer deutlicher, dass die Klimaziele[95], z. B. die Begrenzung der Erderwärmung um max. 1,5 Grad nicht erreicht werden. Weder bringt die Politik die Kraft auf, die erforderlichen Maßnahmen durch gesetzgeberische Maßnahmen auf den Weg zu bringen, noch gibt es einen gesellschaftlichen Konsens, der diese politische Aufgabe erleichtern bzw. erst möglich machen würde. Die seit den 1970er-Jahren gehegte hoffnungsvolle Annahme, aufgeklärte und vernünftige Individuen würden die technisch als richtig erkannten Einsichten annehmen und entsprechende Maßnahmen steuern, hat sich als unrealistisch herausgestellt. Die Energie, die aufgewendet wird, um den gewohnten Lebensstil zu erhalten, ist offenbar mindestens so groß, wahrscheinlich aber sogar größer als die Energie, die aufgewendet wird, um die Klimaziele zu erreichen.

Deshalb wächst die Notwendigkeit, uns auf die Folgen der nicht mehr abwendbaren Veränderungen (steigende Meeresspiegel, häufigere und dramatischere Naturkatastrophen, Überschwemmungen, Dürren) einzustellen. Ethisch ist zu fordern, dass dabei nicht das Recht des Stärkeren politisch die Oberhand gewinnt, sondern ein gerechtes Handeln für alle Menschen dieser Erde abgestimmt wird.

Eine Ethik des »Genug« – und eine unaufgebbare Hoffnung

Die Kirchen und die Theologie haben sich durch die ökologischen Fragen verändert wie durch kaum ein anderes Thema. Sie haben ein neues Verhältnis zur Welt gefunden. An die Stelle eines Gegenübers von Mensch und beherrschbarer Natur ist eine Sicht auf den Menschen als Geschöpf inmitten von Mitgeschöpfen getreten. Die Ökotheologie und die Deep-Theology haben die Fragen von Umwelt, Klima, Gerechtigkeit und Frieden auf den Kern des christlichen Glaubens, auf Jesu Tod am Kreuz, bezogen und sehen in der gemarterten Umwelt den gemarterten Christus selbst. Damit ist die Theologie zu ihren Wurzeln, dem Nachdenken über Jesu Tod am Kreuz, zurückgekehrt.

Diese Einsichten sind von unschätzbarem Wert. Doch die Kirchen, auch der christliche Glaube, können uns aus dieser schwierigen Situation nicht herauskatapultieren. Sie können aber trotzdem einen entscheidenden Beitrag für die Gesellschaft leisten.[96] Denn der christliche Glaube macht grundsätzlich die Oberfläche unseres Lebens durchsichtig für andere Dimensionen. Schon dadurch, dass er nach dem fragt, was hinter dem Horizont zu sehen ist, also nach dem Transzendenten, dem Über-die-sichtbare-Welt-Hinausgehenden, bringt er andere Lebenshaltungen ins Spiel. Das rein Materielle, das an der Oberfläche zu sehen ist, ist nicht alles. Dies in eine Alltagspraxis zu übersetzen kann vielleicht ein konkreter Weg zur Veränderung sein.

In den letzten Jahren spricht man von einer »Ethik des Genug«.[97] Man fragt also: Brauchst du wirklich alles, was du zu brauchen meinst? Oder wäre nicht auch weniger genug? Auch hier hat ein Kirchentag für eine breite Diskussion gesorgt, nämlich in Hamburg 2013 mit dem Motto »So viel du brauchst«. Dieses Zitat stammt aus der Geschichte von der Wanderung des Volkes Israel durch die Wüste. Dort ernährt Gott das Volk mit »Manna«, einer brotähnlichen Speise, die jeden Morgen auf dem Boden liegt. Man kann sie einsammeln und hat für einen Tag genug zu essen, aber man kann sie nicht lagern. Denn das Manna verdirbt schnell und beginnt dann zu stinken. Man kann eben immer nur so viel sammeln, wie man braucht. Mehr nicht (2. Mose 16, 13-34). Diese Haltung zu stärken und in die Gesellschaft einzubringen wird nicht dadurch überflüssig, dass sie allein die erhoffte Transformation nicht bewirken kann.

In der politischen Ethik spricht man von »suffizientaristischen Konzepten« (von Suffizienz = Genüge). Für die politische Umsetzung bräuchte man allerdings Schwellenkriterien, ab wann denn jemand »genug« haben soll. Und was rechtfertigt den Eingriff in die Freiheitsrechte der Bürger, ihnen vorzuschreiben, wann sie »genug« haben? Darüber gibt es bisher keine Verständigung. Nähern wir uns dann der von manchen schon befürchteten »Öko-Diktatur«? Andererseits: Werden die gigantischen Herausforderungen mit Freiwilligkeit allein zu bewältigen sein? Einer der zentralen Streitpunkte in der Diskussion der letzten Jahre[98] entzündet sich an der Frage nach dem Verhältnis von individueller Verantwortung und politischem Handeln. Steuerungsrahmen etwa für die Industrie kann und muss die Politik setzen. Die politische und die individuelle Ebene sind beide wichtig und dürfen nicht gegeneinander ausgespielt werden.

Glaube ist Hoffnung. Nicht vertröstende Hoffnung, sondern realistische Hoffnung. »Hoffen heißt handeln, als ob Rettung möglich wäre« (Fulbert Steffensky). Auch wenn klare Wege nicht (oder noch nicht) zu erkennen sind, lohnt es sich, nicht aufzugeben. Gerade angesichts der großen Menschheitsaufgaben, die leicht in eine Haltung führen können nach dem Motto »Was soll ich schon bewirken?« oder »Das lohnt sich doch alles nicht mehr«, hilft der Glaube, weiterzumachen, nicht aufzugeben. Und das ist viel. Denn wenn wir nicht wenigstens versuchen würden, unsere Aufgaben zu lösen, hätten wir heute schon verloren. Dem stellt der Glaube sich entgegen.

Freiheit und Verantwortung in der digitalen Welt

Nichts geht heute mehr ohne digitale Verarbeitung und Kommunikation. Selbst Handwerker arbeiten heute mit digital gesteuerten Maschinen, verarbeiten ihre Buchhaltung digital und kommunizieren auf diese Weise mit ihren Kunden. Die Erfindung der digitalen Kommunikation ist vergleichbar mit der Erfindung der Schrift, des Buchdrucks oder der Dampfmaschine. Diese Erfindungen haben die Welt jeweils komplett verändert. Mit der Erfindung der Schrift konnte erstmals über große Entfernungen hinweg kommuniziert, konnten Bestände an Getreide oder Wein in Listen festgehalten werden, wurden Planung, Vorsorge und die Archivierung des Vergangenen möglich. Die Erfindung des Buchdrucks machte die Bibel, Flugblätter, später Bücher und Zeitungen jedermann und jedefrau zugänglich. Das eröffnete ganz neue Möglichkeiten der Teilhabe: Nicht mehr nur wenige Gebildete konnten lesen, sich informieren. Mitreden konnten nun alle, weil sie über Informationen verfügten und die Behauptungen von Kirche und Politik kritisch hinterfragen konnten. Die Erfindung der Dampfmaschine öffnete den Weg ins Zeitalter der Industrialisierung. Sie ermöglichte die Massenproduktion von Waren, sodass nicht mehr nur eine kleine Schicht von Superreichen, sondern sehr viele Menschen zu erschwinglichen Preisen konsumieren konnten. Die Dampfmaschine steht am Anfang der modernen Ökonomie!

Allerdings: Der Umgang mit diesen Erfindungen musste erst gelernt werden. Die Verunsicherung war zunächst groß. Wer durfte Schreiben lernen? Wer durfte lesen? Wer durfte Zugang zu schriftlichen Quellen und damit zu geheimem Wissen haben? Wie konnte verhindert werden, dass die Kritik an der Obrigkeit zur Destabilisierung der Gesellschaft führte? Wenn jeder selbst die Bibel lesen konnte, konnte sich auch jeder selbst ein Bild machen, ob es stimmte, was der Pfarrer lehrte. Die Verbreitung und die Zunahme von Wissen führte in die Aufklärung mit ihrem Grundsatz: »Habe Mut, dich deines eigenen Verstandes zu bedienen!« (so Immanuel Kant 1784). Und die Industrialisierung hatte eine weniger schöne Rückseite, nämlich die Entstehung eines Proletariats aus Arbeiterfamilien, die zu großen Teilen im sozialen Elend lebten. Darauf reagierten Christen mit dem systematischen Ausbau der Diakonie. Karl Marx schrieb sein »Kommunistisches Manifest«.

Im Blick auf die Geschichte ist klar: Erfindungen, die einen disruptiven Charakter haben, also das bisher dagewesene nicht nur weiterentwickeln, sondern grundlegend verändern, verlangen nach neuen Kulturformen des Umgangs mit diesen Neuerungen.

Umgang mit technischen Innovationen

Die Entwicklung dieser neuen Kulturformen verlief nie ohne Brüche und Konflikte. Es kam zu Krisen, aus denen eine veränderte Gesellschaft hervorging. Der Gedanke, dass wir im Zeitalter der Digitalisierung in einem ähnlichen Umbruch leben, weckt Hoffnungen und Ängste zugleich. Wahrscheinlich beides zu Recht. Von manchen wird die Digitalisierung gefeiert als eine weltumspannende Freiheitsbewegung. Jeder und jede kann zu jeder Zeit an nahezu jede Information gelangen, kann sich vernetzen, verbünden und an Diskussionen beteiligen. Gleichzeitig wird das

Netz überschwemmt mit Fake-News, werden unsere Daten für wirtschaftliche Zwecke ausgebeutet, können Überwachungsapparate nie gekannten Ausmaßes entstehen.

Was hat der christliche Glaube in dieser Hoffnungs- und Krisenzeit zu sagen? Wie wir im Kapitel über die Bildung ethischer Urteile sahen, ist es nicht ganz einfach, den Glauben auf Probleme der Gegenwart anzuwenden. Denn – und das muss nicht betont werden – Digitalisierung kommt in der Bibel nicht vor. Unmittelbare Aussagen kann es also nicht geben. Es ist aber bemerkenswert, dass Jesus in einer Kultur lebte, in der Schrift eine große Rolle spielte. Denn im Zentrum des frühen Judentums, das vor allem im Babylonischen Exil 597-539 v. Chr. seine Wurzeln hat, stand die »Schrift«, die Hebräische Bibel, bestehend aus der Thora, also den 5 Büchern Mose, aus den Propheten und den übrigen Schriften. Jesu öffentliches Auftreten beginnt nach Lukas damit, dass er in der Synagoge von Nazareth aus der Schrift vorliest, und zwar eine Stelle aus dem Propheten Jesaja, die er auf sich selbst bezieht. Es heißt dort: »Der Geist des Herrn ist auf mir, weil er mich gesalbt hat und gesandt, zu verkündigen das Evangelium den Armen … Heute ist dieses Wort der Schrift erfüllt vor euren Ohren.« (Lk 4, 16-20) Zugang zur Schrift zu haben und sie öffentlich zu deuten war eine Grundvoraussetzung dafür, dass Jesus predigen und sich Gehör verschaffen konnte.

1500 Jahre später nutzte Martin Luther den Buchdruck, um seine deutsche Übersetzung der Bibel zu verbreiten, aber auch um auf Flugblättern seine Kritik am Papsttum in die breite Öffentlichkeit zu tragen. Und nochmals 300 Jahre später reagierten engagierte Christen auf die sozialen Missstände, die mit der Industrialisierung einhergingen, mit einer flächendeckenden sozialen Initiative, die in den zahllosen diakonischen Einrichtungen bis heute andauert. So gesehen kann man sagen: Der christliche Glaube hat die neuen Medien, die technischen Innovationen und die neuen Kulturformen immer als Herausforderung und Chance begriffen. Er hat sich kritisch mit ihnen auseinandergesetzt, sie aber nicht abgelehnt. Er hat sie positiv aufgegriffen und Lösungen für die Probleme gesucht. Das kann ein erster Hinweis für heute sein. Christinnen und Christen sollten sich nicht wegducken oder ängstlich sein, sondern zupackend und konstruktiv nach den passenden und angemessenen Umgangsformen mit den digitalen Medien suchen.

Eine neue Herausforderung durch den von außen nicht einsehbaren Computer

Was genau ist das Neue, das mit der Digitalisierung in unsere Welt getreten ist? Der Soziologe Dirk Baecker bezeichnet dieses Neue im Anschluss an Niklas Luhmann als »Überschusssinn«. Der »Überschusssinn« des Computers, so Baecker, besteht in der Möglichkeit, dass er sich »auf sein eigenes, von außen nicht einsehbares Gedächtnis beruft, während er sich an einer Kommunikation beteiligt, die es bis dato nur und ebenso gedächtnisgestützt mit den Bewusstseinssystemen von Menschen zu tun hatte«.[99] Obwohl diese Definition schon aus dem Jahre 2007 stammt, trifft sie hellsichtig genau das, was wir jetzt mit der fortschreitenden Entwicklung von sogenannter »Künstlicher Intelligenz« erleben. Eine »Maschine« im weitesten Sinne kommuniziert mit uns, und sie tut es so, dass die Kommunikation mit der Maschine der mit einem Menschen immer ähnlicher wird. Dabei ist ihr »Gedächtnis« im weitesten Sinne, also ihr Datenreservoir, ihre Algorithmen, von außen nicht einsehbar. Und je weiter sie sich zu einem »deep learning« entwickelt, das nicht nur nachvollzieht, was Programmierer ihr eingegeben haben, sondern sich von dort aus selbstständig weiterentwickelt, desto nicht-einsehbarer wird diese Maschine von außen. Der Überschusssinn, der daraus resultiert, kann als Kontrollüberschuss und zugleich als Kontrollverlust beschrieben werden. Aufseiten der Maschine (und ihrer Entwickler, ihrer Betreiberplattformen und deren Ökonomien usw.) wird der Kontrollüberschuss immer größer, aufseiten der Nutzer der Kontrollverlust. Mit dieser Zwei-Seiten-Referenz umzugehen, für diesen Umgang Kulturformen zu entwickeln ist eine der Herausforderungen unserer Zeit.

Die Zehn Gebote in Zeiten des digitalen Wandels

Im Kapitel über Methoden ethischer Urteilsbildung hatten wir Freiheit und Verantwortung als zentrale Kriterien bezeichnet, die in der evangelischen Theologie die Grundlage für die Orientierung in unserer Welt bilden. Was heißt es, mit der digitalen Kommunikation frei und verantwortlich umzugehen? Um dies gedanklich durchzuspielen, greife ich auf die Zehn Gebote zurück. Das mag auf den ersten Blick abwegig erscheinen, weil die Zehn Gebote vor etwa 3000 Jahren in einer nomadisch lebenden Gesellschaft entstanden sind. Nichts könnte den Herausforderungen von heute ferner sein. Sie stammen aus einer Phase menschlicher Entwicklung, als zu schreiben noch als magische Praxis galt. Während Jesus 1000 Jahre später aus einer von Menschen geschriebenen Thora-Rolle vorlas, wird von den Zehn Geboten gesagt, sie seien von Gott selbst auf zwei Steintafeln geschrieben worden. Nur Mose, der von Gott dazu auserwählt wurde, kann und darf sie lesen (2. Mose 20, 1-21; 31,18; 34, 29-35). Jeder andere, der sich ihnen unbefugt näherte, würde auf der Stelle tot umfallen (2. Sam 6, 6+7). Schrift ist damals also noch von einem religiösen Tabu umgeben. Doch so fern diese Zeit ist, die ethischen Grundfragen menschlichen Lebens, die in den Zehn Geboten angesprochen sind, haben sich durch die Jahrtausende wenig verändert. Ein kurzer Durchgang durch die Gebote kann dies deutlich machen.[100]

1. Von Gott, Göttern und Mächten

»Ich bin der Herr, dein Gott, du sollst keine anderen Götter neben mir haben.« Welche »Götter« und Mächte entstehen in der digitalen Welt? Diese ist voll von sehr starken Mächten, seien es die technischen Entwickler, die maßgeblich unser Leben mitgestalten, obgleich sie hierfür keinerlei demokratische Legitimation haben. Seien es die Betreiber von Plattformen mit ihren wirtschaftlichen Interessen, die unsere Daten – und damit einen Abdruck unseres Lebens – als Rohstoff für ihre Gewinnmaximierung nutzen. Die Sammlung und Nutzung großer Mengen von Daten wird »Big Data« genannt. Seien es aber auch irrational anmutende Mächte, die durch unsere Ängste und Zuschreibungen an die neue Technik entstehen. Das erste Gebot ist ein Hinweis, mit diesen Mächten aufgeklärt und rational umzugehen, sie zu erkennen und zu benennen, sie nüchtern als das zu bezeichnen, was sie sind, nämlich menschliche Kräfte, und ihnen nicht übermenschliche Macht zuzuschreiben. Ein solcher aufgeklärt-nüchterner Umgang mit der Digitalisierung ist die Basis, sie in Freiheit zu nutzen und zugleich verantwortlich mit ihr umzugehen.

2. Von der Macht der Bilder

»Du sollst dir kein Bildnis von Gott machen.«[101] Nicht nur Bilder von Gott sind heikel. Auch Bilder, die wir uns von Menschen machen, können falsch sein, und vor allem können sie Menschen festlegen auf etwas, was sie nicht sind. Zudem sind Bilder mächtig, oft mächtiger als Worte. Die digitale Welt arbeitet ganz bewusst mit Bildern und stellt damit Realitäten her, die oft genug fragwürdig sind. Bildbearbeitungsprogramme geben die Möglichkeit, Bilder geschickt zu fälschen, sodass es dem Betrachter kaum auffällt. Das zweite Gebot macht auf diese heikle Dimension von Bildern aufmerksam.

3. Alles ist erlaubt – aber alles bedarf der Gestaltung

»Du sollst den Namen Gottes nicht missbrauchen.« Religiosität braucht in der digitalen Welt besondere Aufmerksamkeit. Denn dort kann jede und jeder das Evangelium verkündigen, predigen, die Bibel auslegen, ohne dass es für die Qualität Filter gäbe. Während Pfarrerinnen und Pfarrer studiert haben müssen und dann ordiniert, also offiziell beauftragt werden, steht die Verkündigung im Netz jedem frei. Darin steckt eine Demokratisierung des Glaubens, auch der Kirchen. Aber darin steckt auch die Gefahr, dass sektiererische Meinungen als wahr verbreitet oder rein persönliche Ansichten als Meinung der Kirchen ausgegeben werden. Für die offiziellen Kirchen wird hier der oben beschriebene Kontrollverlust besonders spürbar. Es entstehen neue Gottesdienstformen, auch das Abendmahl wird in digital vermittelten Versammlungen gefeiert. Gerade wenn es ans »Eingemachte« des Glaubens geht, ist die Balance aus Freiheit und Verantwortung besonders sorgfältig auszutarieren. Alles ist möglich, alles ist erlaubt – aber alles bedarf der Gestaltung. Die Kompetenzen, die wir Nutzer dafür brauchen, entstehen erst nach und nach.

4. Von der Heilsamkeit der Unterbrechung

»Du sollst den Feiertag heiligen.« Die digitale Welt kennt keine Pausen. Das verändert das Privatleben, es verändert aber auch die Arbeitswelt. Kann man mal richtig abschalten, im doppelten Sinn des Wortes? Die Geräte ausmachen? Oder muss man dem Chef und den Kollegen sieben Tage die Woche rund um die Uhr zur Verfügung stehen? Und wie erträgt man es, rund um die Uhr die neuesten Nachrichten lesen oder hören zu können, die obendrein oft genug wenig erfreulich sind? Komplett abschalten? Diesen Wunsch verspüren wohl viele. Aber kann das die Lösung sein? Welche neuen Rhythmen entstehen in der durch Digitalisierung geprägten Welt? Entwickeln sich überhaupt Rhythmen oder nur eine unendliche Spirale der Dauerkommunikation, die uns erschöpft zurücklässt? Was braucht der Mensch für Körper, Geist und Seele, um gesund bleiben zu können? Kontrollüberschuss und Kontrollverlust werden hautnah spürbar, Erschöpfung und Überforderung inklusive. Das vierte (bei Luther dritte) Gebot ist ein guter Hinweis, diese Fragen nicht zu vergessen.

5. Von der Verantwortung für kommende Generationen

»Du sollst Vater und Mutter ehren, auf dass es dir gut gehe und du lange lebest auf Erden.« In der nomadischen Gesellschaft war dies die Verpflichtung, generationenübergreifend füreinander zu sorgen. In der digitalen Gesellschaft kann dies heißen, alte Menschen von der Nutzung digitaler Geräte nicht auszuschließen. In Altersheimen werden Kurse im Umgang mit Smartphones angeboten.

Aber auch der Aspekt der Nachhaltigkeit ist hier zu nennen. Die angeblich »virtuelle« Welt hat ihre Basis in einem extrem hohen Energieverbrauch und sie lebt von der Extraktion »seltener Erden« und anderer Rohstoffe. Im Jahre 2023 betrug der Energieverbrauch der Rechenzentren, ihrer Kühlung und der Endgeräte ca. 8 % des weltweiten Energieverbrauchs insgesamt. Er steigt kontinuierlich und es wird in einigen Jahren mit 30 % des weltweiten Energieverbrauchs gerechnet. Größter Lieferant seltener Erden ist China. Der Abbau geschieht unter teils lebensgefährlichen Bedingungen und es fallen giftige Abfälle an, die die Umwelt enorm belasten. Das fünfte (bei Luther vierte) Gebot lenkt den Blick auf die Verantwortung dieser sehr realen Seite der Digitalität mit Folgen für die nächsten Generationen.

6. Du sollst nicht töten – auch nicht im Cyberwar

»Du sollst nicht töten.« Man spricht von Cyberwar, also Krieg mit Mitteln der Cyberwelt. Angriffe auf die kritische Infrastruktur von Staaten gehören heute bereits zum Alltag.[102] Die tödlichen Wirkungen digitaler Systemsteuerungen lassen sich derzeit vor allem bei softwaregestützten automatisierten Waffensystemen und bei »Lethal Autonomous Weapon Systems« (Tödliche Automatisierte Waffensysteme) beobachten. Sie werden zur gezielten Tötung von Menschen, auch zur Hinrichtung von Personen, die als Terroristen eingestuft werden, eingesetzt. Dabei werden völkerrechtliche Bestimmungen missachtet; denn abgesehen von der grundsätzlichen Fragwürdigkeit, die der Todesstrafe innewohnt, werden hier Menschen ohne Prozess und Verteidigungsmöglichkeit aus der Ferne hingerichtet. Die automatisierten Waffensysteme erreichen dabei nicht nur eine bisher ungekannte Präzision, sie verwischen auch die Frage der Verantwortung. In einigen Systemen sind es noch Menschen, die den letzten Befehl zur Tötung geben, in anderen Fällen agieren Systeme selbstständig und in so komplexen selbstlernenden Prozessen, dass man nicht einmal mehr die Programmierer ohne Weiteres als Verantwortliche identifizieren kann. Dies wirft massive ethische Fragen auf. Es wäre wünschenswert, dass auf Ebene der Vereinten Nationen von allen akzeptierte Regeln vereinbart würden. Das scheint im Augenblick aber wegen der starken Eigeninteressen vieler Staaten nicht möglich zu sein.

7. Von der Verantwortung in Beziehungen

»Du sollst nicht ehebrechen.« Die digitale Kommunikation hat auch die Anbahnung und Gestaltung von Partnerschaften und intimen Beziehungen verändert. Das bringt Möglichkeiten mit sich, Menschen auf Dating-Plattformen kennen zu lernen und Beziehungen zu gestalten. Freiheit und Verantwortung stehen hier besonders deutlich nebeneinander. Denn mit der bis dato ungekannten Freiheit der Beziehungsgestaltung, jenseits von Konventionen, räumlichen oder statusmäßigen Grenzen geht die Verantwortung einher, ehrliche Angaben zur eigenen Person zu machen und es sich etwa mit der Beendigung einer Beziehung nicht zu leicht zu machen. Man spricht von »Ghosting«, wenn man eine Beziehung einfach dadurch beendet, dass man über seine digitalen Geräte nicht mehr erreichbar ist, ohne dem oder der anderen den Wunsch nach Beendigung der Beziehung mitzuteilen. Das siebte (bei Luther sechste) Gebot ist nicht zu eng im Sinne des Bruchs einer Ehe auszulegen, sondern im Blick auf den weiten Bereich der Gestaltung intimer Beziehungen.

8. Von neuen Räumen für die Kriminalität

»Du sollst nicht stehlen.« Mit dem Internet ist ein ganz neuer Raum krimineller Handlungen entstanden. Betrug beim Kauf von Waren, das Hacken von Bankkonten, Kriminalität im Bereich digitaler Währungen wie »bitcoins«. Die Liste von Eigentumsdelikten ist lang, ihre Verfolgung nicht immer leicht, weil die professionellen Täter oder Täterorganisationen den Strafverfolgungsbehörden an Wissen und technischer Ausrüstung gelegentlich überlegen oder einen Schritt voraus sind. Freiheit und Verantwortung sollten das Handeln jedes Einzelnen bestimmen, etwa wenn man selbst als Verkäufer bei ebay auftritt. Neben Eigentumsdelikten ist die Kinderpornographie ein besonders schwerwiegender Bereich krimineller Handlungen im Netz. Sie könnte verhindert oder beendet werden, wenn es niemanden gäbe, der die betreffenden Seiten aufsucht oder Fotos herunterlädt.

9. Medienkompetenz versus Fake-News

»Du sollst nicht falsch Zeugnis reden wider deinen Nächsten.« Fake-News über Politiker, Prominente wie auch im privaten Bereich gehören mittlerweile zum digitalen Alltag. Das Bloßstellen von Schülerinnen und Schülern untereinander durch die Verbreitung peinlicher und ggfs. gefälschter Fotos ist zu einer Belastung unter Jugendlichen geworden. Unsere Gesellschaft als ganze ist gefährdet, wenn vor Wahlen Fake-News zur gezielten Verunsicherung und Manipulation verbreitet werden. Die Täter sind oft im Auftrag fremder Staaten tätig. Unter diesen Bedingungen Verantwortung für das eigene Handeln zu übernehmen setzt Kompetenz im Umgang mit den digitalen Medien voraus. Kritisch zu sein, nicht naiv alles zu glauben, sich aus verschiedenen Quellen zu informieren, Manipulationen zu durchschauen – dies und vieles mehr ist heute erforderlich, wenn unsere offene und demokratische Gesellschaft nicht gefährdet werden soll.

10. Vom Respekt vor den Grenzen der Freiheit

»Du sollst nicht begehren deines nächsten Weib, Haus und alles, was sein ist.« Das Internet ist wie ein Blick in die Welt. Man kann nahezu alles zu sehen bekommen, attraktive Menschen, Waren aller Art, Kunstwerke, Landschaften, die Lust aufs Reisen machen und vieles mehr. Dagegen kann einem das eigene Leben, das eigene Aussehen und das der Partnerin oder des Partners, ärmlich und unattraktiv erscheinen. Man vergleicht sich, kommt sich klein und benachteiligt vor, sehnt sich danach, teure Waren zu besitzen, weite Reisen zu machen, einen attraktiveren Partner oder eine attraktivere Partnerin zu haben. Freiheit und Verantwortung wahrzunehmen setzt eine verantwortliche Selbststeuerung voraus, eine realistische Einschätzung der eigenen Möglichkeiten, Respekt vor den Grenzen, die mit der Freiheit des anderen gesetzt sind.

Dieser kleine Durchgang durch die Zehn Gebote zeigt, dass man nahezu alle Themen der digitalen Welt von hier aus in den Blick bekommt. Das mag erstaunlich sein, wenn man das Alter der Zehn Gebote bedenkt; aber es ist nicht so erstaunlich, wenn man sich klar macht, dass es Grundthemen des Lebens gibt, die sich, wenn auch in jeweils veränderter Weise, durch alle Zeiten und Kulturen ziehen. So neu die Herausforderungen sind, die sich durch die Digitalisierung stellen, so müssen die Kulturformen für den Umgang mit ihnen nicht aus dem Nichts neu erfunden werden.

Verankerung im Glauben jenseits aller Unsicherheiten

Freiheit und Verantwortung wahrzunehmen war zu keiner Zeit einfach. In Zeiten, in denen Kontrollüberschuss bzw. Kontrollverlust als grundlegende Faktoren unseres Daseins erlebt werden, braucht es Bildung und Respekt, vor allem aber eine Portion innere Stabilität und Abständigkeit gegenüber dem, was bedrängend rund um die Uhr auf uns einstürmt. Wie bedrängend und hier und da überfordernd das erlebt wird, kann man an der Gereiztheit unserer Gesellschaft ablesen. Dabei gehen die Herausforderungen durch die Digitalisierung Hand in Hand mit den vielen anderen Herausforderungen unserer Zeit.

Was hat der christliche Glaube dazu beizutragen? Der Glaube kann Halt geben, Verunsicherungen auszuhalten und trotz aller eigenen Unsicherheit verantwortlich und mit innerer Freiheit zu handeln. An Gott glauben heißt in Zeiten der Unsicherheit und Überforderung, eine Verankerung jenseits aller Unsicherheiten zu haben.

Allerdings: Der Beitrag des Glaubens als Stabilisierung des einzelnen Menschen kann falsch verstanden werden als Beitrag zur Stabilisierung von untragbaren, kriminellen oder zerstörerischen Verhältnissen. Deshalb ist gerade auf einem so neuen Feld wie der Digitalisierung auch die Widerständigkeit des Evangeliums gegen Unrecht und Verführungen ins Spiel zu bringen. Durch alle Zehn Gebote zieht sich eine Haltung, die man mit »kritischer Blick« bezeichnen kann. Die Verankerung des Glaubens in einem Fundament jenseits aller Verunsicherung kann dazu verhelfen, Freiheit und Verantwortung mit eben diesem kritischen Blick auf unsere Lebenswelt wahrzunehmen.

Konkret kann Spiritualität als Weg des Abstands zu den auf mich einstürmenden zahllosen Informationen gelebt werden. Man spricht gelegentlich von einem »Digitalfasten«, also dem bewussten Verzicht auf digitale Kommunikation für eine bestimmte Zeit. Untersuchungen zeigen, dass schon wenige Stunden, in denen die digitalen Geräte abgeschaltet sind, bei manchen Menschen zu Schweißausbrüchen, Angstzuständen oder bedrängender Unruhe führen. Es ist die Angst, eine wichtige Nachricht, auf die man gegebenenfalls unverzüglich reagieren müsste, zu verpassen. Es ist die Sorge, aus der Kommunikation einer Gruppe herauszufallen, wenn man beispielsweise in einer Chatgruppe nicht fortwährend und sozusagen in »Echtzeit« mitliest und reagiert. Die Verankerung in einem Glauben, die diese Ebenen der Kommunikation relativieren hilft und das Selbstwertgefühl nicht allein von den Reaktionen der Menschen um uns herum abhängig macht, kann die Widerstandsfähigkeit gegenüber Druck oder Verführungen stärken. So kann es gerade entscheidend sein, dass der Glaube gewissermaßen aus einer anderen Welt stammt und einen Abstand zur jeweiligen Gegenwart herstellt. Er wird deswegen nicht »weltfremd«, sondern hilft, sich in der Welt zu orientieren, ohne ihren Herausforderungen schutzlos ausgeliefert zu sein.

Freiheit, Diversität und Vielfalt

Ringen um Befreiung und Diversität

Heute kann jeder und jede leben, wie er oder sie will. Man kann auch lieben und heiraten, wen man will. Geschlecht, Hautfarbe und Herkunft spielen – jedenfalls vor dem Gesetz – keine Rolle. Individualität, Freiheit, Lebensgestaltung, Diversität, Geschlechtergerechtigkeit, Antidiskriminierung und Antirassismus – das sind Stichworte, die unsere moderne Gesellschaft der Gegenwart kennzeichnen. Auf die eine oder andere Weise wird dies auch Ihre Lebenswelt, liebe Leserinnen und Leser, prägen. Natürlich gibt es rechtliche und praktische, oft auch finanzielle Grenzen dessen, was im Leben möglich ist. Aber grundsätzlich sind wir heute frei zu leben, wie wir wollen. Das ist eine große Errungenschaft. Sie hat ihre Wurzeln in der europäischen Aufklärung. Die moderne Gesellschaft mit ihren Freiheiten, ihrem Individualismus, dem Leben in Vielfalt ist ohne die Impulse aus dieser Zeit des freiheitlichen Aufbruchs nicht zu verstehen.

Doch mit so viel Freiheit umzugehen ist anstrengend und anspruchsvoll. Wer setzt eigentlich noch Grenzen? Was gilt noch? Werde ich von dieser Gesellschaft womöglich überrollt und komme mit meinen Anliegen nicht mehr vor? Wir erleben in Deutschland Debatten, die von Unsicherheit und Sorge vor Kontrollverlust bestimmt sind. Rufe nach mehr Grenzen werden laut, und zwar nicht nur nach mehr Schutz unserer staatlichen Grenzen, sondern auch nach mehr Grenzen der Vielfalt. In anderen Ländern tritt das noch viel deutlicher zutage: In Russland, in China, in manchen arabischen und afrikanischen Staaten gilt die westliche freiheitliche Gesellschaft als dekadent und sittenlos. Sie wird verachtet und bekämpft.

In diese Landschaft zeichnen wir die kirchlichen Debatten um Freiheit und Vielfalt ein. Das waren in den letzten 40 Jahren die Bewegungen und Denkschulen der Befreiungstheologie, der feministischen Theologie und das Ringen um die Haltung zur Homosexualität. Aktuell sind es die Debatten um Anti-Diskriminierung, Anti-Rassismus und Dekolonisierung. International sind Frauenordination und gleichgeschlechtliche Partnerschaften »Triggerpunkte« sich eher verschärfender als sich beruhigender kirchlicher Debatten. Bei all diesen Themen bringen die Kirchen, bringt der christliche Glaube von der biblischen Tradition her Impulse mit, die in der Kultur vor 2000 oder 3000 Jahren verankert sind. Was ist davon heute zu halten? Wie sind die diversen, teils divergierenden, teils widersprüchlichen Aussagen der Bibel in die Gegenwart zu übersetzen? Was ist zeitlos gültig, was kulturell bedingt? Sich im christlichen Glauben heute mit diesen Fragen auseinanderzusetzen bedeutet, am Kreuzungspunkt mehrerer Debattenlinien zu stehen. Zum einen geht es um die hergebrachten Traditionen im eigenen kulturellen Umfeld und um die Frage, was von diesen Traditionen heute gültig ist und was nicht. In einer globalen Perspektive geht es zweitens um die unterschiedlichen Haltungen der verschiedenen Kulturen zu den genannten Problemfeldern.

Deshalb verbindet sich heute z. B. die Debatte um gleichgeschlechtliche Partnerschaften mit den Diskussionen, die es um Fragen der Dekolonisierung gibt: Die Forderung europäischer

Kirchen, ihr heutiges Verständnis von Lebensformen und Geschlechterdiversität müsse überall auf der Welt anerkannt werden, ist in den Augen afrikanischer Gesprächspartner nur eine weitere kolonialistische Übergriffigkeit, die nicht bereit sei, die afrikanischen Kulturen zu respektieren, sondern meine, diese »zivilisieren« zu müssen.

Internationale Spannungen im Dialog über Diversität und Geschlechtergerechtigkeit

Wenn man sich dies vor Augen führt, überrascht es eigentlich nicht, dass die Christenheit derzeit bei den Themen der Geschlechtergerechtigkeit und der Homosexualität tief gespalten ist. Dabei sollte nicht vergessen werden, dass das, was inzwischen so selbstverständlich erscheint, ziemlich neu ist und erst in den letzten 40, 50 Jahren erkämpft wurde. Die evangelischen Landeskirchen haben die Frauenordination in den 1960er- und 1970er-Jahren eingeführt; zum Abschluss kam dieser Prozess erst 1991, als auch die Landeskirche Schaumburg-Lippe die Frauenordination ermöglichte. Über die Haltung zur Homosexualität und die Segnung gleichgeschlechtlicher Paare wurde 30 Jahre lang zum Teil heftig diskutiert. Erst seit der Einführung der »Ehe für alle« durch den Bundestag im Juni 2017 haben nahezu alle evangelischen Landeskirchen die Trauung für gleichgeschlechtliche Paare eingeführt.[103] In der 6. Kirchenmitgliedschaftsuntersuchung von 2023 hat sich die große Mehrheit der evangelischen und auch der katholischen Kirchenmitglieder für die Segnung homosexueller Paare ausgesprochen.[104]

International stellt sich die Diskussion um Homosexualität und Diversität, aber auch um die Frauenordination anders dar. Im Lutherischen Weltbund gibt es zwar eine Selbstverpflichtung, nach und nach in allen Mitgliedskirchen die Einführung der Frauenordination zu prüfen. Ein hoffnungsvolles Zeichen war die Einführung der Frauenordination in der Evangelisch-Augsburgischen Kirche in Polen 2021, aber andernorts geht die Entwicklung wieder zurück: Die Evangelisch-Lutherische Kirche Lettlands hat 2016 die Frauenordination wieder abgeschafft. In der Weltgemeinschaft der anglikanischen Kirche (die zu den protestantischen Kirchen zählt) haben immer noch nicht alle Regionen die Frauenordination eingeführt.

Homosexualität als Thema von Theologie und Kirche

Das Feld, auf dem es die größten Spannungen gibt, dürfte international das sein, auf dem der Umgang mit Homosexualität und die Frage der Segnung gleichgeschlechtlicher Paare debattiert wird. Der Lutherische Weltbund steht hier seit Jahren in einer Zerreißprobe, vor allem zwischen den mitteleuropäischen und skandinavischen Kirchen einerseits und den afrikanischen und asiatischen Kirchen andererseits. In den anderen konfessionellen Kirchengemeinschaften sieht es nicht besser aus: Die anglikanische Kirchengemeinschaft und die evangelisch-methodistische Kirche sind tief gespalten. In der katholischen Kirche hat Papst Franziskus zwar einige vorsichtige Impulse zu einem neuen Nachdenken gegeben, die in Deutschland hoffnungsfroh aufgenommen wurden, aber vor allem aus Afrika und Asien ist die Ablehnung jeder selbst vorsichtigen Liberalisierung vehement. Auch die russische-orthodoxe Kirche übte scharfe Kritik an Rom und die koptische Kirche aus Ägypten setzte gar den bestehenden Dialog mit Rom aus. Gerade das Beispiel der russisch-orthodoxen Kirche zeigt, wie sehr dabei Kirchen beeinflusst sind von den Kulturen und dem Zeitgeist, die in den jeweiligen Ländern tonangebend sind. Offenbar hat die russisch-orthodoxe Kirche keine Probleme, einen Angriffskrieg, in dem zivile Ziele systematisch bombardiert und Massaker an der Zivilbevölkerung verübt werden, mit der Bibel in Einklang zu bringen, aber dass Menschen Menschen lieben, wird verurteilt. Auch dass es gerade die afrikanischen Kirchen sind, die Homosexualität brandmarken, dürfte mit der Prägung in diesen Kulturen zusammenhängen, die Homosexualität strikt ablehnen. In Nigeria, Ruanda und Ghana unterstützen zahlreiche Kirchenvertreter die Politik ihrer Länder sogar ausdrücklich darin, die Gesetze gegen Homosexualität zu verschärfen. Homosexualität wird in 62 Ländern strafrechtlich verfolgt, in zwölf Ländern kann praktizierte Homosexualität mit dem Tode bestraft werden.[105] Die Dekolonisierungsdebatte im Dialog zu berücksichtigen ist heute zwar unverzichtbar. Deshalb ist es nicht angemessen, unsere ethischen und moralischen Vorstellungen global zum Maßstab zu machen. Daraus folgt allerdings nicht, zur Verfolgung homosexueller Menschen und zu anderen Menschenrechtsverletzungen zu schweigen.

Der biblisch-theologische Befund zur Homosexualität

Zum Thema Homosexualität gelten eine Reihe von Bibelstellen als einschlägig.

1. Mose 1, 27 »Gott schuf den Menschen zu seinem Bilde, er schuf sie als Mann und Frau.« 1. Mose 2, 24 »Darum wird ein Mann seinen Vater und seine Mutter verlassen und seiner Frau anhangen, denn sie werden ein Fleisch.« Die einen lesen diese Aussagen normativ: Es gibt nur Mann und Frau, so hat Gott es geordnet, und wer anders lebt, versündigt sich gegen Gottes Schöpfungsordnung. Aus einer historisch-kritischen Sicht werden diese Texte allerdings nicht mehr normativ gelesen. Man versteht sie vielmehr als Ausdruck des Gotteslobs, mit dem die Menschen zu ihrer Zeit sich so beschrieben haben, wie sie sich vorfanden. Wer diese Texte normativ lesen will, müsste dies dann auch konsequent tun und alles darin als Normen ansehen. Dazu gehört dann auch die Aufforderung, sich zu vermehren und sich die Erde untertan zu machen. Als die elektrische Beleuchtung noch neu war, gab es Theologen, die es als Sünde ansahen, nachts die Straßen und Häuser zu beleuchten, weil Gott Tag und Nacht geschaffen habe. Eigentlich konsequent. Tatsächlich gehen aber auch diejenigen, die behaupten, die Bibel wörtlich zu nehmen, selektiv und manchmal geradezu willkürlich mit ihr um. Die historisch-kritische Auslegung dagegen kann ihre Methode mit Argumenten ausweisen.

1. Mose 19, 5 erzählt, dass die Männer von Sodom das Haus, in dem Lot und zwei Engel, die in Gestalt zweier Männer zu ihm gekommen sind, wohnen, umstellen. Sie fordern die Herausgabe der beiden Männer, »um ihnen beizuwohnen«. Im Hebräischen steht »erkennen«; ein Wort, das auch an anderer Stelle als Umschreibung für Geschlechtsverkehr benutzt wird. Wegen dieser Stelle wird Homosexualität auch Sodomie genannt. Aus historisch-kritischer Sicht ist hier aber von Homosexualität gar nicht die Rede, sondern von Vergewaltigung. Sexuelle Demütigung

wird bis heute in Kriegen und Gefängnissen als Strafe und Folter eingesetzt. Wenn man der Sodomgeschichte einen normativen Sinn abgewinnen will, dann den, dass sexuelle Gewalt und Demütigungen Sünde sind.

In 3. Mose 18, 22 und 20, 13 wird Analverkehr unter Männern als abscheulich verurteilt und unter Todesstrafe gestellt. In der Forschung wird dieses Verbot auf eine Abgrenzung gegenüber den Religionen von Nachbarvölkern bezogen, in denen auch sexuelle Praktiken unter Männern zu kultischen Ritualen gehörten.[106] Aber man muss gar nicht solche religionsgeschichtlichen Argumente bemühen. Denn diese Verbote gehören zum Gesetzeskorpus, den zwar das Judentum für sich als verbindlich annimmt, das Christentum aber ausdrücklich nicht. Es befinden sich darin z. B. die Regeln für koscheres Essen, also etwa das Verbot, Fleisch- und Milchgerichte gleichzeitig zu sich zu nehmen. Auch das Verbot, Kleidung aus zwei unterschiedlichen Fasern zu tragen, und sehr vieles mehr. Es ist willkürlich und mit Blick auf die zentrale Bedeutung der Kernaussagen des Evangeliums theologisch nicht schlüssig, einzelne Bestimmungen herauszugreifen und mit ihnen heute als vermeintlich ultimativ bindende christliche Normen zu argumentieren, und andere Bestimmungen einfach wegzulassen, weil man Homosexualität ablehnt, aber Geschnetzeltes in Sahnesoße sehr gerne isst.

In Römer 1, 26+27 heißt es: »Darum hat Gott sie dahingegeben an ihre schändlichen Leidenschaften; denn bei ihnen haben Frauen den natürlichen Verkehr vertauscht mit dem widernatürlichen; desgleichen haben auch die Männer den natürlichen Verkehr mit der Frau verlassen und sind in Begierde zueinander entbrannt und haben Männer mit Männern Schande über sich gebracht …« Worauf Paulus sich hier bezieht, ist nicht ganz klar. Was wir wissen, ist, dass es Homosexualität als Lebensform, die der heutigen ähnlich wäre, in der römischen Kultur nicht gab. Wir wissen aber, dass es in heidnischen Kulten sexuelle Praktiken gab und dass es in Rom Päderastie als Teil der Sklavenhaltung gab: Reiche römische Bürger hielten sich unfreie Knaben und junge Männer zu ihrem Vergnügen. Dessen ungeachtet waren sie verheiratet und hatten Kinder.

In 1. Korinther 6, 9 spricht Paulus von »Lustknaben und Knabenschändern«, die das Himmelreich nicht erben werden. Auch diese Stellen sind offensichtlich auf kulturelle Praktiken der damaligen Zeit bezogen. In gleicher Weise die Formulierung 1. Timotheus 1, 10.

Aus Sicht historisch-kritischer Bibelauslegung wird Homosexualität als eine Lebensform, die auf Liebe beruht und weder Teil kultischer Rituale noch körperlicher oder sozialer Gewalt ist, in der Bibel nirgends erwähnt. Wenn Homosexualität in der Bibel nirgends erwähnt wird, ist aber auch die umgekehrte Aussage folgerichtig, dass es keinerlei positive Aussagen über Homosexualität gibt. Die Freundschaft zwischen David und Jonathan als Hinweis auf eine positive Bewertung der Homosexualität in der Bibel zu nehmen (wie dies gelegentlich getan wird), überzieht den Text erheblich. Dass Jonathan David »liebgewann« und ihn »liebte wie sein eigenes Leben« (1. Samuel 18, 1), ist poetischer Ausdruck inniger Freundschaft. Hier eine homosexuelle Beziehung anzunehmen ist nicht zwingend. Und wenn, hätte ein solcher einzelner Beleg ebenso wenig normative Bedeutung wie die Tatsache, dass die Erzväter mehrere Frauen hatten und zudem ihre Mädge schwängerten. Wir sind in der Meinungsbildung zu Homosexualität also, wie bei so vielen anderen Themen auch, auf indirekte Ableitungen angewiesen.

Meinungsbildung zur Homosexualität in den evangelischen Kirchen

Ethische Urteile sind nicht einfach aus der Bibel herzuleiten. Es braucht vielmehr Kriterien, unter denen sich zentrale Aussagen der Bibel bündeln und auf ein Thema anwenden lassen. Für die Evangelische Kirche in Deutschland (EKD) wurde ein erster Schritt einer solchen methodisch reflektierten Meinungsbildung mit der »Denkschrift zu Fragen der Sexualität« von 1971 getan. Zwei Abschnitte, die für die Meinungsbildung der kommenden Jahrzehnte methodisch die Weichen gestellt haben, sollen ausführlich zu Wort kommen:

> *»Wenn die Kirche die Einsicht in das von Gott eröffnete und gewollte Verhältnis der Geschlechter auch heute geltend macht, so verkündigt sie deshalb weder eine scheinbar zeitlose ›natürliche‹ Ordnung noch ein sakrales Gesetz. Sie verkündigt vielmehr das geschichtliche Angebot Gottes, das menschliches Miteinanderleben ermöglicht und so auch menschliche Bedürfnisse, z. B. menschliche Angewiesenheit auf Gemeinschaft erfüllt. Wenn Zuwendung und Treue Gottes vom Menschen angenommen werden und sich in menschlichem Gemeinschaftswillen und Gemeinschaftstreue auswirken, dann wird sich daraus auch eine Ordnung des Lebens der Geschlechter ergeben.«*

»Der unheilvolle Gegensatz zwischen einer gesetzlichen Sexualmoral im Sinne bestimmter kirchlicher Überlieferungen einerseits und einer von der persönlichen Beziehung losgelösten Sexualität mit allen ihren zerstörerischen Konsequenzen andererseits kann nicht überwunden werden, wenn die Kirche lediglich ihre traditionelle Ordnung mit Hilfe der öffentlichen Gesetzgebung zu stabilisieren versuchen würde. Er kann nur überwunden werden, wenn die Kirche die Botschaft von der freien Gnade Gottes, die dem Menschen zur Gestaltung seines Lebens hilft, in der Verkündigung und im Leben ihrer Glieder bezeugt. Die Kirche hat dabei sowohl die gesellschaftlichen Bedingungen heutigen menschlichen Lebens als auch die medizinischen und psychologischen Einsichten in die Bedingungen geschlechtlichen Lebens und deren Rückwirkungen auf die Menschen zu beachten. Diese Berücksichtigung hilft dazu, die Grundeinsicht in die dem Menschen von Gott zugedachte Gestaltung der Beziehung von Mann und Frau auch für die Gegenwart wirksam zu machen.«[107]

Die Weichenstellung in den EKD-Grundlagentexten besteht in der Abkehr von einem Ordnungsdenken hin zu einer inhaltlichen-qualitativen Bestimmung der Beziehung. Nicht mehr eine (vermeintliche) Schöpfungsordnung gibt vor, wie Menschen zu leben haben, sondern es werden, ausgehend von Gottes eigener Treue und Zuwendung zum Menschen und als ausdrücklicher Teil der Botschaft von der freien Gnade Gottes, Kriterien entwickelt, die den Menschen helfen, die ihnen von Gott zugedachte Beziehung auch in der Gegenwart und in einer anderen Kultur als früher zu leben. Diese Kriterien basieren auf Gottes eigener

Treue und Zuwendung zu uns und legen von da aus den Maßstab an Treue und Zuwendung in menschlichen Beziehungen. In mehr als 40 Jahren intensiver Debatten kristallisierten sich nach und nach drei inhaltlichen Kriterien als Umsetzung der Treue und Zuwendung Gottes heraus: Vertrauen, Verlässlichkeit und Verantwortung. Wenn sie gegeben sind, kann eine Beziehung als evangeliumsgemäß angesehen werden, egal, in welcher formalen Ordnung sie gelebt wird. In seiner Stellungnahme zur Einführung der »Ehe für alle« 2017 begründete der Rat der Evangelischen Kirche in Deutschland (EKD) seine Zustimmung ausdrücklich mit diesen drei Kriterien und dem Hinweis, dass Vertrauen, Verlässlichkeit und Verantwortung am besten durch die Ehe geschützt würden. Deshalb sei es wünschenswert, dass dieser Schutz *allen* Paaren zugutekomme.

Lange Zeit bestand die Hoffnung, dass sich durch gründliche theologische Arbeit die Positionen annähern ließen. Diese Hoffnung hat sich nicht erfüllt und konnte sich wohl auch nicht erfüllen. Denn jede Argumentation geht von Voraussetzungen aus. Wer die Annahme, die biblischen Texte seien von Menschen geschriebene Texte, in denen manches kulturell- und zeitbedingt ist, nicht teilt, wird auch die historisch-kritische Methode nicht für richtig halten und ihre Ergebnisse nicht anerkennen. Hinzu kommen unterschiedliche Frömmigkeitsstile, die wiederum in Kulturen und nicht zuletzt in den menschlichen Persönlichkeiten verankert sind. Wer eine Abneigung empfindet, den kann man schwer mit Argumenten überzeugen, seine Abneigung sei falsch.

Es wäre aber schon viel gewonnen, wenn man sich christlich als Brüder und Schwestern und andere Geschlechter anerkennen würde, ohne sich gegenseitig zu verurteilen. Es scheint manchmal, als fiele Toleranz innerhalb der Kirche schwerer als außerhalb, gerade weil Meinungen theologisch begründet und dadurch überhöht und immunisiert werden. Doch man kann sich auch umgekehrt vorstellen, dass die Botschaft von der Liebe Gottes und seiner Treue und Zuwendung für alle Menschen erst recht Grund für gegenseitige Toleranz sein sollte.

Theologien der Befreiung

Jahrhundertelang hatte die Theologie als Instrument der Kirche dazu gedient, politische und gesellschaftliche Ordnungen zu stabilisieren: Gott habe seiner Schöpfung eine Ordnung gegeben. Und wer diese umstürzen wolle, versündige sich gegen Gottes Willen. Im 20. Jahrhundert verbanden sich die Freiheitsimpulse der Aufklärung mit revoltierenden Bewegungen auf der ganzen Welt. Aus der Befreiungsbewegung der Arbeiter und Bauern gingen politische Revolutionen hervor, die in Russland, China und Europa unterschiedliche Gestalten des Kommunismus und des Sozialismus hervorbrachten. Die Kolonien befreiten sich von der Herrschaft ihrer Kolonialmächte. Die Frauen befreiten sich aus alten Rollenzuweisungen und erkämpften sich Gleichberechtigung einschließlich der Übernahme von Führungspositionen in Politik, Wirtschaft und Wissenschaft. Die jahrhundertelang unterdrückte Landbevölkerung Lateinamerikas – oft identisch mit der indigenen Bevölkerung – nahm den Kampf gegen die Großgrundbesitzer auf.

Und die Kirchen? Die Theologie? Sie waren gezwungen, diese tiefen Krisen auch für sich zu verarbeiten. Das geschah sowohl im Widerstand gegen das Neue als auch durch dessen konstruktive Aneignung.

Von besonderer Bedeutung wurden die lateinamerikanischen Befreiungsbewegungen und die Befreiung der Frauen aus alten Rollenzuweisungen. Beide Bewegungen haben die Welt verändert. Und beide Bewegungen stürzten die Kirchen und die Theologie in eine tiefe Krise, wurden aber, jedenfalls in Teilen, positiv aufgenommen und erhielten infolgedessen auch umgekehrt Impulse aus der Theologie. Von ihnen soll im Folgenden genauer die Rede sein.

Dazu möchte ich Ihnen einen Vorschlag für die Lektüre geben. Versuchen Sie, wenn Sie mögen, parallel Ihre eigene Befreiungstheologie zu schreiben. Denn das Muster, die Bibel mit neuen Augen zu lesen und Impulse für die Befreiung aus der eigenen Situation zu entdecken, ist auf jede Lebenssituation übertragbar. Da muss dann nicht gleich eine Revolution herauskommen. Aber vielleicht die Entdeckung, dass biblische oder theologische Impulse helfen können, sich aus Zwängen oder festgefahrenen Bahnen zu befreien, in denen das eigene Leben gefangen ist. Ein zentrales Stichwort ist die »Re-Lektüre« der Bibel. Damit ist gemeint, die Bibel wieder und neu zu lesen und sich dabei nicht von der klassischen Theologie sagen zu lassen, wie sie »richtig« zu verstehen ist, sondern mit eigenen Augen Befreiungsgeschichten zu entdecken, die man auf das eigene Leben anwenden kann.

Die lateinamerikanische Befreiungstheologie

1971 erschien das Buch »Teología de la liberación«, die »Theologie der Befreiung«[108] des peruanischen Theologen und katholischen Priesters Gustavo Gutiérrez. Es wurde für mindestens eine Generation zum Fanal, Theologie neu zu denken. Es gab einer ganzen theologischen Bewegung ihren Namen. Was ist daran so grundstürzend neu? Gutiérrez' Definition von Theologie lautet: Theologie ist das Nachdenken über eine konkrete Praxis und Lebenssituation im Lichte des Evangeliums. Bis dahin war Theologie als Nachdenken über Gott verstanden worden, woraus Wahrheiten abgeleitet wurden, denen sich das Leben der Menschen unterzuordnen hatten. Zwar hatte es eine Umkehr dieser Denkrichtung auch schon in der Aufklärung und der ihr nachfolgenden Theologie gegeben, indem der gläubige Mensch zum Ausgangspunkt des Denkens genommen wurde.[109] Aber die soziale und ökonomische Situation des Menschen hatte dabei noch keine zentrale Rolle gespielt. Die Sprengkraft der »Theologie der Befreiung« lag in der Verbindung dieser beiden Aspekte: Umkehr der Denkrichtung und konsequentes Ansetzen bei der Lebenssituation der Menschen, was für Lateinamerika konkret hieß, bei der Lebenssituation der Armen.

Nimmt man eine Re-Lektüre der Bibel von diesem Ansatz aus vor, entdeckt man, wie viel Sozialkritik in ihr steckt, von der bisher von den Kanzeln nicht die Rede war. Die Propheten der Hebräischen Bibel, insbesondere Amos und Hosea, prangern die Ausbeutung der Armen an und verkünden Unheil über die Reichen, die ihren Luxus auf Kosten der Armen leben.[110] Der Auszug des Volkes Israel aus der Knechtschaft in Ägypten wurde als Befreiungsgeschichte neu gelesen und auf den eigenen ersehnten Auszug aus Armut und Unterdrückung hin verstanden.[111]

Etliche Priester und Laien, zunächst vor allem in der katholischen Kirche, setzten diese Theologie in die Praxis um, wandten sich der ärmsten Bevölkerung zu und kritisierten Politik und Wirtschaft ihrer Länder. In welche gefährlichen Konflikte sie damit gerieten, zeigt die Ermordung des Erzbischofs von San Salvador, Oscar Romero, 1980, während er am Altar die Messe feierte. Die überwiegend diktatorischen Regime Lateinamerikas zu der Zeit fühlten sich bedroht. Der Vatikan ging gegen unbotmäßige Priester vor.[112] Lange Zeit galt die Befreiungstheologie in Rom als Irrweg, der zu bekämpfen sei.[113]

Die weltweit populärste Gestalt der Befreiungstheologie dürfte Ernesto Cardenal (1925-2020) sein, ein Priester und Dichter aus Nicaragua. Er gründete auf dem Insel-Archipel Solentiname im Nicaragua-See eine geistliche Gemeinschaft von Bauern. 1975 veröffentlichte er sein Buch »Das Evangelium der Bauern von Solentiname«. Darin beschrieb er in Geschichten, Gesprächen, Gedichten und Gebeten, wie die Bauern Jesus als einen der Ihren verstanden und aus dem Glauben an ihn Kraft für ihr Leben und zur Veränderung ihrer Lebenssituation gewannen. Mit ihren Bildern, auf denen Jesus in einer Art naiver Malerei als eine indigene Figur dargestellt wird, schufen sie eine Kunstform, die sich über die ganze Welt verbreitete.[114] Nach dem Sturz des Diktators Somoza war Ernesto Cardenal von 1979 bis 1987 Kulturminister in der sandinistischen Regierung Nicaraguas. Von Papst Johannes Paul II. wurde er dafür kirchenrechtlich gemaßregelt. Erst Papst Franziskus hob die Enthebung aus dem Priesteramt 2019 auf.

In Deutschland hatte es im Aufbruch aus der Restauration der 1950er-Jahre bereits einen theologischen Entwurf gegeben, der seinerseits ebenso als Paukenschlag für eine neue Epoche gilt. Der Tübinger Professor Jürgen Moltmann (1926-2024) veröffentlichte 1964 seine »Theologie der Hoffnung«. Philosophisch bezog er sich auf das »Prinzip Hoffnung« von Ernst Bloch (1885-1977), unterlegte das philosophische Prinzip aber mit dem Glauben an den Gott, der allein Grund der Hoffnung sein könne. Auch Jürgen Moltmann deutete den Auszug des Volkes Israel aus Ägypten als Hoffnungs- und Befreiungsgeschichte, deren Impulse wir uns für die Gegenwart aneignen könnten.[115]

Nicht zuletzt ist in der Reihe einflussreicher Befreiungstheologien die von Dorothee Sölle zu nennen, die bereits im Kapitel über die Entstehung und Entfaltung Theologie und im Kapitel über die Herkunft das Böse ausführlich gewürdigt wurde. Auch wenn alle Befreiungstheologien Gegenwehr von konservativer Seite hervorriefen: Wesentliche Impulse wie die Berücksichtigung der sozialen und wirtschaftlichen Situation der Menschen für das theologische Denken gingen in die theologische Arbeit ein und sind heute nicht mehr wegzudenken. Auch die Methode einer konsequenten Re-Lektüre der Bibel aus der eigenen Lebenssituation ist bis in die Basisarbeit in den Kirchengemeinden selbstverständlich geworden.

Die feministische Theologie als Theologie der Befreiung

Welche biblischen Personen fallen Ihnen spontan ein? Jesus, Mose, David, Paulus, Adam, Abraham, die Propheten? Vielleicht noch Hiob, Samuel, Saul und Timotheus? Alles Männer. Das ist kein Zufall. Die Bibel enthält weit überwiegend Geschichten von Männern. Wenn eine Frau vorkommt, dann entstammt sie, wie Eva, der Rippe des Mannes, verführt, ebenfalls wie Eva, den Mann zur Sünde oder lacht über eine Verheißung Gottes, wie Sarah. Frauen als positive Identifikationsfiguren? Da muss man lange suchen. Zudem wird Gott männlich vorgestellt. Die meisten Bilder, mit denen Gott beschrieben wird, sind männlicher Natur: Vater, Hirte, König, Richter, Burg, Adler. In 2000 Jahren Theologie wurde diese (fast ausschließlich)[116] von Männern für Männer geschrieben. Und in 2000 Jahren Kirche war diese eine Kirche von Männern für Männer – jedenfalls in allen entscheidenden Funktionen. Dieses Phänomen beruhte auf einem Zirkel: Eine männliche Kirche verkündete das Evangelium so, dass eine männliche Kirche erhalten blieb. Dass dies der Wahrheit entspreche, bestätigte sich ebenso im Zirkelschluss. Eine ewige Selbstbestätigung, aus der es kein Entkommen zu geben schien.

Die ersten Impulse, diesen Zirkelschluss aufzubrechen, kamen nicht aus der Theologie selbst. Es war – wieder einmal – die Aufklärung und mit ihr vor allem die französische Revolution, die eine Änderung erzwang. Das Motto der französischen Revolution lautete zwar noch der Zeit entsprechend »Freiheit – Gleichheit – Brüderlichkeit«, doch in der Gleichheit lag schon der Keim, aus der Brüderlichkeit eine Geschwisterlichkeit erwachsen zu lassen. Diese Impulse wurden weltweit von den Emanzipationsbewegungen aufgegriffen. 1893 durften auf den Cook-Inseln und in Neuseeland zum ersten Mal Frauen wählen. In Deutschland und vielen anderen Ländern wurde 1918 und nach und nach fast auf der ganzen Welt das Frauenwahlrecht eingeführt.[117] Artikel 3 Absatz 1 des Grundgesetzes lautet: »Alle Menschen sind vor dem Gesetz gleich.« Die große Mehrheit des Parlamentarischen Rates, der das Grundgesetz erarbeitete, wollte es bei diesem Satz belassen. Damit sei doch alles gesagt. Es ist dem Einsatz der vier weiblichen Mitglieder des Parlamentarischen Rates – neben 61 Männern – und einer großen Unterstützung aus der Öffentlichkeit zu verdanken, dass in Absatz 2 hinzugefügt wurde: »Männer und Frauen sind gleichberechtigt.« Der Alltag der 1950er- und 60er-Jahre sah dennoch so aus, dass den Frauen die Rolle am Herd zugewiesen wurde. Und das, obwohl Frauen in der Kriegszeit nicht nur ihre Kinder versorgt und beschützt hatten, sondern zugleich das wirtschaftliche Leben aufrecht erhalten und viele Funktionen von Männern übernommen hatten. Weil zahlreiche Pastoren als Soldaten an der Front waren, durften Frauen als Pfarrverwalterinnen in den Gemeinden arbeiten, teilweise auch predigen. Doch nach dem Krieg nahmen die Männer wieder ihre alten Funktionen ein. Die Frauen hatten zurückzutreten.

Als Teil der Befreiungstheologien weltweit entstand seit den 1960er-Jahren eine feministische Theologie.[118] Mit allen Befreiungstheologien teilt sie die Definition von Theologie als einem Nachdenken über konkrete soziale und wirtschaftliche Situationen im Lichte des Evangeliums. Sind es in Lateinamerika die Armen und Ausgebeuteten, deren Situation ins Licht der Aufmerksamkeit gerückt wird, so in der feministischen Theologie die Frauen und ihre Situation. Feministische Theologie ist wie jede Befreiungstheologie eine bewusst parteiliche Wissenschaft.

Lesen Frauen die Bibel, stoßen sie auf Figuren, die bisher im Hintergrund standen und entdecken sie neu: die schwangere Magd Hagar, die von ihrer Herrin Sarah aus Eifersucht in die Wüste gejagt wird und dort eine Gottesoffenbarung hat und für ihr Ungeborenes um ihr Leben kämpft (1. Mose 16). Die Moabiterin Ruth, die mit ihrer Beherztheit und ihrem Gottvertrauen ihre Familie versorgt und im Stammbaum König Davids (und Jesu) genannt wird. Miriam – eine Prophetin (2. Mose 15). Deborah – eine Richterin in der frühen Zeit Israels (Richter

4 und 5). Esther und Judit retten ihr Volk aus großer Not. Im Neuen Testament wird Maria neu entdeckt. Sie ist nicht die demütige Magd, als die sie jahrhundertelang den Frauen als Vorbild hingestellt wurde, sondern eine mutige junge Frau und Vorbild im Glauben (Lk 1, 38). Weiter Tabea (Apg 9, 36-43) und Lydia (Apg 16, 14+15) als herausragende Frauen in den ersten Christengemeinden. Es wird nun aber auch neu gelesen – und dies ist eine typische Re-Lektüre –, dass es Frauen sind, denen sich der auferstandene Christus am Ostermorgen als Ersten offenbart und die als Erste der Botschaft glauben (Mk 16, 1-8; Mt 28, 1-8). Das stand so natürlich immer schon in den Texten, blieb aber unbeachtet.[119] Die feministische Bibelauslegung hat einen großen Reichtum an neuen Einsichten in die Theologie eingebracht. Sie stellte auch das männliche Gottesbild in Frage. Schon in der Bibel wird Gott als Mutter bezeichnet (Jes 49, 15), als gebärende Frau (5. Mose 32, 18), als Hebamme (Ps 22, 10). Aber auch die klassische Stelle in der ersten Schöpfungsgeschichte wird neu gelesen: Gott schuf den Menschen nach seinem Bilde, als Mann und Frau schuf er sie (1. Mose 1, 27) – das heißt ja, dass Gott männlich *und* weiblich ist. Noch weitergehend heißt es bei Paulus: »Hier ist nicht Jude noch Grieche, hier ist nicht Sklave noch Freier, hier ist nicht Mann noch Frau; denn ihr seid allesamt *einer* in Christus Jesus« (Gal 2, 38).

Im Nachhinein kann man sich nur wundern, wie all diese starken Frauen und markanten Aussagen 2000 Jahre lang so wenig beachtet werden konnten. Aber genau damit bestätigt sich, dass es immer auf den Kontext ankommt, in dem der- oder diejenige steht, der oder die einen Text liest oder Wissenschaft treibt. Keine Wissenschaft ist voraussetzungslos. Keine Theologie ist kontextlos und neutral. Die feministische Theologie hat die Kirche verändert. Die Kirche hat sich in den 40 Jahren, in denen ich in ihr gearbeitet habe, mehr als durch alle Reformprozesse dadurch verändert, dass immer mehr Frauen in Leitungspositionen aufstiegen.

Es entstand eine Bibelübersetzung »in gerechter Sprache«. Darin wird beispielsweise Gott abwechselnd »der Ewige« oder »die Ewige« genannt, und der berühmte Satz zur Nächstenliebe wird sachgemäß ergänzt: »Liebe deinen Nächsten und deine Nächste wie dich selbst« (3. Mose 19, 18 und Mk 12, 31). Auf ungeteilte Zustimmung treffen solche Veränderungen nicht. Auch nicht Vorschläge wie die, das »Vater unser« in ein »Unser Vater und unsere Mutter« umzuschreiben. Solche Vorschläge sind aber keine Dogmen, eher heilsame Irritationen. Sie machen aufmerksam, wie wenig selbstverständlich unsere hergebrachten Formulierungen in der Kirche und im Gottesdienst sind. Die Einsicht, dass unser Geschlecht, unsere soziale und wirtschaftliche Situation Einfluss darauf haben, wie wir die Bibel lesen, wie wir glauben, wie wir den Glauben theologisch reflektieren – das ist eine Einsicht, die unwiderruflich ist und damit methodische Standards für alle gegenwärtige Theologie setzt. Theologie ist konkret und lebensnah oder sie ist keine Theologie. Zugleich ermutigt diese Einsicht, eben genau dies zu tun und die eigene Situation, das eigene Leben zur Brille zu machen, durch die man die Bibel liest, durch die man glaubt und über den Glauben nachdenkt. Selbst glauben, selbst denken – die verschiedenen Formen der Befreiungstheologie haben mit dieser Errungenschaft der Aufklärung ernst gemacht.

Anti-Rassismus als Aufgabe für Theologie und Kirche

»Du sprichst aber gut deutsch« – hört eine Studentin mit dunkler Hautfarbe oft. Na klar, sie ist in Bottrop geboren und aufgewachsen. Deutsch ist ihre Muttersprache!

»Wo ist denn deine Heimat?« – wird ein Schüler mit dunklem Haar manchmal gefragt. »München«, sagt er dann mit bayerischem Akzent. »Ja, aber irgendwo musst du doch herkommen …« »Genau! Ich komme aus München …«

Solche Szenen ließen sich viele erzählen. Vielleicht haben Sie selbst schon welche erlebt oder ähnliche Fragen gestellt. Man spricht von »Alltagsrassismus«. Ist das nicht zu hart geurteilt? Wir hatten es mit unserer Frage doch gut gemeint. Was ist Rassismus überhaupt? Und warum ist er ein gesellschaftliches und auch ein kirchliches Thema?

Es gibt keine Rassen. Aber es gibt Rassismus. Der Begriff der »Rasse« wurde im 19. Jahrhundert im Zuge der Erforschung der Tierarten erfunden und auf Menschen übertragen. Er orientiert sich an äußeren Merkmalen wie der Haarfarbe, der Hautfarbe, den Gesichtsmerkmalen, der Größe und vielem anderen. Er diente von Anfang an zur Einteilung in höher- und minderwertige Menschen. Er diente der Rechtfertigung von Sklaverei, der Ausrottung von Völkern und unter den Nazis der Vernichtung angeblich minderwertigen Lebens. Es ist ein von vornherein diskriminierender Begriff. Er ist Teil einer Rassenideologie, die sich bis zum Rassenwahn steigern kann. Er ist auf Abgrenzung und Rein-Erhaltung der eigenen, angeblich höherwertigen Rasse bedacht.

Rasse ist nichts, was es objektiv »gibt«, sondern ein erfundener und fast immer polemisch genutzter politischer Kampfbegriff.

Natürlich gibt es Unterschiede zwischen Menschen. Es gibt unterschiedliche Phänotypen, Gesichtsformen, Augenformen, Nasenformen, Haarstrukturen. Es gibt auch genetisch bedingte Unterschiede der Physiologie. So haben die meisten Menschen in Zentral- und Südasien eine Lactose-Intoleranz, weil ihnen das Enzym fehlt, das Laktose aufspaltet. Manche Unterschiede gehen auf Anpassungen an klimatische Gegebenheiten zurück. In Richtung der Pole sind die Menschen blasser, in Richtung des Äquators dunkler, weil die dunkle Haut besser gegen die UV-Strahlung schützt. Aber derartige Unterschiede zwischen Populationen rechtfertigen weder aus wissenschaftlicher Sicht, von unterschiedlichen Rassen zu sprechen, noch und erst recht nicht, Menschen soziologisch oder politisch unterschiedlich einzuordnen oder zu behandeln. Alle Menschen sind gleich, allen Menschen kommt dieselbe unantastbare Menschenwürde zu. Das Grundgesetz verbietet in Artikel 3 Absatz 3 Satz 1 die Benachteiligung oder Bevorzugung aufgrund von Abstammung, Geschlecht und anderer Merkmale, und eben auch aufgrund »seiner Rasse«.

Es ist 2021 bis 2024 im deutschen Bundestag intensiv diskutiert worden, ob man den Begriff »Rasse« nicht aus dem Grundgesetz streichen müsse, wenn man denn überzeugt ist, dass es keine Rassen gibt. Doch so schlüssig dieser Impuls auf den ersten Blick aussieht, so kompliziert wird es bei genauerem Hinsehen. Denn unbestreitbar gibt es Rassismus. Weil es Menschen gibt, die die Existenz von Rassen behaupten. Und deshalb muss man Menschen vor Rassismus schützen. Das Vorhaben, den Artikel 3 zu ändern, wurde (jedenfalls einstweilen) fallen gelassen, weil man keine andere passende juristische Formulierung fand, und auch, weil man in diesem Begriff eine notwendige Erinnerung an die Geschichte der Verfolgung von Menschen vermeintlich anderer Rasse in der NS-Zeit sah.

Rassismus unterliegt historischen Wandlungen. Ein biologistischer Rassismus, der seinerzeit mit der Naturforschung und dem Kolonialismus des 19. Jahrhunderts zu tun hatte, wird heute eher seltener vertreten. An seine Stelle ist ein kultureller Rassismus getreten, wie er sich etwa im Anti-Islamismus ausdrückt. Dabei werden Menschen aufgrund der Zuschreibung bestimmter Stereotypen religiöser und kultureller Art abgelehnt oder ausgegrenzt. Die Neue Rechte spricht gerne von »Ethnopluralismus« und meint damit das Nebeneinander verschiedener Völker, deren Existenzrecht zwar anerkannt wird, die aber je für sich bleiben und sich nicht (zu sehr) vermischen sollen.

Wahrscheinlich werden Sie sagen: ›Der Ablehnung des Rassismus stimme ich zu. Aber was hat das mit mir zu tun? Meine Ungeschicklichkeiten im Umgang mit Menschen, denen ich aufgrund ihres Aussehens eine fremde Herkunft unterstelle, sind doch nicht vergleichbar mit Vernichtungsfantasien.‹ Das ist richtig. Es soll mit dem Wort »Alltagsrassismus« auch niemand beschimpft werden.[120] Es geht um die Sensibilisierung für Alltagsphänomene, die zwar als einzelne Handlung nicht dramatisch sein mögen, insgesamt in der Gesellschaft aber doch wichtig für das Klima und den Zusammenhalt sind und die von der Neuen Rechten für politische Zwecke missbraucht werden.

Was hat Rassismus mit dem christlichen Glauben zu tun? Man könnte auf den ersten Blick sagen: nichts, gar nichts. Eigentlich können alle Weltreligionen nichts mit Rassismus zu tun haben, denn sie wenden sich grundsätzlich an alle Menschen. Woher sollten da Einteilungen in höher- und minderwertige Menschen kommen? Wenn wir Mitteleuropäer auf die Wurzeln unseres Glaubens blicken, müssen wir feststellen: Jesus war Jude. Die ersten Christinnen und Christen waren Juden. Die Christinnen und Christen, die nach und nach dazukamen, stammten aus dem heutigen Libanon, Syrien, Irak, Türkei, Griechenland, Italien. Eine bunte Völkermischung. Es dürften kaum blonde und blauäugige Menschen darunter gewesen sein. Jesus dürfte von seinem Phänotyp her ungefähr ähnlich ausgesehen haben wie die jungen Männer, die heute aus dem Nahen Osten zu uns einwandern.

Ende des 19. Jahrhunderts trat eine ideologische Vereinnahmung Jesu auf den Plan. Man versuchte, wissenschaftlich nachzuweisen, dass Jesus Arier gewesen, aber von der altorientalischen Umwelt für ihre Zwecke missbraucht worden sei. Jesus sei ein strahlender Heros gewesen, der von jüdischen Theologen zu einem Opferlamm gemacht worden sei. Im Mittelpunkt dürften in den Kirchen deshalb nicht seine Kreuzigung und sein Tod oder Opferlammbilder stehen, sondern der heldische Mann, der kraftvolle Predigten gehalten und die jüdischen Schächer aus dem Tempel vertrieben habe. Das Alte Testament, die Hebräische Bibel, gehöre abgeschafft, habe jedenfalls für den christlichen Glaube keine Bedeutung. Das Neue Testament müsse dort umgeschrieben werden, wo es den wahren Jesus verzerrt darstelle.[121]

Das erscheint aus heutiger Sicht abstrus. Aber diese Abstrusität ist Teil unserer Geschichte. Und nicht nur das: Auch die Einsicht, dass die klassische Theologie »weiße« Theologie ist, gehört heute zur kritischen Selbstreflexion dazu. Im Übrigen gibt es auch heute

Versuche, den christlichen Glauben und die Bibel zur Begründung rechten Gedankenguts heranzuziehen.[122] Es ist deshalb notwendig, aufmerksam und sensibel auf rassistische Tendenzen zu achten. Umso mehr, als die neuen Formen von kulturellem Rassismus unscheinbarer daherkommen und sich mit gesellschaftlichen Handlungsmustern verbinden. Wenn Sohn oder Tochter einem den neuen Freund, die neue Freundin vorstellen – muss man vielleicht doch erst mal schlucken, wenn er oder sie Muhammad oder Fatimah heißt und offensichtlich keinem deutschen Phänotyp entspricht. Oder wenn man eine Wohnung zu vermieten hat – vergibt man sie doch lieber an ein Paar, dass Müller oder Schmidt heißt und nicht Almasi oder Sabbagh. Und das, obwohl man für sich selbst überzeugt ist, nichts gegen »Ausländer« zu haben. Um diese Feinheiten geht es, wenn wir von Alltagsrassismus sprechen. An diesen Feinheiten kann sich in der Summe das Gelingen unseres gesellschaftlichen und politischen Lebens entscheiden.

Die Kirche der Zukunft als Kirche in Vielfalt

Menschen anderer Hautfarbe oder eines anderen Phänotyps kommen in unseren Kirchengemeinden selten vor. Dabei gibt es z. B. aus dem Iran und aus Syrien viele christliche Zuwanderer. Welche unsichtbaren Hürden bauen wir auf, dass sie so wenig bei uns vorkommen? In der Evangelischen Kirche in Deutschland (EKD) ist es in den letzten Jahren selbstverständlich geworden, bei der Besetzung von Gremien darauf zu achten, dass auch »People of Color« (PoC) vertreten sind. Meine Erfahrung ist: Wenn PoCs mit am Tisch sitzen, verändern sich die Gespräche. Einfach deshalb, weil andere Erfahrungen eingebracht werden. Damit umzugehen kann anspruchsvoll sein und ist doch wichtig. So wie Männer, Frauen, Lesben, Schwule, diverse Menschen, Jugendliche und Senioren ihre Erfahrungen einbringen, so bringen auch PoCs ihre Perspektiven ein. Das verändert und erweitert den Blick. Und eines Tages wird es eine Bischöfin oder einen Bischof geben, der oder die – wie Jesus – zu den PoC gehört und eine Kirche in Vielfalt vertritt.

Selbstbestimmung und Verantwortung am Lebensanfang und Lebensende

Geburt und Tod zwischen Erfahrung, Intuition und Wissenschaft

Geburt und Tod sind magische Momente. Ein neugeborenes Leben im Arm zu halten ist ein unbeschreiblicher Moment, den die meisten Menschen nie vergessen. Die Berührung mit dem zarten, kleinen Wesen, sein Duft, das Gesicht noch zerknautscht und doch schon suchend. Woher kommt das Leben? Auch wenn die biologischen und chemischen Strukturen, aus denen Leben entstanden ist, erforscht sind – woher das Leben kommt und vor allem, warum es Leben gibt, das bleibt ein Geheimnis.

Auch der letzte Atemzug eines Menschen ist ein unbeschreiblicher Moment. Unvergesslich ist mir, wie ich als Pfarrer gerufen wurde, mit einer sterbenden Frau das Abendmahl zu feiern. Als ich kam, war sie aber schon nicht mehr bei Bewusstsein. Wir haben mit der anwesenden Familie das Abendmahl gefeiert. Ihr konnte ich die Oblate nur noch auf den Mund legen. Während wir beteten, hörte sie auf zu atmen. Ein kurzes Erschrecken bei uns, dann breitete sich eine Atmosphäre tiefen Friedens aus. Und Fragen kamen: Wo ist das Leben jetzt? Ist ihre Seele noch im Raum? Wir öffneten das Fenster, damit diese, wenn sie wollte, den Raum verlassen könnte. Ob diese Vorstellung eine Wirklichkeit beschreibt oder eben nur eine Annahme ist, wir wissen es nicht. Das ist aber auch nicht wichtig. Wichtig ist allein der Moment.

Geburt und Tod sind Augenblicke im Hier und Jetzt. Sie lassen sich nicht festhalten, aber sie bleiben umso tiefer in der Erinnerung. Sie lassen alles andere in den Hintergrund treten. Wichtig ist in diesem Moment nichts anderes als – dieser Moment. Das ist beglückend und irritierend zugleich. Anders als alles, was wir sonst erleben.

Ich spreche in diesem Buch von »Transzendenz«, also von der Sehnsucht des Menschen, den Horizont abzuschreiten und zu fragen: Was kommt dahinter, was liegt jenseits dieser sichtbaren, mit unseren Sinnen erfahrbaren Welt? Ist das, was wir mit unseren Sinnen erfahren, was wir sehen, hören, fühlen und anfassen können, alles? Oder gibt es ein Mehr, ein Darüberhinaus, ein Tieferes und Weiteres, in dem die Ganzheit der Eindrücke einen Zusammenhang hat? Es gibt mystische Momente im Leben, die uns mit dieser Ganzheit der Welt in Berührung bringen. »Seinsfühlung« haben wir es genannt, Begegnungen mit Gott, dichte Erfahrungen im Raum, sinnliche Erfahrungen in der Musik, in Bildern, Erfahrungen, die sich anfühlen können, als sei man an einer Membran zwischen der alltäglichen Welt und dem, was nicht sichtbar ist. Doch nichts markiert die Grenze, den Horizont so klar und deutlich wie Geburt und Tod. An ihnen überschreiten wir den Horizont in die eine und in die andere Richtung. Das ist kostbar, das ist unantastbar.

Diese Kostbarkeit kann durch natürliche Phänomene, gewaltsame Einwirkungen und auch durch technische Eingriffe gefährdet sein. Geburt und Tod sind begleitet von pflegerischen und medizinischen Maßnahmen. Sie sind riskant und können qualvoll sein. Die Geburt kann misslingen und tödlich enden. Sie kann mit medizinischen Maßnahmen gerettet werden, z. B. durch einen

Kaiserschnitt. Ein zu früh geborenes Leben kann im Brutkasten geschützt, sein Wachsen ermöglicht werden. Der Tod kann auf der Straße, durch einen Unfall, er kann auf dem Schlachtfeld kommen. Wo ist der friedliche Augenblick dann? Der Tod kann durch medizinische Maßnahmen lange hinausgezögert worden sein. Was ist eine »natürliche« Geburt, was ein »natürliches« Sterben? Gibt es das überhaupt? Nach welchen Kriterien können wir das bemessen?

Der medizinische Fortschritt der letzten 100 Jahre und noch einmal der Fortschritt der letzten 10 oder 20 Jahre haben Geburt und Tod in völlig neue, bis dahin ungekannte Kontexte gestellt. Damit stehen wir vor Fragen und vor einer Verantwortung, die neu sind. Eltern müssen entscheiden, welche vorgeburtlichen Maßnahmen sie durchführen lassen wollen. Ultraschalluntersuchungen gehören in entwickelten Ländern zum Standard. Aber sollen auch Untersuchungen auf genetische Schäden durchgeführt werden? Und was soll man mit dem Wissen, das man dadurch erlangt, anfangen? In lang andauernden Sterbeprozessen müssen die Angehörigen zusammen mit den Ärzten möglicherweise entscheiden, wann Maschinen abgeschaltet werden sollen. Sollen Organe als Spende für einen anderen Menschen entnommen werden? Wer soll sich mit solchen Fragen auskennen, wer soll in Extremsituationen und unter Zeitdruck Entscheidungen treffen?

Nicht einmal der Zeitpunkt der Entstehung des Lebens und seines Endes sind mehr klar. Medizinisch, ethisch und rechtlich werden unterschiedliche Zeitpunkte als Anfang menschlichen Lebens definiert: die Zeugung, die Einnistung der Eizelle in die Schleimhaut des Uterus, die Ausbildung eines Embryos, dessen Herz schlägt. Manche sagen sogar, menschliches Leben entsteht erst mit der Überlebensfähigkeit außerhalb des Uterus der Mutter. Auch der Todeszeitpunkt kann unterschiedlich festgelegt werden: der Herzstillstand, der Stillstand der Atmung oder das irreversible Erlöschen der Gehirnströme. Was ist mit Menschen, die entgegen ärztlicher Einschätzung nach jahrelangem Koma doch noch erwacht sind? Was weiß die Wissenschaft, wie verlässlich kann sie Aussagen treffen? Viele Menschen treffen Verfügungen darüber, ob und wie weitgehend lebenserhaltende, lebensverlängernde Maßnahmen vorgenommen werden sollen. Aber die Wirklichkeit ist komplexer als alles, was man vorher festlegen kann. Entscheiden müssen am Ende die Angehörigen oder die Ärzte. Welche Kriterien haben sie an der Hand, um ihre Entscheidung zu begründen?

Lebensanfang und Lebensende als Themen der Ethik

Kaum ein Gebiet ist für die Ethik so komplex wie die Themen von Lebensanfang und Lebensende. Kaum ein anderes Gebiet ist wissenschaftlich so schwer zu durchdringen, bringt zudem fortlaufend neue wissenschaftliche Erkenntnisse oder Methoden hervor. Es klafft ein breiter Graben zwischen der Intuition, die wohl fast alle Menschen im Blick auf Geburt und Tod haben – zwischen unmittelbaren Einschätzungen, Erfahrungswissen, Gewissensurteilen auf der einen Seite und auf der anderen Seite des Grabens das undurchdringliche Gewirr von Informationen, unverständlicher Fachsprache und Expertenwissen. Was nützt mir angesichts der wissenschaftlichen Meinungen meine Intuition? Welchen Wert hat sie? Expertenwissen und die eigene Intuition müssen unter Umständen binnen Stunden oder gar Sekunden zu einer Entscheidung zusammengeführt werden. Wer kann mich dabei beraten, auf wen kann ich mich verlassen?

Auf dem Feld der Bio- und Medizinethik werden zurzeit u. a. diskutiert: die embryonale Stammzellenforschung, genetische Veränderungen durch Verfahren wie CRISP CASP 9, Non-invasive Pränataldiagnostik (NIPD), Reproduktionsmedizin, Leihmutterschaft, Schwangerschaftsabbruch, Organspende und Sterbehilfe (insbesondere assistierter Suizid).[123] Eingebettet sind diese Fachthemen in gesellschaftliche Kontexte, z. B. in die Frage nach unseren Bildern von Familie, nach unserem Verständnis von Verantwortung und Generationengerechtigkeit. Es gibt eine Vielzahl von Akteuren: die Politik, die gesetzliche Regelungen zu treffen hat; Ärztinnen und Ärzte, denen zumeist bei der Umsetzung eine unverzichtbare Rolle zukommt; Verbände von Ärztinnen und Ärzten, Krankenkassen, Familienverbände, Behindertenverbände, Sterbehilfevereine; zuletzt die einzelnen von einer Fragestellung oder Problemlage betroffenen Menschen, die gelegentlich das Gefühl haben, etwas werde über ihren Kopf hinweg geregelt oder entschieden. Die Sachebenen und die Diskussionen dazu sind so komplex und umfangreich, dass sie eigene Bücher füllen.

Hier soll grundsätzlicher gefragt werden: Gibt es eine bestimmte Perspektive, aus der der christliche Glaube sich diesen Themen nähert? Lassen sich aus der christlichen Theologie Kriterien der Beurteilung gewinnen, die bei der Orientierung auf diesem unübersichtlichen Gelände helfen? Was kann der Beitrag der Kirchen in den gesellschaftlichen Debatten und Aushandlungsprozessen sein? In diesem Kapitel greife ich beispielhaft diejenigen Einzelthemen heraus, die während meiner Amtszeit bei der Evangelischen Kirche in Deutschland (EKD) 2015-2023 Gegenstand von Meinungsbildungs- und Gesetzgebungsprozessen waren. Dabei versuche ich herauszuarbeiten, wie die Argumentationsmuster hinter den Positionierungen aussehen. Im besten Falle ist damit ein Instrumentarium bereitgestellt, sich mit den im eigenen Leben und Umfeld auftretenden Fragen eigenständig auseinanderzusetzen. Die Frage nach der Rolle von Autonomie und Selbstbestimmung gehörte in diesen Jahren zu den zentralen Hintergrundthemen bei allen Fragen von Lebensanfang und Lebensende. Auf sie ist deshalb zunächst besonders einzugehen.

Kant und die Autonomie – Ressourcen für die ethische Urteilsbildung

Von Immanuel Kant (1724-1804) ist in diesem Buch immer wieder die Rede. Impulse, die von ihm ausgingen, stehen auch heute noch im Hintergrund der ethischen Debatten um Lebensanfang und Lebensende. Kant stellte die Frage, wie Erkenntnis überhaupt möglich ist. Kann der Mensch die Welt erkennen, wie sie wirklich ist? Und nicht nur die sichtbare Welt, sondern auch die unsichtbare? Zur Zeit Kants beanspruchte die Theologie, das Unsichtbare mit dem Bezug auf die Offenbarung Gottes erkennbar zu machen; in der Philosophie nahm die Metaphysik für sich in Anspruch, die Welt hinter der sichtbaren Welt erklären zu können. Kant aber erkannte, dass der Mensch darauf reduziert ist, in Zeit und Raum zu denken. Dieser beschränkte Rahmen seiner Erkenntnismöglichkeiten ist mit seinem biologischen Menschsein ein für alle Mal unüberwindbar gesetzt. Alles, was der Mensch denkt und erkennt, ist an die Kategorien von Raum und Zeit gebunden. Damit aber ist eine für damals ungeheuerliche Schlussfolgerung verbunden: Wenn der Mensch so begrenzt ist, dass er nur in den Kategorien von Zeit und Raum denken und wahrnehmen kann, wenn man aber gleichzeitig davon ausgehen muss, dass die Welt auch außerhalb von Zeit und Raum besteht, dann kann der Mensch von der Welt nur einen winzigen Ausschnitt erkennen. Oder genauer gesagt: nicht einmal das. Sondern was er erkennt, erkennt er nach den Bedingungen seiner Möglichkeit. Wie die Welt wirklich ist, kann er nicht wissen. Folglich erkennt er genau genommen gar nichts. Sondern sieht immer wie in einem Spiegel sich selbst.

Wie ist aber dann Gotteserkenntnis mit der Vernunft möglich? Streng genommen gar nicht, jedenfalls nicht so, dass sich Gottes Existenz beweisen ließe. Aber Kant war pragmatisch. Die Existenz Gottes musste als praktischer Bezugspunkt des Lebens und der Ethik »gerettet« werden. Kant nahm deshalb die Existenz Gottes und die Existenz eines Sittengesetzes als ein Gebot der praktischen Vernunft an. Dieses Sittengesetz trage der Mensch in sich und könne es bei vernünftiger Betrachtung seiner selbst erkennen. Nicht von außen gesetzte Normen, sondern nur dieser Bezugspunkt der praktischen Vernunft sei bindend für den Menschen. Kant entließ ihn damit in eine nie gekannte Freiheit – und unterstellte ihn gleichzeitig einem absolut gültigen Sittengesetz. *Die Autonomie des Menschen – dies ist die Pointe – besteht gerade darin, das Sittengesetz zu erkennen und ihm entsprechend zu handeln.*

Wenn wir von Kant nun – und da lassen wir sehr viele kluge Denker einfach aus – in die ethischen Überlegungen der Gegenwart springen, dann ist immer noch die Frage: Was meinen wir mit Freiheit, Autonomie oder Selbstbestimmung? Meinen wir inzwischen eine völlig losgelöste Freiheit, die unter der Frage »Wer will mir Vorschriften machen?« nach dem Motto handelt »Ich kann tun, was ich will«. Ist das »Sittengesetz« ersatzlos gestrichen? Oder was ist an seine Stelle getreten? Klar ist, dass man heute nicht mehr davon ausgehen kann, dass allen Menschen in ihr Inneres dasselbe Sittengesetz eingeschrieben ist. Dazu ist die Welt viel zu plural und individualistisch geworden. Genau dies ist zur Kernfrage ethischer Diskussionen der Gegenwart geworden: *Wie können Autonomie und Selbstbestimmung einerseits als Errungenschaften der Aufklärung festgehalten werden, ohne andererseits in ein beliebiges »alles ist möglich« zu verfallen?*

Autonomie und Selbstbestimmung im Rahmen christlicher Freiheit und Verantwortung

In der protestantischen Ethik sind die Begriffe von Freiheit und Verantwortung Ausgangspunkt aller Überlegungen.[124] Der Freiheit werden – wie bei Kant – Grenzen gesetzt. Freiheit heißt also nicht: Alles ist möglich und erlaubt. Aber diese Grenzen werden – anders als bei Kant – nicht durch einen feststehenden Rahmen bestimmt, sondern im Spannungsverhältnis von Freiheit und Verantwortung ermittelt, wobei die Verantwortung als Verantwortung gegenüber Gott und den Menschen bestimmt ist. Mit der Methode des »weiten Überlegungsgleichgewichts«, die wir schon kennen gelernt haben[125], wird der konkrete Sachverhalt angeschaut und beurteilt: Wer handelt? Um wessen Freiheit geht es? Wem gegenüber ist dieser Handelnde verantwortlich? Gott gegenüber sowieso. Also ist aus der Gesamtschau des Evangeliums zu schlussfolgern, was im Sinne Gottes sein könnte. Und dies ist auf die konkreten Menschen zu beziehen, denen gegenüber der Handelnde verantwortlich ist. Was dient dem Leben? *Dürfen* wir alles tun, was wir tun *können*? Welche Folgen entstehen für künftige Generationen? Besteht Verantwortung gegenüber entstehendem oder künftigem Leben? Um diesen Fragen konkret nachzugehen, wenden wir uns als Erstes dem übergeordneten Thema der »reproduktiven Selbstbestimmung« zu. An ihm werden Freiheit, Autonomie und Selbstbestimmung heute grundsätzlich diskutiert.

Reproduktive Selbstbestimmung

Hinter dem etwas sperrigen Begriff der reproduktiven Selbstbestimmung verbirgt sich ein ganzes Bündel von Themen: Muss Kinderlosigkeit akzeptiert werden oder gibt es ein grundgesetzliches Recht auf Fortpflanzung? Welche Methoden künstlicher Fortpflanzung dürfen angewandt werden? In Deutschland ist derzeit die Samenspende zulässig, die Eizellspende jedoch nicht. Ebenso ist die Leihmutterschaft nicht zugelassen. Soll diese Rechtslage verändert werden?[126]

Der Druck, hier zu Veränderungen zu gelangen, kommt aus der Gesellschaft selbst. Kinderlosigkeit wird immer weniger als Schicksal akzeptiert. Einen Anspruch darauf zu haben, die medizinischen Möglichkeiten zu nutzen und Kinderlosigkeit zu beheben, wird als immer selbstverständlicher empfunden. International sind manche Regelungen liberaler. Deshalb gehen Frauen zu einer Eizellspende ins Ausland oder lassen Paare ihren Kinderwunsch über eine Leihmutter im Ausland erfüllen. Wäre es nicht besser und ehrlicher, diese Methoden in Deutschland zu erlauben und hier rechtlich zu gestalten? Man sieht, dass sich bei diesem Thema zahlreiche Ebenen miteinander verbinden, weil es sowohl um die immer weiter fortschreitenden medizinisch-technischen Möglichkeiten geht wie auch um soziale und wirtschaftliche Fragen und um das Familienbild. Diese Debatten in einem öffentlichen Raum auf der Basis »kommunikativer Vernunft« zu führen ist gewiss nicht einfach. Aber eine Gesellschaft, die über den zunehmend komplexer werdenden ethischen Fragen ihren Zusammenhalt nicht verlieren will, wird gut daran tun, an diesem demokratisch imprägnierten Modell gesellschaftlicher Entscheidungsprozesse festzuhalten.[127]

Kinderlosigkeit als Thema der biblischen Erzählungen

Ein Blick in die biblische Überlieferung ist interessant. Denn Kinderlosigkeit war in den archaischen, nomadisch geprägten Gesellschaften, aus denen etwa die Erzählungen von Abraham und seinen Nachkommen stammen, ein großes Problem. Ohne staatliche Sozialversorgung waren Menschen vor allem im Alter auf die Versorgung durch ihre Kinder angewiesen. Kinderlosigkeit bedeutete wirtschaftliche und soziale Nachteile und wurde als Schande empfunden. Dem begegnete man mit Regeln, die aus heutiger Sicht befremdlich anmuten und doch eine Nähe zu unseren Fragestellungen haben: Weil Sarah unfruchtbar ist, zeugt Abraham mit ihrer Magd Hagar einen Nachkommen. Gewissermaßen eine Art von »Leihmutterschaft« (1. Mose 15, 16 und 30). Wenn Männer kinderlos starben, hatten Verwandte die Pflicht, die Witwe zu heiraten und mit ihr Kinder zu zeugen, die dann als Kinder des Gestorbenen galten (1. Mose 38; 5. Mose 25, 5-10). An der Fremdheit dieser Bräuche zeigt sich schon, dass kurzschlüssige Übertragungen aus der damaligen Gesellschaft auf uns wenig sinnvoll wären. Die genannten Bräuche setzen die Vielehe voraus, die sicherlich niemand heute einführen will. Normative Ableitungen aus der Bibel sind für unsere heutigen Fragestellungen nicht so ohne Weiteres zu gewinnen. Doch immerhin dies ist zu sehen: Der Leidensdruck durch Kinderlosigkeit war groß und man nahm sie nicht einfach als gottgewollt hin.

Gibt es ein Recht auf Fortpflanzung?

Für die ethische Argumentation naheliegender ist der Verweis auf den generellen Gebrauch heilender Medizin. Denn wenn man kinderlosen Paaren mit Kinderwunsch entgegenhalten wollte, man müsse die körperlichen Grenzen, die einem selbst gesetzt seien, nun einmal akzeptieren, so müsste man ja auch Krankheiten hinnehmen und dürfte sie nicht durch medizinische Maßnahmen lindern oder heilen. Hier aber hat unsere gesamte Tradition, und zwar nicht erst seit der Aufklärung, anders entschieden. Der Einsatz medizinischer Therapien wird als Gebrauch der Güter verstanden, die Gott den Menschen an die Hand gegeben hat. Nur sehr wenige, sektenartige Gruppierungen lehnen medizinische Maßnahmen aus religiösen Gründen generell ab. Wenn man dies aber nicht tut, sondern in der Medizin eine gute Gabe Gottes sieht, dann wird man nicht mit dem Argument, hier würden individuelle körperliche Grenzen überschritten, gegen die reproduktive Selbstbestimmung argumentieren können. Man wird lediglich fragen können – und fragen müssen –, wie weit diese Selbstbestimmung reichen kann und wie sie mit den Rechten anderer zu vereinbaren ist.

Gibt es ein grundgesetzlich verankertes Recht auf Fortpflanzung? Und was genau bedeutet das? Unstrittig ist die Freiheit der Fortpflanzung als Abwehrrecht gegenüber dem Staat. Sie ist nicht ausdrücklich formuliert, wird aber aus Artikel 2 Absatz 1[128] in Verbindung mit Artikel 6 Absatz 1[129] des Grundgesetzes hergeleitet. Damit sollen z. B. Eheverbote oder Zwangssterilisationen ausgeschlossen werden. Seit einigen Jahren wird diskutiert, ob nicht auch das Verbot der Leihmutterschaft und die Beschränkungen der Forschung mit embryonalen Stammzellen dieses Abwehrrecht verletzen, weil sie die technisch und praktisch heute vorhandenen Möglichkeiten, sich fortzupflanzen, einschränken.[130]

Gibt es zu dieser Entwicklung eine kirchliche oder christliche Perspektive? Wer die Stellungnahmen der katholischen Deutschen Bischofskonferenz und der Evangelischen Kirche in Deutschland (EKD) zu Themen von Lebensanfang und Lebensende verfolgt, wird feststellen, dass es neben der grundsätzlichen Einigkeit, das Leben und die Würde des Menschen zu schützen, unterschiedliche Akzente gibt. Die katholische Theologie vertritt traditionell eine Normenethik.[131] Sie leitet Normen aus der Offenbarung der Heiligen Schrift, aus der kirchlichen Tradition und aus dem Naturrecht ab. Diesen Normen wird zeitunabhängige Gültigkeit attestiert. In dieser Perspektive ist es logisch und überzeugend, dass diejenigen sich äußern, die die Spezialisten für diese Normen sind, also die Theologieprofessoren (überwiegend männlich) und die Bischöfe. Die evangelische Theologie hat einen breiteren Ansatz. Sie bezieht die Güter- und die Sozialethik mit ein, sie fragt nach Freiheit und Verantwortung der Handelnden, sie hat neben der Allgemeinheit die individuelle Situation Betroffener im Blick, und aus all dem versucht sie, in einem »weiten Überlegungsgleichgewicht« Urteile abzuleiten und in die gesellschaftlichen Debatten einzutragen, die der heutigen Lebenssituation der Menschen gerecht werden. Aus dieser Perspektive ist eine breite Beteiligung von theologischer und medizinischer Wissenschaft und von Menschen, die von den zu klärenden Fragen unmittelbar oder mittelbar betroffen sind, erforderlich. Von evangelischer Seite gibt es gegenüber der derzeit zu beobachtenden Stärkung der individuellen Freiheitsrechte viel Sympathie. Wie weit die Freiheitsrechte gehen sollen und was zum Schutz anderer erforderlich ist – darüber allerdings besteht Diskussionsbedarf.

Die Forschung mit embryonalen Stammzellen

Etwa 24 Stunden nachdem sich Eizelle und Samenzelle verbunden haben, sind sie nach der bundesdeutschen Rechtslage ein Embryo. Dieser Embryo besteht zunächst nur aus wenigen Zellen, und zwar sogenannten Stammzellen. Sie heißen so, weil sie – und nur sie – zu jeglicher anderen Zelle und zu jedem beliebigen menschlichen Organ werden können. Das muss ja auch so sein, weil sonst aus dieser kleinen Zellansammlung kein kompletter Mensch entstehen könnte. Zwar hat auch der erwachsene Mensch Stammzellen, sogenannte adulte Stammzellen, aber diese können sich nur in einige, nicht in alle Zellen und Organe verwandeln. In der Forschung spielen embryonale Stammzellen bei der Suche nach Therapien vieler Krankheiten eine Rolle, z. B. Parkinson, Herzinfarkten oder Erkrankungen der Netzhaut der Augen.

Wie werden embryonale Stammzellen gewonnen? Dazu werden im Reagenzglas Eizelle und Same zusammengeführt, sodass es zu einer künstlichen Befruchtung kommt. Man nennt dies In-Vitro-Fertilisation. Damit hat man Ansätze entstehenden menschlichen Lebens geschaffen, aber nicht, damit hieraus tatsächlich Menschen werden, sondern um damit zu forschen. Das heißt, die Embryonen werden zu Forschungszwecken erzeugt, ihre Entwicklungsmöglichkeit zu menschlichem Leben zunichte gemacht. Hier entstehen die ethischen Fragen. Ist das zulässig? Wann beginnt menschliches Leben? Wenn es mit der Befruchtung beginnt, dann wird hier menschliches Leben vernichtet und verzweckt. Die bundesdeutsche Gesetzgebung verbietet deshalb die Herstellung von Embryonen zu Forschungszwecken.[132]

Allerdings hätte ein komplettes Verbot die Forschung in Deutschland von der internationalen Forschung abgekoppelt. Und es galt, den Schaden abzuwägen, der entstanden wäre, wenn die Therapien, die mit dieser Forschung erschlossen werden können, unmöglich gemacht werden. Es gab hierzu Ende der 1990er- und Anfang der 2000er-Jahre eine kontrovers geführte Diskussion in Deutschland, bei der die beiden großen Kirchen gemeinsam für den Schutz des Lebens eintraten und sich gegen jegliche Stammzellenforschung aussprachen. Der Gesetzgeber entschied jedoch anders und zwar für einen pragmatischen Kompromiss. Man verbot zwar die Herstellung von Embryonen zu Forschungszwecken und die Forschung mit embryonalen Stammzellen grundsätzlich. Da in vielen Ländern aber solche Embryonen vorhanden waren, ließ man die Einfuhr von Embryonen zu, die vor dem Stichtag 1. Januar 2002 erzeugt waren. Mit der Stichtagsregelung wollte man verhindern, dass immer neue Embryonen zu Forschungszwecken erzeugt würden. Allerdings stellte sich heraus, dass viele dieser Keimzellen verunreinigt und damit unbrauchbar waren. Nach langen Diskussionen legte der Gesetzgeber mit dem 1. Mai 2007 einen neuen Stichtag fest. Das heißt: In Deutschland darf an embryonalen Stammzellen geforscht werden, die im Ausland vor dem 1. Mai 2007 erzeugt wurden.

Der Rat der Evangelischen Kirche in Deutschland (EKD) hat im Jahre 2002 anlässlich der Kontroversen um die Forschung mit embryonalen Stammzellen einen Diskussionsbeitrag vorgelegt mit dem Titel »Im Geist der Liebe mit dem Leben umgehen«.[133] Damit hat er einen Orientierungspunkt beschrieben, auf den alle einzelnen Fragen zu beziehen sind. Zwar lassen sich die konkreten Antworten daraus nicht einfach ableiten, aber es ist eine Orientierung für die Abwägung von Freiheit und Verantwortung gegeben. Der Schutz des Lebens, die Fürsorge sowohl für die Stammzellen mit ihren Entwicklungsmöglichkeiten zum Leben wie auch für Patienten, denen mit den Stammzellen geholfen werden könnte, und der Aspekt der Selbstbestimmung, der für die Forschenden und die Patienten in Betracht kommt, und die Frage, ob auch die embryonalen Stammzellen, die selbst Embryonen sind, schon ein Recht auf Leben und eine eigene Würde haben, für die andere schützend eintreten müssen – alles dies ist »im Geist der Liebe« abzuwägen.

Möglicherweise wird die Forschung die Fragestellung in Zukunft verändern. Denn es wurde ein neues Verfahren entwickelt, aus erwachsenen Zellen sogenannte »induzierte pluripotente Stammzellen« herzustellen, die für die Entwicklung von Therapien ebenso gut verwendet werden können, oder eigentlich sogar besser, da sie den Vorteil haben, dass man sie aus Zellen des jeweiligen zu behandelnden Patienten entwickeln kann und so keine Abstoßung durch das Immunsystem zu befürchten ist. Allerdings ist diese Technik einstweilen noch sehr zeitaufwändig und teuer. Dieses Beispiel zeigt, wie verwoben die ethischen und technischen Ebenen sein können; denn wer weiß, ob diese neue Technik entwickelt worden wäre, wenn die alte Technik nicht ethisch infrage gestellt worden wäre.

Non-invasive Pränataldiagnostik (NIPD)

Das Wortungetüm »non-invasive Pränataldiagnostik« (NIPD)[134] bezeichnet Verfahren, mit denen die Gesundheit des werdenden Lebens untersucht werden kann. Ab der 10. Schwangerschaftswoche kann man das Blut der Schwangeren daraufhin untersuchen, ob bei dem Fötus ein Verdacht auf genetische Auffälligkeiten wie Trisomie 13, 18 oder 21 besteht. Wie ist dieses Verfahren ethisch zu bewerten?

Die Diskussion dazu kam um 2016 ins Rollen, weil die Tests nun »non-invasiv« möglich wurden. Vorher musste mit einer Nadel Fruchtwasser aus der Gebärmutter entnommen werden. Dabei bestand das Risiko, eine Fehlgeburt auszulösen. Man beschränkte die Untersuchung deshalb von vornherein auf einzelne, medizinisch indizierte Fälle. »Non-invasiv« heißt, es reicht nun ein wenig Blut, das aus der Armvene der Schwangeren entnommen wird. Damit kam die Frage auf, ob diese Untersuchungsmethode flächendeckend angeboten werden sollte. Konkret startete der Gemeinsame Bundesausschuss (G-BA) der gesetzlichen Krankenkassen, der Krankenhäuser und der Ärztevertretungen 2018 ein Stellungnahmeverfahren, ob non-invasive Pränataldiagnostik unter bestimmten Voraussetzungen von den gesetzlichen Krankenkassen bezahlt werden solle. Auch die Kirchen wurden um Stellungnahme gebeten.[135]

Das medizintechnische Verfahren

Auf den ersten Blick erscheint das Verfahren nützlich, denn eine genetische Abweichung rechtzeitig zu erkennen ist doch gut. Die Frage ist aber: Was macht die schwangere Frau, was machen die werdenden Eltern mit dem Ergebnis? Steht eine Entscheidung für einen Schwangerschaftsabbruch im Raum, wenn die Möglichkeit einer genetischen Abweichung diagnostiziert wird? Da die Untersuchung erst ab der 10. Schwangerschaftswoche vorgenommen werden kann, hieße das, einen schon sehr weit ausgebildeten Fötus abzutreiben. Und warum sollte man das tun? Weil man Sorge hat, durch ein behindertes Kind überfordert zu sein? Weil man dem Kind ersparen will, mit einem Leiden zu leben? Aber ist Trisomie 21 – das Down-Syndrom – wirklich ein Leiden? Bei Trisomie 13 und 18 waren die Chancen eines Kindes, die ersten Wochen zu überleben, früher sehr gering. Mittlerweile haben Kinder mit dieser Genabweichung recht gute Erwartungen, das 5. Lebensjahr zu erreichen. Und wie aussagekräftig sind die Testergebnisse? Zwar verweisen die Hersteller auf eine Trefferquote zwischen 95 und 98 %, aber eben nicht 100 %. Es gibt sowohl falschpositive als auch falschnegative Ergebnisse. Insbesondere bei einem positiven Ergebnis werden sich weitere Untersuchungen anschließen.

Nicht alle ethischen Konflikte können eindeutig aufgelöst werden

Von welchem Ansatz aus schaut evangelische Ethik auf dieses Thema? Für die Kammer für öffentliche Verantwortung der EKD, die die Stellungnahme erarbeitete, war entscheidend, die menschlichen Folgen und Rahmenbedingungen in den Blick zu nehmen. Weder dürfe durch eine Zulassung als kassenärztliche

Leistung ein Druck auf werdende Mütter bzw. Eltern ausgeübt werden, diesen Test durchzuführen, noch dürfe es geschehen, dass Leben mit genetischen Abweichungen, insbesondere mit Down-Syndrom, diskriminiert werde. Als Gefahr wurde gesehen, dass Mütter sich irgendwann dafür würden rechtfertigen müssen, dass sie ein Kind mit Down-Syndrom auf die Welt gebracht haben, denn – so könnte es womöglich im öffentlichen Bewusstsein erscheinen – das »wäre doch nicht nötig gewesen«. Für die Einschätzung der Situation war wichtig, dass die privaten Krankenkassen diese Tests bereits finanzierten. Eine Verweigerung der Aufnahme in den Leistungskatalog der gesetzlichen Krankenkassen hätte eine Benachteiligung eines Teils der Schwangeren bedeutet. Schließlich war auch zu berücksichtigen, dass man die Tests kostengünstig im Internet aus dem Ausland bestellen, selbst durchführen und dann zur Auswertung an ein Institut im Ausland schicken kann. Das heißt: NIPD ist in der Welt. Aber sollen Finanzierungsvoraussetzungen für eine flächendeckende Anwendung geschaffen werden? *Die neuen biologischen und medizintechnischen Verfahren schaffen einen enorm vergrößerten Freiheitsraum, in dem man sich bewegen kann. Aber Freiheit heißt hier, in einen ethisch nicht eindeutig auflösbaren Konflikt gestellt zu sein.*

Entscheidung für einen Kompromiss

Die Stellungnahme der Kammer für öffentliche Verantwortung der EKD stimmt einer Finanzierung durch die gesetzlichen Kassen zu, allerdings unter der Bedingung, dass eine dem Lebensschutz verpflichtete Beratung stattfindet. Denn nur in einer ausführlichen Beratung können die vielen Fragen geklärt werden und können die Schwangere bzw. die werdenden Eltern eine informierte Entscheidung treffen. Schließlich wurde von den zuständigen Organen ein Kompromiss gewählt, der seit Juli 2023 in Kraft ist: Non-invasive Pränataldiagnostik wird von den gesetzlichen Kassen finanziert, wenn Arzt bzw. Ärztin und die Schwangere dies gemeinsam beantragen. Diesem Antrag muss eine ärztliche Beratung vorausgehen. Unterstützend wurde eine Broschüre zur Versicherteninformation entwickelt.[136] Auf diese Weise wurde dem Anliegen Rechnung getragen, gesetzlich versicherte Schwangere nicht schlechter zu stellen als andere, und gleichzeitig einem Automatismus vorzubeugen, der zur flächendeckenden Nutzung der Tests geführt hätte. Durch die verpflichtende Beratung ist sichergestellt, dass die Schwangere bzw. die Eltern sorgfältig informiert und begleitet werden.

Leihmutterschaft

Das Stichwort Leihmutterschaft[137] ist schon gefallen. Zur Durchführung wird entweder die Eizelle der Leihmutter (genauer Ersatzmutter) mit dem Samen des künftigen Vaters befruchtet. Oder dem Paar, das den Kinderwunsch hat, werden Eizelle und Samen entnommen, um im Reagenzglas eine Befruchtung vorzunehmen (In-vitro-Fertilisation). Die befruchtete Eizelle wird anschließend einer anderen Frau in die Gebärmutter eingepflanzt. Nach der Geburt wird ihr das Kind genommen und den genetischen Eltern gegeben. Im ersten Fall ist die Ersatzmutter zugleich die leibliche Mutter des Kindes, im zweiten Fall hat sie mit dem Kind keine genetische Verbindung und stellt lediglich ihren Körper zur Verfügung, damit ein anderes Paar ein genetisch von ihm abstammendes Kind erhält.

Es werden zwei weitere Varianten unterschieden: In der Mehrzahl der Fälle wird die Leihmutter bezahlt. Dann spricht man von kommerzieller Leihmutterschaft.[138] In einigen Fällen stellen sich Frauen ohne Bezahlung zur Verfügung. Man spricht dann von altruistischer Leihmutterschaft.

In Deutschland ist Leihmutterschaft verboten.[139] Die Länder mit den meisten durchgeführten Leihmutterschaften sind die USA, Indien und die Ukraine. Paare, die eine Leihmutterschaft im Ausland vornehmen lassen, machen sich nach deutschem Recht nicht strafbar. Wohl aber die daran beteiligten Ärzte und Vermittler. Es gibt deshalb keine offiziellen Statistiken. Schätzungen gehen von bis zu 100 Paaren jährlich aus. Das ist eine sehr geringe Zahl. Doch die Zahl der Paare, die diese Möglichkeit in Anspruch nehmen würden, wenn sie sich legal anböte, scheint erheblich höher zu sein.

In der ethischen Diskussion stehen vor allem soziale Fragen im Mittelpunkt. Da es zum großen Teil sozial schwache Frauen sind, die sich gegen Bezahlung als Leihmütter zur Verfügung stellen, lautet die Kritik, dass Frauen ihren Körper gewissermaßen für diese Dienstleistung verkaufen. Das wird als unethisch kritisiert, auch von Feministinnen. Dabei ist auch im Blick, dass es zur Vermittlung ein – von Deutschland aus gesehen illegales – Netzwerk von Ärzten und Agenturen gibt. Überspitzt gesagt, existiert ein eigener »Markt« mit seinen Regeln. Frauen werden für diese Dienstleistung gezielt gesucht und angesprochen. Sie müssten durch entsprechende Gesetze davor geschützt werden, einem dadurch aufgebauten Druck oder einer Verführung ausgesetzt zu werden. Allerdings wird aus feministischer Perspektive auch die gegenteilige Position vertreten, dass diese Forderung nach Schutz für die betreffenden Frauen eine unzulässige Bevormundung darstelle.

Eine gesellschaftliche Debatte, auch in den Kirchen, hat es bislang nur ansatzweise gegeben. Erst in den letzten Jahren wird intensiver diskutiert. Hinsichtlich der Leihmütter scheint die altruistische Variante auf den ersten Blick unproblematischer als die kommerzielle. Aber ist es nicht paternalistisch, von einer Frau zu verlangen, diese Leistung unentgeltlich zu erbringen? Hinsichtlich der auf diesem Wege geborenen Kinder geht es u. a. um die rechtliche Klärung der Abstammungsverhältnisse. Denn nach deutschem Recht – das insoweit auch für im Ausland geborene Kinder gilt – ist diejenige Frau, die ein Kind geboren hat, die leibliche Mutter. Das heißt, die genetischen Eltern gelten nicht als mit dem Kind verwandt und haben kein Sorgerecht. Das Kind hat auch keine deutsche Staatsbürgerschaft und darf ohne abstammungsrechtliche Klärung nicht nach Deutschland einreisen. Auch wenn diese Fragen geklärt sind, bleibt die Frage, wie das Kind später mit dem Wissen um seine Abstammung umgehen wird. Und was ist, wenn ein behindertes Kind geboren wird und die leiblichen Eltern seine Annahme ablehnen? Oder, falls die Behinderung schon pränatal diagnostiziert wird, können die Eltern eine Abtreibung verlangen? Diskutiert wird z. B. auch, ob es Einflüsse auf die Entwicklung des Kindes hat, wenn die werdende Mutter zu ihm während der Schwangerschaft keine Beziehung aufbaut.

Man sieht, das sind keine einfachen Fragen. Es gibt auch keine einfachen Antworten. Angesichts all dieser Schwierigkeiten wird oft die Frage gestellt: Warum muss das überhaupt sein? Kinderlosigkeit kann auch auf anderem Wege behoben werden. Es gibt so viele Kinder, die auf eine Adoption warten. Wäre es nicht besser, Eltern mit Kinderwunsch würden ein Kind adoptieren? Andererseits kann es bevormundend sein, über den Kinderwunsch anderer zu urteilen. Auch stehen im Hintergrund Bilder von dem, was eine Familie ist. Diese Bilder haben sich in den letzten 30 Jahren rasant verändert. Es ist anzunehmen, dass die Veränderungen weitergehen.

Schwangerschaftsabbruch

Vermutlich hat kein anderes Thema im Kontext des Lebensanfangs so elementare Bedeutung für eine schwangere Frau wie der Schwangerschaftsabbruch. Kein anderes Thema dürfte in der Gesellschaft so oft und so intensiv beraten worden sein. Zu keinem anderen Thema überhaupt hat die Evangelische Kirche in Deutschland (EKD) sich seit 1945 so oft geäußert.[140] Und kein anderes Thema im Kontext des Lebensanfangs ist so alt. Denn Abtreibungen sind aus der gesamten Menschheitsgeschichte dokumentiert, auch wenn sie vor der Entwicklung der modernen Medizin immer mit hoher Lebensgefahr für die Frau verbunden waren. Bei keinem anderen Thema (abgesehen vom assistierten Suizid) dürften Intuitionen und individuelle Wertungen, die soziale Situation der Betroffenen oder Beteiligten, persönliche Erfahrungen und religiöse und weltanschauliche Prägungen eine so große Rolle spielen wie beim Schwangerschaftsabbruch. Schließlich ist der Schwangerschaftsabbruch seit den 1960er-Jahren das klassische Thema, an dem Freiheit, Autonomie und Selbstbestimmung verhandelt werden. Die Forderung nach der Anerkennung der Selbstbestimmung der Frauen wurde von Alice Schwarzer pointiert mit dem Slogan auf den Punkt gebracht: »Mein Bauch gehört mir!« In der Ausgabe des »Stern« vom 6. Juni 1971 bekannten 374 prominente Frauen: »Wir haben abgetrieben!«

Die Rechtslage in Deutschland und ihre Geschichte

Seit 1995 gilt im vereinigten Deutschland eine modifizierte Fristenlösung. Ein Schwangerschaftsabbruch ist grundsätzlich rechtswidrig, bleibt aber nach § 218a StGB straffrei, wenn die Schwangere dem Eingriff zugestimmt hat, seit der Zeugung nicht mehr als 12 Wochen vergangen sind und der Eingriff frühestens 3 Tage nach einer verpflichtenden Beratung stattgefunden hat. Nicht rechtswidrig ist der Abbruch, wenn eine medizinische oder psychische Notlage vorliegt oder wenn die Schwangerschaft durch eine Vergewaltigung herbeigeführt wurde und seit der Empfängnis nicht mehr als 12 Wochen vergangen sind. In der DDR galt seit 1972 eine reine Fristenlösung bis zur 12. Schwangerschaftswoche, in der alten Bundesrepublik seit 1976 eine erweiterte Indikationenregelung, die Straffreiheit bei medizinischen oder psychischen Notlagen vorsah. Nach der Wiedervereinigung musste das Recht vereinheitlicht werden. Eine zunächst beschlossene Regelung, nach der der Abbruch innerhalb einer 12-Wochenfrist nicht rechtswidrig gewesen wäre, wurde vom Bundesverfassungsgericht für nicht verfassungsgemäß erklärt, weil sie gegen den Grundsatz des Lebensschutzes nach Artikel 2 Absatz 2 des Grundgesetzes verstoße[141] und weil auch dem Embryo Menschenwürde zukomme. Auf diesen Vorbehalt reagierte die Fassung von 1995 mit der Bestimmung »rechtswidrig, aber straffrei«.

Schaut man sich die Begründungsfiguren für das Abtreibungsverbot an, so fällt auf, dass ursprünglich und lange Zeit nicht der Schutz des ungeborenen Lebens im Zentrum stand, sondern mindestens auch bevölkerungspolitische Erwägungen leitend waren. Pervertiert wurde dies dann durch die Nationalsozialisten, die für ihre Kriegführung die Pflicht zur Vermehrung propagierten und 1943 die Todesstrafe auf Abtreibung einführten. Erst nach 1945 trat der Schutz des Lebens in den Vordergrund der Argumentation.

Zwischen Freiheit, Selbstbestimmung und Lebensschutz

Die Emanzipationsbewegungen schon Anfang des 20. Jahrhunderts und dann wieder nach 1945 forderten eine Liberalisierung der Gesetzgebung mit dem Hinweis auf die Selbstbestimmung der Frau ein. Lebensschutz, Fürsorge, Selbstbestimmung – diese Trias von Aspekten gilt es auszubalancieren: Was gebietet die Fürsorge für den Schutz des werdenden Lebens? Welches Gewicht hat ihm gegenüber das Selbstbestimmungsrecht der Frau? Von feministischer Seite wird manchmal noch weitergehend eingewandt, dass schon diese Fragestellung falsch und typisch für die männliche Sicht auf das Thema sei. In Wirklichkeit seien Frauen und das werdende Leben eine Einheit eigener Art. Man könne beide gar nicht abwägend gegenüberstellen. Und die Entscheidung über diesen zu ihr gehörigen Teil ihres Körpers könne nur die Frau alleine treffen.

Eine der immer wieder diskutierten Fragen ist die nach dem »Status« des Embryos. Denn was zu schützen ist, hängt maßgeblich davon ab, ab wann man von menschlichem Leben spricht. Schon an der Wortwahl kann man Akzentsetzungen ablesen. Spricht man von Abtreibung oder Schwangerschaftsabbruch? Nennt man die ersten Zellverbände Zygoten, Präembryo, Embryo oder embryonaler Mensch? Wie hoch lädt man die Begrifflichkeit theologisch oder moralisch auf? Spricht man von Menschenwürde und Gottebenbildlichkeit? Ab welchem Zeitpunkt soll man diese Prädikate verwenden?

Der Freiheitsimpuls, der von Kant und der Aufklärung in die Welt gebracht wurde – wieweit soll er reichen? Nachdem es kein allgemein anerkanntes Sittengesetz wie zu Kants Zeiten mehr gibt – wie kann eine Gesellschaft sich auf Kriterien einigen, nach denen der Freiheit und Selbstbestimmung Grenzen gesetzt sind? In den letzten 50, 60 Jahren hat es in der westlichen Welt fast durchgehend eine Stärkung des Selbstbestimmungsrechts der Frau gegeben. Aber es gibt international auch entgegengesetzte Entwicklungen. In Polen zum Beispiel ist das Strafrecht, das zu kommunistischen Zeiten relativ liberal war, unter der PIS-Regierung immer weiter verschärft worden. Die Rücknahme dieser Verschärfung war eines der Wahlkampfversprechen von Donald Tusk. In Frankreich wurde umgekehrt 2023 das Recht auf Abtreibung in die Verfassung aufgenommen. Und in den USA stehen sich Gegner und Befürworter einer liberalen Regelung geradezu wie in einem Kulturkampf gegenüber. Die Entscheidung des Supreme Court 2022, das Grundsatzurteil »Roe vs. Wade« aus dem Jahre 1973, das das Recht auf Schwangerschaftsabbruch feststellte, aufzuheben, fand internationale Beachtung. In Deutschland trug 2024 eine von der Ampelregierung eingesetzte Kommission Überlegungen vor, den Schwangerschaftsabbruch, jedenfalls bis zu einer bestimmten Woche, außerhalb des Strafrechts zu regeln.

Aus christlicher Perspektive wird versucht, all die verschiedenen Aspekte sensibel gegeneinander abzuwägen. Innerhalb der evangelischen Kirchen werden unterschiedliche Positionen vertreten. Es gilt bei diesem wie bei anderen Themen: Die Konfliktsituation lässt sich nicht eindeutig auflösen. Entsprechend werden die jeweils zu suchenden Regelungen weiter Gegenstand gesellschaftlicher Aushandlungsprozesse sein.

Sterbehilfe – assistierter Suizid

Kaum ein anderes ethisches Konfliktthema ist in den letzten Jahren so intensiv, so breit und teilweise emotional diskutiert worden wie die Sterbehilfe bzw. der assistierte Suizid. In Zeitungsbeiträgen und Fernsehsendungen, Talks-Shows, in Bundestagsdebatten und von Gerichten wurde das Thema behandelt. Alle Versuche, dieses Thema gesetzlich zu regeln, sind dennoch bisher gescheitert. Zunächst muss geklärt werden, wovon die Rede ist, wenn von »Sterbehilfe« oder dem »assistierten Suizid« gesprochen wird. Denn es gibt mehrere dicht beieinanderliegende Sachverhalte, die das Feld unübersichtlich machen.

Wovon genau ist die Rede?

Wenn in den Jahren 2013 bis 2023 von Sterbehilfe bzw. assistiertem Suizid die Rede war, dann ging es vor allem um den Zugang zu der chemischen Substanz Natrium-Pentobarbital. Dabei handelt es sich um ein Schlafmittel, das bei höherer Dosierung das Atemzentrum im Gehirn lähmt und in der Folge zum Tode führt. Entscheidend ist, dass der Tod sanft eintritt. Diese Substanz ist auf legalem Wege schwer erhältlich. Beschafft werden kann sie vor allem von Ärztinnen bzw. Ärzten und von Sterbehilfeorganisationen. Wenn über das Recht auf einen selbstbestimmten Tod diskutiert wird, wird faktisch meist über das Recht auf diese *eine, sanfte* Art des selbstbestimmten Todes gesprochen. Und es wird über diejenigen gesprochen, die vor allem in der Lage sind, einem Sterbewilligen dieses Schlafmittel zu besorgen.

Um diesen Kern des Sachverhalts sind eine Vielzahl weiterer Themen gruppiert: Wie kann die Suizidprävention gestärkt werden, sodass Menschen von ihrem Sterbewunsch loslassen können? Wie können die Palliativmedizin und die Palliativpflege so ausgebaut und bekannt gemacht werden, dass niemand qualvoll an einer Krankheit leiden und auch keine Angst davor haben muss? Wie verhält sich das ärztliche Standesrecht zur Beihilfe zum Sterben? Dürfen Ärzte überhaupt Beihilfe zum Sterben leisten? Wie sind die Sterbehilfeorganisationen einzuschätzen? Welche Interessen haben sie? Wie finanzieren sie sich? Was ist mit den Angehörigen? Welche Rolle spielen sie, ggfs. begleitend oder als Alleingelassene? Wie kann man sich den konkreten Vollzug in einem Krankenhaus oder Pflegeheim vorstellen? Wie gehen Schwestern und Pfleger damit um? Können sie, wider Willen, zu Beteiligten werden? In den Diskussionen werden zumeist Situationen im Zusammenhang eines schweren Leids oder einer Krankheit erörtert. Das Bundesverfassungsgericht hat das Recht auf Sterbehilfe allerdings an keinerlei materiellen Voraussetzungen gebunden.

Verschiedene Formen der Sterbehilfe

Von der Sterbehilfe bzw. dem assistierten Suizid zu unterscheiden ist der Suizid oder Selbstmord oder Freitod (kein Begriff scheint passend). Der Suizid ist in Deutschland nicht strafbar. Auch wer als Angehöriger bei dem Vollzug anwesend ist, macht sich nach heutiger Rechtslage nicht strafbar. Zu unterscheiden ist hiervon die Tötung auf Verlangen bzw. die aktive Sterbehilfe, bei der nicht der Sterbewillige selbst die zum Tod führende Handlung vollzieht, sondern ein anderer. Sie ist strafbar. Nicht strafbar ist hingegen die passive Sterbehilfe durch Verzicht auf oder Abbrechen von lebensverlängernden Maßnahmen. Im medizinischen Alltag gibt es zwischen aktiver und passiver Sterbehilfe eine Zone der indirekten Sterbehilfe, z. B. durch den Einsatz schmerzlindernder oder sedierender Medikamente, deren mutmaßlich lebensverkürzende Wirkung in Kauf genommen wird. Das ist oft hilfreich, um Wege zur Beendigung eines Leidens zu finden. Allerdings setzt es Ärzte der Unsicherheit aus, für ihr Handeln doch strafrechtlich belangt zu werden. Mithilfe einer Patientenverfügung kann man versuchen, im Vorhinein Klarheit zu schaffen, ob man lebensverlängernde Maßnahmen wünscht oder nicht. Dabei kann der Patient zwischen einer verbindlichen und einer nicht verbindlichen Variante wählen. Doch wie genau auch immer man versucht, für den Fall der Fälle Vorsorge zu treffen: Ob die eingetretene Leidenssituation exakt dem entspricht, was der Patient unter Umständen Jahre vorher verfügt hat, bedarf oft der Auslegung durch die Angehörigen oder die Ärzte.

Die Meinungsbildung in Politik und Öffentlichkeit

Ungefähr seit 2012 gab es, angeregt durch eine geplante Gesetzgebungsinitiative, eine breite Debatte um die Regelung zur Sterbehilfe. Dabei wurden auch Meinungsumfragen durchgeführt. In allen Umfragen der letzten Jahre sprachen sich gut 2/3 der Befragten für die Möglichkeit der Sterbehilfe aus. Ein ganz anderes Bild zeigt sich in den politischen und den kirchlichen Debatten. In ihnen ging die Meinungsbildung stark auseinander. Parlamentarisch setzte sich zunächst eine eher restriktive Regelung durch: 2015 beschloss der Bundestag einen neuen § 217 StGB. Darin wurde die »geschäftsmäßige Förderung« der Sterbehilfe unter Strafe gestellt. Gemeint waren die Sterbehilfevereine, denen mit diesem Gesetz die Betätigung in Deutschland untersagt wurde.

Angehörige des Sterbewilligen waren von dieser Strafandrohung nicht betroffen. Ob und wieweit Ärzte sich unter Umständen strafbar machen würden, war rechtlich unsicher.

Gegen dieses Gesetz wurde Verfassungsbeschwerde eingelegt. Unter Juristen war die Regelung von Anfang an umstritten, sodass ein kritisches Urteil des Bundesverfassungsgerichts erwartet wurde. Als das Urteil am 26. Februar 2020 erging, war dies allerdings ein Paukenschlag.[142] Denn was der 2. Senat unter dem Vorsitz von Andreas Voßkuhle in sein Urteil geschrieben hatte, ging über alle Erwartungen hinaus. Das Bundesverfassungsgericht hat nämlich das selbstbestimmte Sterben zu einem Persönlichkeitsrecht erhoben. Ähnlich wie wir es bei Fragen der reproduktiven Selbstbestimmung gesehen hatten, werden mehrere Verfassungsartikel im Zusammenhang betrachtet[143] und aus ihnen ein allgemeines Persönlichkeitsrecht auf das Sterben herausgelesen. Am spektakulärsten ist wohl, dass das Gericht das Recht auf selbstbestimmtes Sterben als Ausdruck der Menschenwürde[144] interpretiert.

Die Kirchen hatten in ihren Stellungnahmen zuvor genau umgekehrt argumentiert, nämlich dass die Menschenwürde hier ihre Grenze finde. Wer sich selbst das Leben nehme, so wurde gesagt, der zerstöre genau das Leben, dem diese unantastbare Würde zukomme. Insofern könne von Menschenwürde beim Suizid gerade nicht gesprochen werden. Sehr pointiert und deutlich gegen den Wortlaut der kirchlichen Stellungnahmen gerichtet, dreht das Bundesverfassungsgericht dieses Argument um: Wenn selbstbestimmtes Sterben aber letzter Ausdruck der Menschenwürde sei, dann – so das Gericht – müsse dieses Recht auch tatsächlich umsetzbar sein. Da es aber kaum Ärzte oder Ärztinnen gebe, die zur

Sterbehilfe bereit seien, und da andere Wege, an das Natrium-Pentobarbital zu gelangen, nicht gegeben seien, werde mit dem Verbot der Aktivitäten der Sterbehilfevereine dieses Grundrecht faktisch ausgehöhlt. Aus diesem Grund erklärte das Gericht den § 217 in seiner Fassung von 2015 für nichtig. Gleichwohl gab das Gericht dem Gesetzgeber Hinweise, wie er einem Missbrauch durch einschränkende Regelungen vorbeugen könne.

Dieses Urteil löste eine angeregte und gelegentlich emotional aufgeladene Debatte aus. Die Kirchen warnten vor einem Dammbruch in der gesellschaftlichen Kultur, wenn der assistierte Suizid womöglich zur Normalität werde und alte oder kranke Menschen zum Sterben gedrängt würden. Die Fülle von Äußerungen in den folgenden drei Jahren kann man, freilich etwas grob, zwei unterschiedlichen Perspektiven zuordnen. Die eine Perspektive argumentiert, die Gesellschaft müsse mit klaren Regelungen einer Normalisierung des assistierten Suizids entgegentreten. Alte, kranke oder psychisch labile Menschen müssten geschützt werden, aus wirtschaftlichen oder anderen Gründen womöglich zur Selbsttötung gedrängt zu werden. Die andere Perspektive argumentiert von der Situation der Betroffenen, der Vermeidung von Leid und von der individuellen Selbstbestimmung her.[145]

Der Bundestag – der inzwischen neu gewählt war und dessen Abgeordnete zu mehr als der Hälfte neu waren – unternahm einen erneuten Anlauf zur gesetzlichen Regelung. Am 6. Juli 2023 kam es zur Abstimmung über zwei alternative Gesetzentwürfe, die man den beiden genannten Perspektiven zuordnen kann. Sie verfehlten beide die erforderliche Mehrheit. Seitdem ist, jedenfalls vorerst, alles wieder offen.

Eines fällt auf, wenn man die Debatten verfolgt, auch die gut einstündige Aussprache im Bundestag am 6. Juli 2023: Fast immer wird mit Einzelfällen argumentiert, die man kenne und die die eine oder andere Schlussfolgerung zwingend nahelegten. Die Tragfähigkeit solcher vorgeblich evidenzbasierten Urteile wäre jedoch zu prüfen. Betroffene Menschen selbst kamen nur selten zu Wort.

Zwischen Freiheitspathos, Lebensschutz und seelsorgerlicher Begleitung der Leidenden

Zugespitzt kann man sagen: Mit dem Urteil des Bundesverfassungsgerichts vom 26. Februar 2020 erreichte das mit der Aufklärung in die Welt gekommene Freiheitsparadigma seinen (vorläufigen) Höhepunkt. Vor dem Hintergrund dieser Rechtsentwicklung ist interessant, dass etwa drei Wochen nach dem Urteil des Bundesverfassungsgerichts zum assistierten Suizid der 1. Lockdown der Corona-Pandemie verhängt wurde. Damit schlug das Pendel urplötzlich in die entgegengesetzte Richtung aus. Der allgemeine Gesundheits- und Lebensschutz hatte nun Vorrang vor den individuellen Freiheitsrechten. Es bleibt abzuwarten, ob dieser Pendelausschlag wieder ganz zurückschwingt oder ob damit eine Umkehrung in der Abwägung von individuellen Freiheitsrechten und allgemeinen Schutzrechten eingeleitet wurde.

Eine geistliche Perspektive zum Schluss

Im Hintergrund der von den Kirchen vertretenen unterschiedlichen Positionen ist neben der Einschätzung des gesellschaftlichen Klimas oder der Rolle der Sterbehilfevereine auch die geistliche

Sicht auf den Suizid entscheidend. Gleich, ob dies ausdrücklich thematisiert wird oder nicht. Im Raum der evangelischen Landeskirchen wird heute zwar kaum mehr jemand behaupten, Suizid sei Sünde. Auch ist es heute selbstverständlich, dass Menschen, die Suizid begangen haben, kirchlich bestattet und auf einem kirchlichen Friedhof beigesetzt werden können. Doch hinter diesen scheinbar geklärten Regelungen steht nach wie vor eine große Unsicherheit in der Einschätzung, stehen auch Scham, Verstecken und Schuldgefühle bei den Angehörigen. Vieles davon ist zutiefst mit der vorangegangenen Lebensgeschichte und den Beziehungen verbunden und lässt sich nur durch seelsorgerliche oder eventuell auch psychotherapeutische Begleitung nach und nach auflösen. Mit dogmatischen Sätzen gleich welcher Couleur ist da niemandem geholfen.

Eine persönliche geistliche Perspektive will ich an dieser Stelle äußern: Bei aller menschlichen Tragik in der Situation selbst bin ich davon überzeugt, dass es ein letzter Akt des Vertrauens zu Gott sein kann, ihm in einer unauflösbaren Verzweiflung das eigene Leben zurück in seine Hände zu legen. Ich bin mir bewusst, dass dies eine ethische Grenzaussage ist. Keinesfalls soll dies so verstanden werden, als sei der Suizid etwas Normales, das zu einer frommen Glaubenspraxis dazugehören könnte. Dies würde den christlichen Glauben auf den Kopf stellen. Trotzdem gehört zu meinem Verständnis von der Liebe und Barmherzigkeit Gottes, dass wir ihm – wenn wir denn in einer absoluten Grenzsituation keinen anderen Ausweg sehen – unser Leben zurück in seine Hände legen dürfen. Für diejenigen, die zurückbleiben, kann es ein tröstlicher Gedanke sein, dass der letzte Moment im Leben des geliebten Menschen, der sein Leben selbst beendet hat, nicht allein von auswegloser Verzweiflung bestimmt gewesen sein muss, sondern auch von einem letzten, nicht hinterfragbaren Vertrauen auf Gott getragen gewesen sein kann.

D. Wie es werden könnte

Glaube in der (nächsten) Gesellschaft

Die Zeit, in der man lebt, zu verstehen ist nicht leicht. Aus dem Abstand von Jahrzehnten oder Jahrhunderten fällt es leichter, die besonderen Merkmale einer bestimmten Epoche zu erkennen. Aber wir, mittendrin? Wohin gehen wir, was kommt auf uns zu? Wie wird die »nächste« Gesellschaft[146] aussehen? Welche Rolle wird der christliche Glaube spielen, welche Herausforderungen muss er meistern, was hat er einzubringen?

Theorien über die Gesellschaft unserer Tage

Ich kenne keine Theorie, die unsere Gesellschaft vollständig erklären könnte. Jeder Deutungsansatz sieht etwas Richtiges, aber eben nicht alle Aspekte. Was wohl viele im Augenblick wahrnehmen, sind eine gewisse Gereiztheit und untergründige Unruhe. Populistische Politik findet immer mehr Anhänger. Gewalt gegen Politikerinnen und Politiker, aber auch gegen Polizei, Feuerwehr und sogar Sanitäter bei akuten Einsätzen alarmieren. Woher kommt sie und wie kann man sie verstehen? Zu den bekanntesten Theorien der letzten Jahre gehört die Analyse des Berliner Soziologen Andreas Reckwitz, der unserer Gesellschaft bescheinigt, in lauter »Singularitäten« zerfallen zu sein, was eine auf die Spitze getriebene Folge der Individualisierung der Moderne sei, verstärkt durch die digitalen Medien.[147] Mit dieser starken Individualisierung ist ein nie gekannter Freiheitsgewinn gegeben. Doch gleichzeitig ist damit der Druck gewachsen, diese Freiheit zu gestalten. In den sozialen Medien kämpfen die Singularitäten um Aufmerksamkeit. Und so singulär, wie sie zu sein scheinen, sind sie nicht; denn es kommt zu neuen Typenbildungen. Neue Standards geben vor, wofür man »likes« erwarten kann und wofür nicht. Die Freiheit strengt an und überfordert bisweilen auch.

Der Jenaer Soziologe Hartmut Rosa diagnostiziert, unserer Gesellschaft fehlten »Resonanzen«. Es gebe aufgrund einer übergroßen Beschleunigung des Lebens nur noch wenig Empfindung oder Sensorium dafür, was um mich herum vorgehe und wie es den Menschen neben mir gehe.[148] Auch aus dieser Perspektive wird gezeigt, worin die Anstrengungen und Überforderungen liegen, wenn wir immer schneller und immer besser werden wollen, dabei aber die mitmenschlichen Resonanzen, von denen unsere Seele lebt, schwächer werden. Beide Konzepte sehen etwas Ähnliches und beschreiben es von verschiedenen Gesichtspunkten aus.

Wenn man die Landschaft der öffentlichen Diskurse ansieht, könnte man denken, unsere Welt sei polarisiert zwischen Progressiven und Konservativen, zwischen den Gewinnern der Modernisierung und Globalisierung und den Verlierern. Die Berliner Soziologen Steffen Mau, Thomas Lux und Linus Westhäuser warnen jedoch davor, Spaltungen herbeizureden. Sie halten unsere Gesellschaft für nicht mehr gespalten, als sie es vor Jahrzehnten gewesen sei. Sie sehen aber »Triggerpunkte«, also empfindliche Themen, bei denen bei uns etwas »angetriggert« wird, wenn wir mit ihnen zu tun haben. Das können für den einen Gendersternchen sein und für die anderen Lastenfahrräder.[149] Triggerpunkte werden berührt, so Mau, wenn die Veränderungen direkt in unser Leben oder unsere Sprache eingreifen. Zum Beispiel: Die Mehrheit der Bevölkerung geht heute mit diversen Lebensformen und Transgenderidentitäten gelassen um. Wenn aber gefordert wird, wir hätten eine bestimmte Sprache zu benutzen und dürften bestimmte Wörter nicht mehr sagen, dann kommt es zu emotional aufgeladenem Widerstand. Wie können wir uns bei solchen Veränderungen und Ansprüchen an unser Leben orientieren und mit Unruhe und Gereiztheit freundlich und souverän umgehen?

Der Soziologe Jürgen Habermas, von dem schon die Rede war[150], hat sich mit der veränderten Situation der letzten 20 Jahre auseinandergesetzt.[151] Er durchdenkt sein Modell »kommunikativer Vernunft«, entwickelt in den 1970er- und 80er-Jahren, vor dem Hintergrund neuer Kommunikationsmöglichkeiten in den Social Media und im Blick auf das Erstarken der politischen Ränder. Dieses Modell beruht auf der Annahme, es ließen sich in der Öffentlichkeit an der Vernunft orientierte Diskurse führen, an deren Ende sich Entscheidungen zu den anstehenden Problemen treffen ließen. Er diagnostiziert, dass es auf der einen Seite ungleich mehr Beteiligungsmöglichkeiten am öffentlichen Diskurs gebe, dass es auf der anderen Seite aber durch die völlig unüberschaubare Menge an Kommunikation nicht einfacher, sondern sogar schwieriger geworden sei, sich *wirksam* an öffentlichen Debatten zu beteiligen. Leicht gehe man im medialen Rauschen ungehört unter. Durch die immer komplexer werdenden Probleme, die nur noch selten regional oder national, oft nur global gelöst werden könnten, hätten immer mehr Menschen das Gefühl, dauerhaft übersehen und überhört zu werden. Dann aber, so seine Warnung, würden sich immer mehr Menschen aus den öffentlichen Debatten zurückziehen und in eine Art Systemopposition gehen.

Kontrolle von Gefahren als Querschnittsthema unserer Zeit

Neben den genannten Perspektiven will ich den Scheinwerfer noch auf ein weiteres Phänomen richten, das mir für Gegenwart und Zukunft zentral zu sein scheint: das Thema »Kontrolle«. Es lässt sich leicht als Querschnittsthema identifizieren. Die Klimaveränderungen, Flucht und Migration, die sich wieder drehende Rüstungsspirale, Cyberkriminalität und der internationale Terrorismus: Auf unterschiedliche Weise fordern alle großen Gegenwartsthemen nach Steuerung, Gefahrenabwehr und Formen der Kontrolle.

Der Computer ist so etwas wie ein Schnittpunkt der Querschnitte: Der Umgang mit unseren Daten bewirkt auf der einen Seite einen Kontrollüberschuss bei denen, die mit unseren Daten arbeiten. Auf der anderen Seite einen Kontrollverlust bei denen, deren Daten verwendet werden, ohne dass sie wissen, wie und wofür. Das Neue, das mit dem Computer in die Welt gekommen ist, besteht, so der Soziologe Dirk Baecker, darin, dass der Computer sich »auf sein eigenes von außen nicht einsehbares Gedächtnis beruft, während er sich an einer Kommunikation beteiligt, die es bis dato nur und ebenso gedächtnisgestützt mit den Bewusstseinssystemen von Menschen zu tun hatte«.[152] Früher waren es nur Menschen, die wir nicht verstanden. Heute sind es Computer, die uns vor neue Unübersichtlichkeit und Rätsel stellen.

Das ist eine völlig neue Dimension, weil Computer Datenmengen in einer Fülle und Geschwindigkeit verarbeiten können, wie es kein Mensch je könnte. Und mit den selbst lernenden Systemen und der sogenannten »Künstlichen Intelligenz« stehen uns Akteure gegenüber, deren Handeln nicht einmal ihre Programmierer vorhersehen können. Uns begegnet das Thema »Kontrolle« also aus zwei unterschiedlichen Richtungen: Aus der einen Richtung kommt uns ein Übermaß an Kontrolle entgegen, das wir weder völlig durchschauen, noch uns wirksam dagegen wehren können. Aus der anderen Richtung kommen uns Kontrollnotwendigkeiten entgegen, die uns zu entgleiten scheinen.

Man kann auch die Covid-19-Pandemie aus der Perspektive des Themas Kontrolle beleuchten. Wie bringt man ein Virus unter Kontrolle? Da das Virus nicht direkt kontrolliert werden konnte, mussten wir, musste unser Verhalten kontrolliert werden. Das führte, wie wir erlebt haben, zu erheblichen Einschränkungen bürgerlicher Freiheiten bis hin zur Einschränkung von Grundrechten. Ob es um das Tragen von Masken, Besuche unter Freunden, das Sitzen auf einer Parkbank oder Spaziergänge nach 21.00 Uhr ging: Einschränkende Regelungen und Kontrollen bestimmten unser Leben.

Noch gravierender war, dass Kindertagesstätten und Schulen schließen mussten, viele berufliche Tätigkeiten ins Homeoffice verlegt wurden, Besuche in Krankenhäusern und Altenheimen nicht oder nur unter extrem erschwerten Bedingungen möglich waren. Die Kirchen standen vor der bisher einmaligen Situation, dass sie während des 1. Lockdown im Frühjahr 2020 komplett schließen mussten. Es konnten keine Gottesdienste in Präsenz gefeiert werden. In den späteren Lockdowns gab es 2G- und 3G-

Regelungen (geimpft, genesen, getestet) oder es bestand nur Masken- und Abstandspflicht. Was gebietet die Liebe in dieser Gefahrensituation? Gebietet sie stärkere Einschränkungen zum Schutz der besonders verletzlichen Risikogruppen? Entspricht Gefahrenabwehr durch Einschränkungen und Kontrolle in dieser Situation am ehesten dem Evangelium? Oder gebietet die Liebe, mehr Freiraum zu geben und den Schutz an das eigenverantwortliche Handeln der verletzlichen Menschen zu delegieren?

Das Evangelium von Toleranz, Freiheit und offener Gesellschaft

Das Evangelium wurde immer auf die Herausforderungen der jeweiligen Zeit hin ausgelegt. Es mag überraschen, dass selbst das Evangelium als Kern des Glaubens, den man doch für klar, eindeutig und zeitlos halten sollte, Veränderungen unterworfen ist. Man kann sich diesen erstaunlichen Tatbestand aber sehr leicht vor Augen führen, wenn man vergleicht, was man über die Jahrhunderte jeweils für »evangeliumsgemäß« hielt. Gehorsam nach den kirchlichen Moralvorstellungen zu leben; zur Beichte zu gehen und Buße zu tun; ein frommer Hausvater zu sein; Kriege zur Aufrechterhaltung der Ordnung zu führen; ein persönliches Verhältnis zu Jesus Christus zu entwickeln; die nationale Ordnung als gottgegeben hinzunehmen und zu unterstützen … Erst seit den 1960er-Jahren entwickelte sich unser heutiges Verständnis des Evangeliums, dass Freiheit, Toleranz, Menschenrechte, offene Gesellschaft und Demokratie die Lebensformen sind, die ihm am besten entsprechen.

Schon seit Längerem wird darüber diskutiert, wie und ob überhaupt die Demokratie eine Zukunft hat. Herausforderungen wie der Klimawandel, Flucht, Migration und die Erhaltung von Frieden und Sicherheit lassen sich nur global bewältigen. Wichtige Entscheidungen werden nicht von politischen Mandatsträgern getroffen, sondern durch Einflüsse der Wirtschaft und der Wissenschaft. Die Kluft zwischen denen, die sich informieren und beteiligen, und denen, die das Gefühl haben, nicht gehört zu werden, wird immer größer. Einzelne Wissenschaftler glauben, die Demokratie sei am Ende.[153] Man muss solchen pessimistischen Einschätzungen nicht folgen, aber klar dürfte sein, dass die liberale Demokratie nicht aufhören wird, sich zu verändern und auf die Erfordernisse der Zeit zu reagieren. Es spricht im Augenblick manches dafür, dass dabei Freiheit, Toleranz und Offenheit tendenziell eingeschränkt werden und Formen der Abgrenzung, der Gefahrenabwehr und der Kontrolle größeres Gewicht bekommen. Wie wird diese Entwicklung weitergehen? Wie wird sich unsere Demokratie verändern unter dem Druck, stärker steuern und Gefahren abwehren zu müssen?

Das Evangelium der Gefahrenabwehr und Kontrolle

Und welche Auswirkungen wird dies auf unser Verständnis des Evangeliums haben? Es ist auszuhandeln, was der Liebe am besten dient. Freiheit? Gefahrenabwehr? Kontrolle?

Was heißt es, vor diese Fragen gestellt, aus einer Haltung des Reiches Gottes zu leben?

Die Bedürfnisse aller Menschen nach Sicherheit, Freiheit, Bildung und menschlicher Zuwendung sind auszubalancieren. Wird das Evangelium von Toleranz, Freiheit und offener Gesellschaft dabei abgelöst von einem Evangelium der Gefahrenabwehr und der Kontrolle? Die Pandemie hat vor Augen geführt, wie schnell es zu einem Druck in dieser Richtung kommen kann. Deshalb ist wichtig: Gegen allzu einseitige Forderungen sollte das Evangelium *widerständig* bleiben. Die Haltung des Reiches Gottes bewahrt sich einen Blick von außen, der bestätigend und schützend, aber auch kritisch sein kann. Es geht im Reich der Welt nie ganz auf. Einen solchen zusätzlichen Blick von außen zu haben ist ein Gewinn für das Wertesystem der Gesellschaft und kann vor falschen Einseitigkeiten bewahren.

Was ist »gutes Leben«?

Wir suchen nach Bildern für das Leben in der Zukunft. Wie wird »gutes Leben« in der Zukunft aussehen, wenn die »Grenzen des Wachstums« erreicht sind, eine gute Zukunft ohne ein »immer mehr«, »immer schneller« auskommen muss? Der Soziologe Andreas Reckwitz spricht von einer »Verlusteskalation in der Spätmoderne« mit tiefgreifenden Folgen für unsere Identität[154], mit der wir uns in der Moderne erstmals auseinandersetzen müssen, nachdem wir jahrhundertelang von einem Pathos des Fortschritts an Reichtum, Möglichkeiten und Mobilität gelebt haben. Die Suche wird sich weg von Quantitäten hin zu Qualitäten begeben. Was gibt unserem Leben Qualität?

Große Teile der evangelischen Kirchen in Deutschland haben sich in den letzten 40 Jahren eng mit dem öko-emanzipatorischen Projekt[155] der Gesellschaft verbunden. Man nahm an, dass die aufgeklärten und mündigen Individuen, wenn sie nur gut genug informiert seien, Willens und in der Lage wären, die notwendigen Entscheidungen zur Bewältigung der aktuellen Herausforderungen zu treffen und die politischen Geschicke entsprechend zu steuern. Die Kirchen glaubten, sie könnten durch theologische Fundierung und durch Entwicklung einer Spiritualität des »Genug« dieses Projekt unterstützen. Das Resultat ist, wie wir heute sehen, ernüchternd. Die Individuen richten in der Mehrheit ihre Entscheidungen offenbar in erster Linie an dem Ziel aus, ihre gewohnte Lebensweise zu retten. Damit hat sich der Kontext, in dem das Handeln der Kirche steht, verändert. Was bedeutet es für die evangelischen Kirchen, diese Situation wahrzunehmen und Schlüsse daraus zu ziehen?

Vermutlich leben wir im Übergang zu einer Welt, die politisch, gesellschaftlich, technisch und kulturell erheblich anders sein wird als die Welt, die wir kennen. Gleichzeitig ist das Neue nur undeutlich, wie im Nebel zu erkennen. Neben Visionen einer friedlichen Welt mit guter Lebensqualität treten Unsicherheiten und Ängste. Wir fahren auf Sicht, aus guter Vorsicht, aber auch, weil der Nebel uns den Blick in die Weite versperrt. Die »Ethik des Genug« ist weiterzuentwickeln zu einer »Ethik des Realismus und der Resilienz«, zu einer Haltung also, die nichts beschönigt und von ihrem Glaubensfundament her Hoffnung, Halt und menschliche Widerstandsfähigkeit in die Zeit des Übergangs einbringen kann.

Glaube in der nächsten Gesellschaft wird herausgefordert sein, so elementare Haltungen wie Vertrauen und Hoffnung zu stärken. Wenn es richtig ist, dass uns »robuste Verlusteskalationen« bevorstehen, kann der Glaube auf seine Wurzeln zurückgreifen, Tod, Trauer und den Anfang von etwas Neuem zu verarbeiten. Das klingt nach Plattitüden, aber eine Gesellschaft kann ohne ein Mindestmaß an Vertrauen der Menschen zueinander und ohne Hoffnung auf das Gelingen von Gestaltung der Zukunft nicht auskommen. Sie würde zerbröseln in gegenseitiges Misstrauen und sich überschlagende Hetze. Dagegen braucht es Widerständigkeit, Resilienz, die nur aus tiefen Wurzeln der Menschlichkeit kommen können, wie der christliche Glaube sie seit 2000 Jahren pflegt. Dass aus diesen Wurzeln tatsächlich heute noch Leben entsteht, ist keine Selbstverständlichkeit. Religiös gesagt, wird dieses Leben geschenkt. Aber menschlich gesagt, entsteht dieses Leben durch eine bewusste Haltung, so und nicht anders leben zu wollen, Vertrauen und Hoffnung nicht loszulassen. Kurz: selbst zu glauben.

Der Tod und was wir danach erhoffen

In der Nähe des Sterbens

Können Sie sich erinnern, was Ihnen durch den Kopf ging, als Sie einmal am Grab eines Menschen standen oder einem Sterbenden die Hand gehalten haben? Auch wenn Menschen heute in vielen Fällen im Krankenhaus sterben und der Tod in unseren Wohnungen selten Einzug hält, haben Sie vielleicht Ihre sterbende Mutter, Ihren Vater, Ihren Ehepartner oder einen anderen geliebten Menschen begleitet, waren oft bei ihm, haben auf seinen Atem gelauscht, seine Gesichtszüge betrachtet, haben geredet, gesungen oder geschwiegen und leise letzte Worte gehört oder die schwachen Äußerungen eines vergehenden Lebens wahrgenommen. Es kann sein, dass der sterbende Mensch »verkabelt« war, Infusionen erhielt, Flüssigkeit oder Morphium. Vielleicht haben sich Phasen tiefen Friedens mit Phasen von Unruhe, Sich-Wehren oder Todesangst abgewechselt. Sie haben gehofft und gebangt. Zuletzt richtete sich die Hoffnung vielleicht nicht mehr darauf, dass es noch eine Chance auf Besserung geben könnte, sondern einfach nur noch darauf, dass es vorbei sein möge. Das Leiden, die Schmerzen oder der Weg des Abschiednehmens. Nach dem Tod haben Sie das Gesicht des geliebten Menschen betrachtet, waren verzweifelt oder haben einen ungekannten Frieden empfunden. Wo ist der Mensch jetzt? Was heißt überhaupt »Mensch«? Die Seele? Was überdauert? Oder ist mit dem Tod einfach alles vorbei?

Was ging Ihnen durch den Kopf? Es zogen sicherlich Bilder aus dem Leben vor Ihrem inneren Auge vorbei. Das berichten viele. Aus dem Leben des Sterbenden, aus dem eigenen, dem gemeinsamen Leben. Schönes und Belastendes, Vergangenes und frisch Gegenwärtiges. Es kamen Ihnen Worte in den Sinn, Gesprächsfetzen, ein Gedicht, Melodien, ein Gesangbuchlied. Vor allem aber dürften es Bilder sein. Wenn Worte versagen, sind immer noch Bilder und Gefühle da. Wir träumen in Bildern, wir wachen mit ihnen auf, sie begleiten uns durch den Tag. Sie können realistisch, aus dem Leben gegriffen sein, sie können aber auch wirr und surreal erscheinen, Fantasie- und Traumgeburten. Woher kommen sie? Gibt es in unserer Seele ein Reservoir, aus dem sie aufsteigen?

Über den Horizont hinaus – Sterben ist wie nach Hause kommen

Ich habe in diesem Buch immer wieder davon gesprochen, der Mensch sei ein »transzendentales Wesen«, also ein Wesen, das sich nicht mit der sichtbaren Welt im alltäglichen Umfeld begnügt, sondern zum Horizont blickt, sich fragt, was dahinter liegt und welchen Sinn das Leben hat. Der Tod ist, in diesem Bild, die unwiderrufliche Grenze des Horizontes. Das Bild vom Horizont verschwimmt hier merkwürdig. Eigentlich würde eher die Vorstellung von der Welt als Scheibe mit einem echten Ende und Abgrund passen, über den wir nicht schauen und denken können. Aber das Bild des Horizontes, der je näher wir kommen, immer weiterwandert, ist doch auch treffend. Denn es ist ja die Frage, ob mit dem Tod wirklich Schluss ist und danach nur ein Abgrund ins Nichts führt, oder ob es weitergeht, immer weiter, in eine Welt, die wir nicht kennen.

Meine persönlichen Erinnerungen liegen weit zurück in der Kindheit und Jugend. Mein Vater starb, als ich 5 Jahre alt war. In der Erinnerung geblieben sind einige Bilder von unserem Wohnzimmer und den darin versammelten Verwandten. Und ein Gefühl unbegreiflicher Verunsicherung. Was der Tod meines Vaters bedeutete, verstand ich noch nicht. Aber dass etwas Schreckliches passiert war, das fühlte ich. Ich zog mich in mich zurück.

In 40 Berufsjahren habe ich Menschen an der Schwelle zum Tod begleitet, ihre Hand gehalten, geredet, geschwiegen und bei der Trauerfeier auf dem Friedhof gesprochen. Worte fielen mir mal leichter, mal schwerer. Was aber immer da war, das waren Bilder. Eigene und aus der Bibel geliehene. Wahrscheinlich habe ich keine andere Bibelstelle so oft vorgelesen, wie diese:

> *Und ich sah einen neuen Himmel und eine neue Erde; denn der erste Himmel und die erste Erde sind vergangen und das Meer ist nicht mehr. Und ich sah, die heilige Stadt, das neue Jerusalem, von Gott aus dem Himmel herabkommen, bereitet wie eine geschmückte Braut für ihren Mann. Und ich hörte eine große Stimme von dem Thron her, die sprach: Siehe da, die Hütte Gottes bei den Menschen! Und er wird bei ihnen wohnen, und sie werden sein Volk sein, und er selbst, Gott, wird mit ihnen sein. Und Gott wird abwischen alle Tränen von ihren Augen, und der Tod wird nicht mehr sein, noch Leid noch Geschrei noch Schmerz wird mehr sein; denn das Erste ist vergangenen. Und der auf dem Thron saß, sprach: Siehe, ich mache alles neu!« (Offb 21, 1-5)*

Es war merkwürdig: Dieser Text hat, soweit ich es aus Gesprächen schließen konnte, unterschiedlichste Menschen berührt. Die, die gewohnt sind, biblische Texte zu lesen. Aber seltsamerweise auch die Kirchenfernen oder sogar Atheisten. Dabei ist die Bilderwelt in ein äußerst fremdes Gewand gehüllt. Eine Stadt kommt vom Himmel herab, geschmückt wie eine Braut für ihren Mann. Wer soll das glauben? Surreal wie ein Gemälde von Salvador Dalí. Aber offenbar kommt es darauf nicht an. Der Text transportiert Bilder, die tiefer reichen als die Verstandesebene, er rührt Sehnsüchte und Hoffnungen an, er lässt eigene Bilder im Kopf entstehen. Und er berührt Gefühle. An der Schwelle zum Tod zählen nicht nur Gedanken, vielleicht zählen sie nicht einmal in erster Linie. Es sind Gefühle, die Menschen erfüllen, sie überschwemmen, nach denen sie suchen. Schrecken wie auch Gefühle, die Geborgenheit ausdrücken, das Ende allen Leidens und ein Nachhausekommen. Sterben ist wie nach Hause kommen. Das transportiert dieser alte Text mit seinen sperrigen Bildern. In ein Zuhause kommen, in dem Frieden herrscht und Gott nahe ist.

Zahlen und Fakten

In Deutschland sterben jährlich etwa 1 Million Menschen. Die Zahlen steigen, weil die Bevöllkerung älter wird. 2013 haben in einer Umfrage 68 % der Befragten gesagt, der Tod sei für sie ein religiöses Thema.[156] Das ist eine hohe Zahl, wenn man bedenkt, dass damals eine gute Hälfte und heute (Stand 2024) eine knappe Hälfte der Bevölkerung einer der christlichen Kirchen angehört. Dieser Befund passt zu der Erfahrung, dass an der Schwelle zum Tod Lebens- und Sinnfragen aufbrechen, die von der Mehrheit der Menschen als religiöse Fragen empfunden werden. Doch es gilt immer weniger die Gleichung: Religiosität = Kirche. 2020 fanden 49 % der Beerdigungen mit einer kirchlichen Trauerfeier statt. 20 Jahre zuvor waren es noch 71 %. 2023 haben in der 6. Kirchenmitgliedschaftsuntersuchung der EKD 49 % der Kirchenmitglieder gesagt, sie glaubten an ein Leben nach dem Tod.[157] 10 Jahre vorher waren es noch 66 %.[158] Der Trend zur Säkularisierung, den man für die westlichen Gesellschaften ganz allgemein beobachtet, schlägt sich hier konkret nieder.

Oft hört man, der Tod werde in unserer modernen Gesellschaft immer mehr aus dem Leben verdrängt, vom häuslichen Bereich in Krankenhäuser und Pflegeeinrichtungen abgeschoben. Das scheint aber nur zum Teil richtig zu sein. Knapp die Hälfte der Menschen in Deutschland sterben im Krankenhaus, etwa ein Drittel in Pflegeeinrichtungen, ein Viertel zu Hause. Aber der Anteil der Menschen, die die letzten Tage zu Hause verbringen, steigt. Wenn medizinisch nichts mehr getan werden kann, wofür ein Krankenhausaufenthalt erforderlich ist, holen immer mehr Menschen ihre Angehörigen nach Hause. Die Hospize, in denen Schwerkranke palliativ gepflegt werden und sterben können, spielen mit etwa 3 % zwar zahlenmäßig keine so große Rolle. Ihr Entstehen in den letzten Jahrzehnten, verbunden mit zahlreichen Ehrenamtlichen und mit Angeboten der Trauerbegleitung für die Angehörigen zeigt aber, dass es eine zunehmende Sensibilität für das Thema Sterben und Tod gibt. Auch entstehen Vereine, die sich um Trauerfeiern für Menschen ohne Angehörige bemühen. Im Rückblick auf die Covid-19-Pandemie gab es eine breite Debatte darüber, dass es zu den schlimmsten Versäumnissen gehöre, dass durch die Kontaktbeschränkungen Sterbende nicht begleitet werden konnten. Sterben ist als Thema wieder in der Mitte der Gesellschaft angekommen.

Wohin gehen wir? Was heißt ewiges Leben, was heißt Auferstehung?

Seit 2000 Jahren denken Christinnen und Christen über die Frage nach, was nach dem Tod kommt. Im 1. Brief des Paulus an die Gemeinde in Thessaloniki kann man lesen, dass die ersten Christen glaubten, sie würden nicht sterben, sondern es werde vorher diese Welt untergehen und eine neue Welt erscheinen. Da nun aber die Zeit verstrich und immer mehr Christen verstarben, entwickelte man Vorstellungen von einem Schlaf, aus dem die Frommen beim Schall der letzten Posaune auferweckt werden (1. Thess 4, 13-18). Die Idee, es könnte eine Auferstehung der Toten und ein anschließendes neues Leben geben, war schon vorhanden, wenn auch umstritten. Wenn wir in die Hebräische Bibel schauen, dann sprechen die ältesten Texte von der »Sheól«, einem Totenreich, aus dem niemand mehr zurückkommt. Wie finster und endgültig dieser Ort gedacht wurde, sieht man daran, dass es immer wieder heißt, dort könne man Gott nicht loben (Ps 30, 10). Ein Ort ohne Beziehung zu Gott. Trotzdem wird das Sterben in hohem Alter ohne Bitterkeit beschrieben. Von Abraham heißt es, er starb »alt und lebenssatt« (1. Mose 25, 8). Dass man nach und nach anfing, Gedanken über ein neues Leben nach dem Tod zu entwickeln, könnte mit der Frage nach der Gerechtigkeit im Leben zusammenhängen. Man ging nämlich zunächst davon aus, dass der Fromme belohnt werde und dass den Übeltäter früher oder später die ausgleichende Gerechtigkeit ereilen würde, und zwar in diesem Leben (Ps 37). Aber immer mehr bedrängte die Menschen die Erfahrung, dass dieses Prinzip bei genauem Hinsehen einfach oft nicht stimmte.[159] Man musste irgendwie damit umgehen, dass im Leben die guten Taten nicht immer belohnt wurden, dass der »Gerechte«, wie man sagte, starb und Unrecht, das ihm widerfahren war, ungesühnt blieb. So entstand eine neue Gattung von Schriften, die Vorstellungen von Tod, Gericht, Auferweckung, Erlösung und vom Kampf zwischen dem Guten und dem Bösen am Ende der Zeiten ausmalten. Man nennt diese Gattung Apokalyptik. Wörtlich heißt das »Aufdeckung, Offenbarung«. Es ging darum, die Frage nach der ausgleichenden Gerechtigkeit zu beantworten. Man tat es, indem man die Antwort in ein Jenseits verlagerte. Lukas erzählt die Geschichte vom reichen Mann und dem armen Lazarus. Als der reiche Mann von der Hölle aus Lazarus selig in Abrahams Schoss ruhen sieht, wird ihm geantwortet: »Gedenke, Kind, dass du dein Gutes empfangen hast in deinem Leben, Lazarus dagegen hat Böses empfangen; nun wird er hier getröstet, du aber leidest Pein.« (Lk 16, 25).

Zu Jesu Lebzeit stritten die Pharisäer und die Sadduzäer, zwei theologische Richtungen im Judentum, über die Auferstehung. Die Pharisäer vertraten sie, während die Sadduzäer sie bezweifelten und dafür Vernunftgründe anführten. Wenn eine Frau mehrere Männer gehabt habe, mit wem wird sie dann im neuen Leben verheiratet sein? Jesus weist dies als Missverständnis zurück: Nach der Auferstehung werden die Menschen weder heiraten, noch sich heiraten lassen (Mk 12, 18-27). Auf dieser Linie argumentiert auch Paulus, der sich in einem fiktiven Dialog mit derselben Frage auseinandersetzt (1. Kor 15, 35-49), auf die Jesus geantwortet hat, nämlich wie man sich den Körper nach der Auferstehung vorstellen soll. Wer so fragt, sei ein Narr, schreibt Paulus brüsk. Denn wie das Samenkorn sich verwandelt und nicht schon die Gestalt der Pflanze hat, so verwandelt sich der menschliche Leib in der Auferstehung. »Es wird gesät verweslich und wird auferstehen unverweslich. Es wird gesät in Niedrigkeit und wird auferstehen in Herrlichkeit. Es wird gesät in Schwachheit und wird auferstehen in Kraft. Es wird gesät ein natürlicher Leib und wird auferstehen ein geistlicher Leib« (1. Kor 15, 42-44). Sowohl Jesus als auch Paulus weisen allzu konkrete Fragen nach dem Leben nach dem Tod zurück. Es wird anders sein, ganz anders.

Über diese Schwelle können wir nicht hinauskommen. Das hat die Theologen nicht davon abgehalten, weiter darüber nachzudenken. Dabei griffen sie auf die Vorstellung von der Unsterblichkeit der Seele zurück, die von dem griechischen Philosophen Platon entwickelt worden war. Man verband so die christlich-biblische Überlieferung mit der antiken Philosophie. Im Laufe der Jahrhunderte wurden Ausmalungen geschaffen, was beim »Jüngsten Gericht« geschehen werde. Ein sichtbares Zeugnis dieser Ausmalungen ist das riesige Wandgemälde Michelangelos (1475-1564), das er für die Sixtinische Kapelle im Vatikan geschaffen hat. Ende des 15. Jahrhunderts nahmen die Ausmalungen der Schrecken einen breiten Raum in der Frömmigkeit ein. Ablassprediger zogen durch die Lande und verkündeten, man könne für sich und für seine schon verstorbenen Angehörigen die Zeit im »Fegfeuer« (eine Art Vorhölle auf Zeit) verkürzen, indem man für Geld Ablassbriefe erwerbe, die der Papst anbot. Luthers Protest richtete sich vor allem gegen diese angstmachende Theologie und das damit verbundene Finanzgebaren des Vatikan. Er erklärte, der Mensch werde allein aus Vertrauen auf Jesus gerecht und gerettet.

Erst Anfang des 20. Jahrhunderts wurde die Verbindung des philosophischen Gedankens von der Unsterblichkeit der Seele mit dem theologischen Gedanken von der Auferstehung der Toten radikal in Frage gestellt. Und zwar kam dieser Impuls von den Vertretern der Dialektischen Theologie um Karl Barth. Ich habe bereits davon gesprochen, dass diese theologische Richtung jeden »Anknüpfungspunkt« Gottes im Menschen bestritt und überhaupt jede Form von »Religiosität« als menschengemacht verwarf. Religion und christliche Theologie wurden zu Gegensätzen.[160] Auf der Linie dieser Frontstellung erklärt sich, dass nun auch die philosophische Lehre von der Unsterblichkeit der Seele verworfen wurde.

Doch was sollte an ihre Stelle treten? Betont wurde der radikale Bruch zwischen dem Leben jetzt und dem Leben nach dem Tod, die völlige Neuschöpfung. Ein Schüler Karl Barths, der Tübinger Eberhard Jüngel, prägte die Formel vom Tod als der »totalen Verhältnislosigkeit«.[161] Gott schaffe in der Auferweckung eine radikal neue Beziehung zwischen sich und den Menschen. Andere sprechen von der »Ganztod-These« als Markierung des radikalen Bruchs.[162] Der Mensch sei zunächst einmal »ganz tot«, ehe er auferweckt werde. Allerdings haben alle Theologien, die dieser Linie folgen, das Problem, die Kontinuität zu beschreiben. Denn irgendwie muss es ja doch etwas geben, das bleibt. Sonst könnten es ja nicht dieselben Menschen sein vor und nach der Auferstehung. Dass es aber wir selbst sind, die von Gott auferweckt werden, daran hat auch diese theologische Richtung keinen Zweifel. So kommt das Nachdenken schließlich doch wieder dabei an, dass es »Etwas« – ob man es Seele, Geist, Identität oder wie auch immer nennt – geben muss, das überdauert. Dieses »Etwas« wird folglich nicht sterben, sondern weiterleben. Allerdings, und da drehen sich die Argumente im Kreis, verbieten sich Aussagen darüber, wie dies genau sein wird. So sehr wir gerne mehr wüssten, so bleibt uns der Blick über den Horizont verwehrt.

Daran ändern auch Nahtoderfahrungen[163] nichts. Nur sehr wenige Menschen erleben sie selbst. Die Erfahrungen werden inzwischen wissenschaftlich erforscht. Was passiert in unserem Gehirn, wenn wir klinisch tot sind? Was lässt sich messen? Sind die Bilder von einem Licht, auf das wir zugehen, die Empfindungen von Liebe und Frieden, echt im Sinne einer außermenschlichen Wirklichkeit, oder sind sie halluzinatorische Prozesse im Gehirn? Mehr als Vermutungen lassen sich dazu bis heute nicht feststellen. Allerdings sind die Menschen, die solche Erfahrungen hatten, in der Regel von ihrer Wirklichkeit überzeugt. Die Erinnerung daran prägt ihr weiteres Leben, meist in Form einer Sehnsucht nach dem gesehenen Licht oder dem empfundenen Gefühl der Liebe und des Friedens.

Leben als Fragment

Was macht das Leben aus? Was bleibt, wenn man zurückblickt? Diese Frage stand im Mittelpunkt vieler Gespräche mit den Angehörigen zur Vorbereitung der Trauerfeier und hat mich beim Verfassen der Ansprachen intensiv beschäftigt. Zur Trauerfeier gehört ein Rückblick auf das Leben, manchmal in Form eines eher formal gehaltenen Lebenslaufs, manchmal in Form von Episoden, einzelnen Begebenheiten, Erlebnissen. Dabei hat mich die Frage nicht losgelassen, wie äußeres Leben und innerer Sinn zusammenhängen. Bei manchen Lebensläufen schien sich diese Frage nicht so aufzudrängen, weil das Leben gefüllt war mit Lebensleistungen, beruflichen oder sportlichen Erfolgen, Reisen, Unternehmungen. Die Frage nach dem Sinn schien sich dann einfach durch das prall gefüllte Leben von selbst zu beantworten. Doch stimmt das wirklich?

Es gibt ja auch die stilleren Leben, zu denen sich äußerlich nicht viel sagen lässt. In meiner Zeit als Pastor hatte ich die Kriegsgeneration zu beerdigen. Oft erzählten die Kinder oder Enkel ausführlich von Ausbombung, Flucht, Vertreibung, Neuanfang. Schließlich kamen sie an eine Stelle wie: »Dann hat Mutti Vati geheiratet. Und dann kamen wir Kinder.« Punkt. Ich wartete, was nun käme, erhielt aber zur Antwort: »Ja, dann war sie unsere Mutter und hat sich um alles gekümmert.« Dieser Satz beschrieb 40 oder 50 Lebensjahre. Ich fragte nach erwähnenswerten Ereignissen, Interessen oder Lebenswenden. Doch manchmal endete die Erzählung über das Leben der Mutter hier. »Sie war eben unsere Mutti und hat sich um alles gekümmert.« Ich merkte, dass ich mit meinen Nachfragen auf der falschen Fährte war. Ich suchte das, was das Leben ausgemacht hat, in vielen erzählenswerten Äußerlichkeiten. Es lag aber im Inneren, im Dasein für die Familie, einfach im schlichten Leben des Alltags. Und im Unvollkommenen. Das Leben ist, wie es ist. Egal wie glanzvoll und gefüllt es äußerlich war oder nicht. Und auch wie lang oder wie kurz es war, vielleicht früh abgebrochen durch eine Krankheit oder einen tragischen Unfall. Es bleibt immer unvollendet und hat seinen Sinn in Tiefenschichten, nicht an der Oberfläche.

Mit dem Marburger Theologen Henning Luther (1947-1991) verbindet sich die Formel vom »Leben als Fragment«.[164] Alles Leben bleibt Fragment. Sich damit anzufreunden oder auszusöhnen, ist nicht immer leicht. Denn es gibt ja so viel Abgebrochenes, Unerfülltes. Manchmal spiegelten sich die Brüche des Lebens auch bei der Trauerfeier in Gestalt der verschiedenen Familienteile oder Lebensbereiche. Nicht selten grüßten sich verfeindete Familienmitglieder nicht oder man konnte die Spannung im Raum geradezu körperlich spüren. Zur Trauerfeier waren Menschen gekommen, die sich sonst aus dem Wege gingen. Partnerinnen oder Partner aus verschiedenen Lebensphasen, Kinder, Stiefkinder, Geschwister, zu denen kein Kontakt mehr bestand. Über Abschied und Tod zu schreiben heißt auch, über das Leben zu schreiben. Und dieses Leben entspricht so gut wie nie unseren Idealvorstellungen, Träumen oder Normen einer vermeintlich heilen Welt. Gelebtes Leben trägt immer Schrammen davon, enthält Brüche und Splitter. Manchmal war es den Angehörigen unangenehm, mir als dem Repräsentanten der Kirche gegenüber, diese Brüche zu erwähnen. So als stünde die Kirche für Normen einer heilen Welt. Vielleicht hat sie früher wirklich so getan, als stünde sie dafür. Das ist aber zum Glück lange vorbei. Nach meinem Verständnis steht sie für die Versöhnung unseres Lebens durch Gott. Er nimmt die Fragmente an, die wir am Ende in der Hand haben.

Versöhnung mit dem eigenen Leben

Wahrscheinlich möchten die meisten Menschen ein möglichst erfülltes Leben haben (oder gehabt haben), es soll möglichst viel gelungen sein im Beruf, in der Ehe oder Partnerschaft, in der Erziehung der Kinder, im Engagement für ein Hobby oder eine gute Sache. Niemand möchte sich am Ende sagen müssen: Genau genommen bin ich gescheitert. Nichts ist mir so gelungen, wie ich es mir vorgenommen hatte. Die Kinder sind nicht so, wie ich es gehofft hatte, im Beruf hat man mich früh in den Ruhestand geschickt, vielleicht muss ich mit wenig Geld auskommen, im Alter sogar mit sehr wenig Geld. Hoffen und Scheitern liegen im Leben dicht beieinander. Würde ich alles noch einmal so machen? Denselben Partner, dieselbe Partnerin heiraten? Meine Kinder so erziehen, wie ich es gemacht habe? Denselben Beruf ergreifen? In derselben Stadt, am selben Ort leben? Hätte ich nicht aufbrechen sollen? Irgendwo anders ein neues Leben versuchen sollen?

In irgendeiner Form beschäftigt sich wahrscheinlich jeder Mensch, vor allem jenseits des 50. Geburtstags, mit solchen und ähnlichen Fragen. Wer ist schon restlos glücklich? Aber Entscheidungen fallen ja nicht im luftleeren Raum. Gerade die wichtigen Lebensentscheidungen sind keine reinen Willensakte, als ob man völlig frei so oder so entscheiden könnte. Wir leben in Bindungen, in einer bestimmten Zeit mit ihren Möglichkeiten (die vor 30 oder 50 Jahren andere waren als heute), wir leben mit bestimmten inneren Voraussetzungen, mit unseren Hoffnungen, aber auch mit Bedürfnissen, Bedürftigkeiten und Ängsten. Sich zu sagen: Wenn ich noch einmal 20 wäre und alles neu entscheiden könnte, ist ziemlich theoretisch. Denn dann hätten damals schon Zeiten wie heute sein müssen und ich hätte schon der sein müssen, der ich heute bin. Aber das war so natürlich nicht. Folglich können solche Gedankenspiele nur in der Fantasie gelingen. In der *Gegenwart* kann ich nur entscheiden, was ich *heute* entscheiden kann. Gedanken über ein »was wäre, wenn ich damals …?« können Fantasie für heute freisetzen, sie können aber auch unglücklich machen. Die Aufgabe im fortgeschrittenen Alter oder am Ende des Lebens ist es, sich mit seinem Leben zu *versöhnen*. So, wie es ist und wie es war.

So stelle ich mir auch die Begegnung mit Gott vor. Wenn ich am Ende zu Hause, ganz nah bei Gott sein werde, wird dies eine Versöhnung mit meinem Leben und mit mir selbst sein. So übersetze ich mir die alten dogmatischen Formeln von Gnade, Rechtfertigung und Vergebung. Weil Gott mein Leben versöhnlich ansieht, kann ich mich auch mit meinem Leben versöhnen. Wenn es ein

Gericht über mein Leben gibt, dann als ehrliche Bilanz und als Versöhnung mit allem Unvollkommenen.

Versöhnung – für alle?

Hier knüpfe ich an die offenen Fragen aus dem Kapitel über das Böse an. Wenn es in diesem irdischen Leben keine ausgleichende Gerechtigkeit gegeben hat – und das wird, trotz aller Bemühungen um Gerechtigkeit für die Opfer, niemals vollständig möglich sein –, braucht es dann nicht ein Strafgericht? Und zwar ein »richtiges«. In dem Mörder, Folterer, Kriegstreiber, Missbrauchstäter, Sadisten ihre angemessene Strafe bekommen.

Hier scheiden sich die Geister, wie ich aus Gesprächen auch mit engen Freunden und Kollegen weiß. Manche können für den Gedanken einer Versöhnung für alle nur Hohn empfinden. Soll ein Folteropfer seinem Folterer im Himmel begegnen? Mir ist diese gedankliche Weiterführung unserer irdischen Welt in Gottes Reich allerdings zu sehr von der bekannten Welt aus gedacht. Wir werden verwandelt werden auf eine Weise, die wir uns nicht vorstellen können. Trotz Identität unserer Personen glaube ich, dass nach dieser Verwandlung die Maßstäbe dieser Welt, auch zur Beurteilung schlimmster Verbrechen, nicht mehr passen werden.

Allerdings kommen wir damit an die Grenzen dessen, was wir denken und uns vorstellen können. Zu meinem Vertrauen auf Gott gehört die feste Zuversicht, dass er mich verwandeln, seiner Liebe anverwandeln wird. Mir fehlen Kriterien, nach denen ich darüber befinden könnte, wer von dieser Verwandlung ausgeschlossen sein sollte. Ich gestehe aber gleichzeitig, dass ich im

Blick auf die Brutalität extremer Täter bei dieser Vorstellung vor einem »schwarzen Loch« stehe, einem Abgrund unserer Existenz. Weiter als bis zu dieser Grenze komme ich mit meinem Denken nicht.

Erfüllung der Seinsfühlung

Am Anfang des Lebens stehen Erfahrungen unmittelbarer Seinsfühlung, des Einsseins mit dem Grund des Lebens. Später beginnen wir, nachzudenken und zu fragen. Wir suchen den Horizont ab, fragen, was hinter ihm kommt. Der Mensch ist ein Leben lang auf der Suche nach dem Geheimnis des Lebens, nach Gott. Und Gott sucht umgekehrt uns Menschen und sehnt sich nach uns. Auch Jesus war auf der Suche nach Gott. An ihm ist so besonders und einmalig, dass er und Gott sich gefunden haben. Jesus ist in seinem Zuhause angekommen. Aus dem Glauben an die unauflösliche Verbindung Jesu mit Gott, erwächst die Hoffnung, am Ende ganz genauso bei Gott zu Hause zu sein. Der Blick auf Jesus gibt der eigenen Hoffnung auf ein Leben nach dem Tod einen Deutungsrahmen.

Im Tod oder nach dem Tod werde ich nach Hause kommen, das heißt: Gott begegnen, werde ich mit ihm eins sein, so unauflöslich mit ihm verbunden sein, wie es schon mit Jesus geschehen ist. Eine unbegreifliche und in diesem Sinne mystische Verbindung von Gott und Mensch. Die Erfahrungen der »Seinsfühlung« können in der Rückschau verstanden werden als eine vorsichtige Andeutung dessen, was am Ende Wirklichkeit wird, nämlich eine Berührung mit Gott, die zu einer vollkommenen Einheit wird.

Allerdings, das ist einzuräumen, sind solche Gedanken, oder besser: Bilder, spekulativ. Sie können trösten, wenn man einen Zugang zu ihnen hat. Aber es werden nicht alle Menschen darüber einen Zugang für sich finden. Auch sprechen Bilder eher Gefühle als den Verstand an. Nicht alle Bilder lösen bei allen Menschen dieselben Gefühle aus. Und selbstverständlich beweisen solche Bilder nichts. Der schon häufiger erwähnte Theologe Daniel Friedrich Ernst Schleiermacher hatte die bittere Aufgabe, seinen neunjährigen Sohn zu beerdigen. Er hielt selbst die Trauerrede und sagte:

> *»Viele Trauernde schöpfen ihren Trost aus einer Fülle reizender Bilder, in denen sie sich die fortbestehende Gemeinschaft der Vorangegangenen und der Zurückgebliebenen darstellen, und je mehr diese die Seele erfüllen, um desto mehr müssen alle Schmerzen über den Tod gestillt werden. Aber dem Mann, der zu sehr an die Strenge und Schärfe des Gedankens gewöhnt ist, lassen diese Bilder tausend unbeantwortete Fragen zurück und verlieren dadurch gar viel von ihrer tröstenden Kraft.«*[165]

Es nötigt mir großen Respekt ab, wie Schleiermacher sich einen von ihm als unredlich empfundenen Trost über die Vorstellung innerer Bilder verbietet. Er ist derjenige, der von der Religion als einer eigenen »Provinz im Gemüthe« sprach. Man sieht hier aber, dass er diesem religiösen Ort in der Seele durchaus mit einer Portion aufgeklärter Skepsis gegenübersteht. Nicht alles, was aus der Seele an tröstlichen Bildern aufsteigt, ist als Wahrheit zu nehmen. Wenn ich das Bild von der Vollendung der Seinsfühlung als Nachhausekommen bei Gott als meine Vorstellung von Erlösung beschreibe, so ist diese Einschränkung mitzulesen. Das Bild will kein Beweis einer objektiven Wahrheit sein, sondern drückt eine vertrauensvolle Sehnsucht aus.

Anfang, Mitte und Ende

Mit einer träumerischen und ihrer selbst noch nicht bewussten Seinsfühlung in der Kindheit beginnt unser Leben. Es endet mit der Erfüllung dieser Seinsfühlung als der Vereinigung mit Gott. Wie wir das Leben, das uns dazwischen gegeben ist, gestalten, das hängt zutiefst damit zusammen, wie wir den Bogen von Anfang und Ende verstehen. Ich verstehe ihn als Mitgift in unser Leben, die die Grundlage legt zu einem Leben aus der Haltung des Reiches Gottes, in Freiheit und Verantwortung. Das Leben kann sich aus der untrennbaren Verbindung mit Gott gelassen den Herausforderungen stellen. Es kann sich damit versöhnen, ein Fragment zu bleiben, weil Gott uns mit sich versöhnt. Dieses Buch versucht, den Bogen von Anfang, Mitte und Ende an ausgewählten Themen nachzuzeichnen.

Ich hatte dieses Kapitel mit der Frage begonnen, was Ihnen durch den Kopf ging, als Sie einen Menschen im Sterben begleitet, seine Hand gehalten oder an einer Beerdigung teilgenommen haben. Was uns an Gedanken, an Erinnerungen an das Leben in den Sinn kommt, ist natürlich höchst persönlich. Es sind vielleicht überhaupt die persönlichsten Gedanken, die man sich vorstellen kann. Sie erinnern uns an Liebe und Streit, an Zuneigung und Scham, an Gelingen und Scheitern. Aber auch Texte und Melodien, die uns in den Sinn kommen sind, geprägt von unserem Leben und seiner Kultur. Dem einen kommt »Über den Wolken« von Reinhard Mey in den Sinn, der anderen »Abschied ist ein scharfes Schwert« von Roger Whitaker. Zu den meistgespielten Songs bei Beerdigungen gehören »Somewhere over the rainbow« (Judy Garland), »Tears in heaven« (Eric Clapton), »Candle in the wind« (Elton John), »Hallelujah« (Leonhard Cohen) und »What a wonderful world« von Louis Amstrong. Meine eigene Prägung ist ziemlich »klassisch protestantisch«, d.h. Gesangbuchlieder und die Musik von Johann Sebastian Bach haben sich mir eingeprägt, erwecken immer wieder Bilder und Gefühle, wenn ich sie lese und höre. Zwei Texte sind mir besonders nah, denn sie setzen meine Vorstellung vom Nachhausekommen bei Gott in Poesie um. Johann Sebastian Bach hat sie in seine Passionen aufgenommen.

Wenn ich einmal soll scheiden,
so scheide nicht von mir,
wenn ich den Tod soll leiden,
so tritt du dann herfür;
wenn mir am allerbängsten
wird um das Herze sein,
so reiß mich aus den Ängsten
kraft deiner Angst und Pein.

Erscheine mir zum Schilde,
zum Trost in meinem Tod,
und lass mich sehn dein Bilde
in deiner Kreuzesnot.
Da will ich nach dir blicken,
da will ich glaubensvoll
dich fest an mein Herz drücken.
Wer so stirbt, der stirbt wohl.[166]

(Paul Gerhardt 1607-1676)

Ach Herr, lass dein lieb Engelein an meinem End die Seele mein in Abrahams Schoß tragen. Der Leib in seim Schlafkämmerlein gar sanft ohn alle Qual und Pein ruh bis zum Jüngsten Tage. Alsdann vom Tod erwecke mich, dass meine Augen sehen dich in aller Freud, o Gottes Sohn, mein Heiland und mein Gnadenthron. Herr Jesu Christ, erhöre mich, erhöre mich. Ich will dich preisen ewiglich.[167]

(Martin Schalling 1532-1608)

Literatur

Albrecht-Birkner, Veronika, Freiheit in Grenzen. Protestantismus in der DDR. Leipzig 2018, Bd. 2 der Reihe »Christentum und Zeitgeschichte« der Evangelischen Arbeitsgemeinschaft für Kirchliche Zeitgeschichte in München

Barth, Ulrich, Symbole des Christentums. Berliner Dogmatikvorlesung, Tübingen 2022

Bedford-Strohm, Heinrich / Jung, Volker, Vernetzte Vielfalt. Kirche angesichts von Individualisierung und Säkularisierung. Die fünfte EKD-Erhebung über Kirchenmitgliedschaft, Gütersloh 2015

Baecker, Dirk, Studien zur nächsten Gesellschaft, Frankfurt/M. 2007

Blühdorn, Ingolfur, Unhaltbarkeit. Auf dem Weg in eine andere Moderne, Berlin 2024

Claussen, Johann Hinrich, Das Buch der Flucht. Die Bibel in 40 Stationen, München 2018

Claussen, Johann Hinrich / Fritz, Martin / Kubik, Andreas / Leonhardt, Rochus / von Scheliha, Arnulf, Christentum von rechts. Theologische Erkundungen und Kritik, Tübingen 2021

Die Bekenntnisschriften der evangelisch-lutherischen Kirche (BSELK), Göttingen 1976 (1. Auflage in dieser Form 1930. Die neueste Auflage von 1984 wird von Irene Dingel verantwortet.)

Dürckheim, Karlfried Graf, Erlebnis und Wandlung. Grundfragen der Selbstfindung, Suhrkamp Taschenbuch, Frankfurt/M. 1992 (Erstausgabe Bern/München/Wien 1978)

Evangelische Kirche in Deutschland (Hg.), Die Denkschriften der Evangelischen Kirche in Deutschland, Bd 3 (Ehe. Familie. Sexualität. Jugend), Gütersloh 1981

Evangelische Kirche in Deutschland (Hg.), Evangelische Kirche und freiheitliche Demokratie. Der Staat des Grundgesetzes als Angebot und Aufgabe. Eine Denkschrift der Evangelischen Kirche in Deutschland, Hannover 1985.

Evangelische Kirche in Deutschland (EKD) (Hg.), Aus Gottes Frieden leben – für gerechten Frieden sorgen. Eine Denkschrift des Rates der Evangelischen Kirche in Deutschland, Gütersloh 2007

Evangelische Kirche in Deutschland (EKD) (Hg.), Engagement und Indifferenz. Kirchenmitgliedschaft als soziale Praxis. Fünfte EKD-Erhebung über Kirchenmitgliedschaft, Hannover 2014

Evangelische Kirche in Deutschland (EKD) (Hg.), »… damit sie das Leben und volle Genüge haben sollen« – Ein Beitrag über neue Leitbilder für eine zukunftsfähige Entwicklung. Eine Studie der Kammer für nachhaltige Entwicklung der EKD. EKD-Texte 122, Hannover 2015. Auch online: https://www.ekd.de/ekd_de/ds_doc/ekd_texte_122.pdf (abgerufen am 25.03.2024)

Evangelische Kirche in Deutschland (EKD) (Hg.), »Unser tägliches Brot gib uns heute« – Neue Weichenstellungen für Agrarentwicklung und Welternährung. Eine Studie der Kammer für nachhaltige Entwicklung der EKD. EKD-Texte 121, Hannover 2015. Auch online: https://www.ekd.de/ekd_de/ds_doc/ekd_texte_121.pdf (abgerufen am 25.03.2024)

Evangelische Kirche in Deutschland (EKD) (Hg.), Konsens und Konflikt: Politik braucht Auseinandersetzung. Zehn Impulse der Kammer für Öffentliche Verantwortung der EKD zu aktuellen Herausforderungen der Demokratie in Deutschland, Hannover 2016

Evangelische Kirche in Deutschland (EKD) (Hg.), »Geliehen ist der Stern, auf dem wir leben« – Die Agenda 2030 als Herausforderung für die Kirchen. Ein Impulspapier der Kammer für nachhaltige Entwicklung der EKD. EKD-Texte 130, Hannover 2018. Auch online: https://www.ekd.de/ekd_de/ds_doc/ekd_texte_130_2018.pdf (abgerufen am 25.03.2024)

Evangelische Kirche in Deutschland (EKD) (Hg.), Nutztier und Mitgeschöpf! Tierwohl, Ernährungsethik und Nachhaltigkeit aus evangelischer Sicht. Ein Impulspapier der Kammer für nachhaltige Entwicklung der EKD. EKD-Texte 133, Hannover 2019. Auch online: https://www.ekd.de/ekd_de/ds_doc/ekd_texte_133_2019.pdf (abgerufen am 25.03.2024)

Evangelische Kirche in Deutschland (EKD) (Hg.), Freiheit digital. Die Zehn Gebote in Zeiten des digitalen Wandels. Eine Denkschrift der Evangelischen Kirche in Deutschland, Leipzig 2021. Auch online: https://www.ekd-digital.de/dokumente/denkschrift-freiheit-digital.pdf (abgerufen am 25.03.2024)

Evangelische Kirche in Deutschland (EKD) (Hg.), Vielfalt und Gemeinsinn. Die EKD über den Beitrag der evangelischen Kirche zu Freiheit und gesellschaftlichem Zusammenhalt, Hannover 2021

Evangelische Kirche in Deutschland (EKD) (Hg.), Migration menschenwürdig gestalten. Gemeinsames Wort der Deutschen Bischofskonferenz und des Rates der Evangelischen Kirche in Deutschland in Zusammenarbeit mit der Arbeitsgemeinschaft christlicher Kirchen in Deutschland, Bonn und Hannover 2021. Auch online: https://www.ekd.de/ekd_de/ds_doc/migration_ekd_dbk_2021.pdf (abgerufen am 25.03.2024)

Evangelische Kirche in Deutschland (EKD) (Hg.), Zwischen Nächstenliebe und Abgrenzung. Eine interdisziplinäre Studie zu Kirche und politischer Kultur, Hannover 2022

Evangelische Kirche in Deutschland (EKD) (Hg.), Wie hältst du's mit der Kirche? Zur Bedeutung der Kirche in der Gesellschaft. Erste Ergebnisse der 6. Kirchenmitgliedschaftsuntersuchung, Leipzig 2023. Anhang 2 mit den »Grundauszählungen« steht digital zur Verfügung: https://kmu.ekd.de/fileadmin/user_upload/kirchenmitgliedschaftsuntersuchung/PDF/Anhang_Tabellen_Grundauszählungen_der_6._KMU.pdf (abgerufen am 21.10.2024)

Evangelisches Kirchenamt für die Bundeswehr (Hg.), Maß des Möglichen. Perspektiven evangelischer Friedensethik angesichts des Krieges in der Ukraine. Ein Debattenbeitrag, Berlin 2023. Auch online: https://www.bundeswehr.de/resource/blob/5586906/60b681196328321d90e4fcf9297a7501/mass-des-moeglichen-data.pdf (abgerufen am 25.03.2024)

Falcke, Heino / Römer, Jörg, Licht im Dunkel: Schwarze Löcher, das Universum und wir, Stuttgart 2020

Gutiérrez, Gustavo, Theologie der Befreiung, München 1973

Jüngel, Eberhard, Tod, Stuttgart 1971

Habermas, Jürgen, Erkenntnis und Interesse, Frankfurt/M. 1973

Habermas, Jürgen, Theorie kommunikativen Handelns, 2 Bände, Frankfurt/M. 1981

Habermas, Jürgen, Ein neuer Strukturwandel der Öffentlichkeit und die deliberative Politik, Berlin 2022

Josuttis, Manfred, Der Weg in das Leben. Eine Einführung in den Gottesdienst auf verhaltenswissenschaftlicher Grundlage, München 1991

Käsemann, Ernst, Das Neue Testament als Kanon. Diskussion und kritische Analyse zur gegenwärtigen Diskussion, Göttingen 1970

Kaufmann, Thomas, Geschichte der Reformation in Deutschland, erweiterte Ausgabe, Berlin 2016 (1. Aufl. Frankfurt/M. 2009)

Kaufmann, Thomas, Erlöste und Verdammte. Eine Geschichte der Reformation, München 2016

Knüll, Wolfgang, Nahtoderfahrungen. Blick in eine andere Welt, Ostfildern 2023

Koch, Traugott, Das Böse als theologisches Problem, in: Kerygma und Dogma (KuD) 24 (1978), S. 37-153

Lauster, Jörg, Der Heilige Geist. Eine Biographie, München 2021

Lauster, Jörg, Theorie des gegenwärtigen Zeitalters, in: Christian Danz (Hg.), Medien – Erinnerung – Affekte, Tübingen 2024, S. 35-65

Leopoldina. Nationale Akademie der Wissenschaften / Union der deutschen Akademien der Wissenschaften (Hg.), Fortpflanzung in Deutschland – für eine zeitgemäße Gesetzgebung, Halle (Saale) und Mainz 2019. Auch online zugänglich: https://www.leopoldina.org/uploads/tx_leopublication/2019_Stellungnahme_Fortpflanzungsmedizin_web_01.pdf (abgerufen am 04.04.2024)

Mau, Steffen / Lux, Thomas / Westheuser, Linus, Triggerpunkte. Konsens und Konflikt in der Gegenwartsgesellschaft. Warum Gendersternchen und Lastenfahrräder so viele Menschen triggern, Frankfurt/M. 2023

Moltmann, Jürgen, Theologie der Hoffnung. Untersuchungen zur Begründung und zu den Konsequenzen einer christlichen Eschatologie, Gütersloh 2005 (Erstausgabe 1964)

Moltmann, Jürgen, Gott in der Schöpfung. Ökologische Schöpfungslehre, München 1985

Moltmann-Wendel, Elisabeth (Hg.), Feministische Theologie. Wo steht sie und wohin geht sie? Eine kritische Bilanz, Neukirchen-Vluyn 2008

Otto, Rudolph, Das Heilige, München 2014 (erste Ausgabe 1917)

Pesch, Otto-Hermann, Theologie der Rechtfertigung bei Martin Luther und Thomas von Aquin. Versuch eines systematisch-theologischen Dialogs, München 1967

Rahner, Karl, Grundkurs des Glaubens. Einführung in den Begriff des Christentums, Freiburg i. Br. 2008 (Erstausgabe 1976)

Reckwitz, Andreas, Die Gesellschaft der Singularitäten. Zum Strukturwandel der Moderne, Frankfurt/M. 2017

Reckwitz, Andreas, Verlust. Ein Grundproblem der Moderne, Berlin 2024

Rosa, Hartmut, Resonanz. Eine Soziologie der Weltbeziehung, Frankfurt/M. 2019

Schäuble, Wolfgang, Das Reformationsjubiläum 2017 und die Politik in Deutschland und Europa, in: Pastoraltheologie 105 (2016), S. 44-53

Schmitt, Carl, Politische Theologie. Vier Kapitel zur Lehre von der Souveränität, Berlin 1922

Schottrof, Luise, Lydias ungeduldige Schwestern. Feministische Sozialgeschichte des frühen Christentums, Gütersloh 1994

Schweitzer, Albert, Geschichte der Leben-Jesu-Forschung, Tübingen 1984 (erste Auflage 1906)

Selk, Veith, Demokratiedämmerung. Eine Kritik der Demokratietheorie, Frankfurt/M. 2023

Sölle, Dorothee, Mystik und Widerstand, Freiburg i.Br. 2014 (Erstausgabe München 1999)

Spehr, Christopher / Oelke, Harry (Hg.), Das Eisenacher »Entjudungsinstitut«. Kirche und Antisemitismus in der NS-Zeit. Arbeiten zur kirchlichen Zeitgeschichte, Bd. 082, Göttingen 2021

Teresa von Ávila, Das Buch meines Lebens. Vollständige Neuübertragung, Freiburg i.Br. 2001

Vecera, Sarah, Wie ist Jesus weiß geworden? Mein Traum von einer Kirche ohne Rassismus, Ostfildern 2022

Vogt, Markus, Christliche Umweltethik. Grundlagen und zentrale Herausforderungen, Freiburg i.Br. 2021

Werkner, Ines-Jacqueline (Hg.), Friedensethik angesichts des Krieges in der Ukraine. Kontroversen und Neubestimmungen, Heidelberg 2024. Auch online: https://books.ub.uni-heidelberg.de//heibooks/catalog/book/1339 (abgerufen am 25.03.2024)

Internetquellen

Bork, Uwe, Das christliche Abendland ist gar nicht so christlich: https://www.deutschlandfunkkultur.de/europas-werte-das-christliche-abendland-ist-gar-nicht-so-100.html vom 8. Oktober 2015 (abgerufen am 29.12.2023)

Bundesverfassungsgericht: https://www.bundesverfassungsgericht.de/SharedDocs/Entscheidungen/DE/2020/02/rs20200226_2bvr234715.html (abgerufen am 05.04.2024)

Deutscher Ethikrat: https://www.ethikrat.org/fileadmin/Publikationen/Stellungnahmen/deutsch/klimagerechtigkeit.pdf (abgerufen am 24.03.2024)

Diakonie Deutschland, »Orientierungshilfe zum Umgang mit Sterbewünschen« (Februar 2022: https://www.diakonie.de/diakonie_de/user_upload/diakonie.de/PDFs/Presse/23-11-06_DT_Orient_assistierter_Suizid_Web.pdf (abgerufen am 05.04.2024)

European Repository of Cyber Incidents (EuRepoC): https://eurepoc.eu (abgerufen am 22.10.2024)

evangelisch.de: https://www.evangelisch.de/inhalte/111225/02-05-2023/segnung-homosexueller-bunt-wie-ein-regenbogen (abgerufen am 08.04.2024)

Evangelische Kirche in Deutschland: https://www.ekd.de/evangelische-perspektiven-fuer-ein-legislatives-schutzkonzept-56633.htm (abgerufen am 05.04.2024)

Evangelische Kirche in Deutschland: https://www.ekd.de/stellungnahme-rat-suizidbeihilfe-79346.htm (abgerufen am 05.04.2024)

Evangelischen Kirche in Deutschland und Zentrum für Gesundheitsethik der Evangelische-Lutherischen Landeskirche Hannovers: https://www.ev-medizinethik.de (abgerufen am 29.12.2023)

Fischer, Johannes, Kirchenreform auf Willkürbasis?: https://zeitzeichen.net/node/10830 vom 26.11.2023 (abgerufen am 29.12.2023)

Frisch, Ralph, Die evangelische Patientin: https://zeitzeichen.net/node/10859 vom 29.11.23 (abgerufen am 29.12.2023

Gemeinsamer Bundesausschuss (G-BA): https://www.g-ba.de/downloads/17-98-5156/2021-11-09_G-BA_Versicherteninformation_NIPT_bf.pdf (abgerufen am 03.04.2024)

Gesetze im Internet: https://www.gesetze-im-internet.de/stzg/index.html (abgerufen am 02.04.2024)

Grünewald, Matthias, Der Isenheimer Altar: https://www.meisterdrucke.ch/kunstdrucke/Matthias-Grünewald/208129/Der-Isenheimer-Altar%2C-um-1512-15-.html (abgerufen am 30.12.2023)

Heidelberger Thesen: https://www.ekd.de/heidelberger-thesen-1959-75680.htm (abgerufen am 20.12.23)

Heinrich, Anna-Nicole, »Wir können uns nicht neutral verhalten …«: https://www.ekd.de/evangelische-kirche-engagiert-sich-im-buendnis-zusammen-.htm (abgerufen am 25.03.2024)

Internationale Organisation für Migration (IOM), World Migration Report 2022: https://publications.iom.int/books/world-migration-report-2022-chapter-2-german

Lesben- und Schwulenverband Deutschlands: https://www.lsvd.de/de/ct/1245-LGBT-Rechte-weltweit (abgerufen am 15.06.2024)

Messi, Lionel: https://www.pro-medienmagazin.de/ich-wusste-dass-gott-mir-diesen-titel-schenken-wird-was-dieser-messi-satz-bedeutet/ (abgerufen am 15.06.2024)

Mangold, Anna-Katharina, Das Böckenförde-Diktum, vom 09.05.2019: https://verfassungsblog.de/das-boeckenfoerde-diktum/ (abgerufen am 11.05.2024)

Midi – Evangelische Arbeitsstelle für missionarische Kirchenentwicklung und diakonische Profilbildung: https://www.mi-di.de/themen/sozialraumorientierung (abgerufen am 11.05.2024)

Morris, Philip Richard, Jesus geht auf dem Wasser: https://www.meisterdrucke.com/kunstdrucke/Philip-Richard-Morris/912777/Jesus-geht-auf-dem-Wasser.html (abgerufen am 30.12.2023)

Potsdam-Institut für Klimafolgenforschung: https://www.pik-potsdam.de/de/aktuelles/nachrichten/schwindende-widerstandskraft-unseres-planeten-planetare-belastungsgrenzen-erstmals-vollstaendig-beschrieben-sechs-von-neun-bereits-ueberschritten-1 (abgerufen am 22.10.2024)

pro Asyl, »Es ist kalt an Europas Grenzen«: https://www.proasyl.de/thema/es-ist-kalt-an-europas-grenzen/mehr-zu-pushbacks/#:~:text=Pushbacks%20an%20Europas%20Grenzen%3A%20Spanien,auch%20»heiße%20Abschiebungen«%20genannt (abgerufen am 21.10.2024)

Reemtsma, Jan-Philipp, Rede zur Verleihung des Deutschen Buchpreises 2001 an den Philosophen Jürgen Habermas. Ausschnitte: https://www.spiegel.de/kultur/gesellschaft/festakt-in-der-paulskirche-habermas-nimmt-friedenspreis-entgegen-a-162371.html (abgerufen am 21.10.2024)

Sozialwissenschaftliches Institut der EKD (Hg.), Was macht eigentlich den Unterschied? Evangelische und Konfessionslose im Osten Berlins. Lebensorientierung, Engagement und Bezug zur Kirche: https://www.siekd.de/wp-content/uploads/2018/10/Broschuere_Was-macht-eigentlich-den-Unterschied_final.pdf (abgerufen am 21.10.24)

Statista: https://de.statista.com/statistik/daten/studie/241142/umfrage/versicherungsschaeden-von-naturkatastrophen-weltweit/ (abgerufen am 24.03.2024)

UNO-Flüchtlingshilfe, Zahlen & Fakten zu Menschen auf der Flucht: https://www.uno-fluechtlingshilfe.de/informieren/fluechtlingszahlen (abgerufen am 21.10.2024)

UNRIC – Regionales Informationszentrum der Vereinten Nationen: https://unric.org/de/17ziele/ (abgerufen am 21.10.2024)

Verband Evangelischer Diakonen-, Diakoninnen- und Diakonatsgemeinschaften (VEDD): https://www.vedd.de/die-kirche-der-zukunft-wird-diakonisch-sein-oder-sie-wird-nicht-mehr-sein/ (abgerufen am 21.10.2024)

Anmerkungen

1 Angelehnt an eine Formulierung von Wolfgang Schäuble 2016, siehe im Kapitel »Kirche in der demokratischen Gesellschaft«. Schäuble mahnte an, dass die Kirche erst einmal religiös sein müsse, um politisch zu sein.

2 Dorothee Sölle, Mystik und Widerstand. Erstausgabe Hamburg 1997, hier zitiert München 1999, S. 30

3 Karlfried Graf Dürckheim, Erlebnis und Wandlung. Grundfragen der Selbstfindung, Erstausgabe Bern/München/Wien 1978, hier zitiert Suhrkamp Taschenbuch, Frankfurt/M. 1992, S. 85. Dürckheim benutzt verschiedene Begriffe: Wesensfühlung, Fühlung mit dem Dasein, Seinserfahrung u.a. Mir hat sich der Begriff der Seinsfühlung am stärksten eingeprägt.

4 Ebd., S. 24

5 Ebd., S. 61

6 Jörg Lauster, Der Heilige Geist. Eine Biographie, München 2021, S. 9

7 Siehe hierzu auch das Kapitel »Theologie als Traumdeutung«

8 »Jesu« als lateinische Genetiv-Form des Namens Jesus ist heute zwar nicht mehr so vertraut. Sie wird in diesem Buch dennoch gewählt, weil die heute umgangssprachliche Umschreibung mit »von« stilistisch unschön ist: »der Tod von Jesus«. Anders verhält es sich mit dem Akkusativ »Jesum«, der auch in der Fachtheologie nicht mehr verwendet wird. Beispiele finden wir in Bachs Kantaten und Oratorien: »Meinen Jesum lass' ich nicht.« Wir schreiben: »Meinen Jesus lass' ich nicht.«

9 Die Bezeichnung »Hebräische Bibel« für »Altes Testament« ist vermutlich für manche Leserinnen und Leser überraschend. Sie hat sich in den letzten Jahrzehnten im Zuge einer kritischen Sichtung anti-jüdischer Begriffe in der christlichen Theologie etabliert. Die Gegenüberstellung von Altem und Neuem Testament suggeriert, das »Alte« sei überholt, nicht mehr gültig. Die evangelischen Kirchen haben in einer selbstkritischen Klärung in den letzten Jahrzehnten betont, dass der Bund Gottes mit Israel ungekündigt ist. Von einem »Neuen Testament« kann dennoch gesprochen werden, weil es ohne die Gegenüberstellung des »Alten« nicht den Eindruck erweckt, die Hebräische Bibel sei überholt. Gebräuchlich sind heute auch die Bezeichnungen »Erstes« und »Zweites« Testament.

10 In diesem Kapitel geht es vorrangig um die Bedeutung Jesu für die Entfaltung der Theologie. Seine Bedeutung für den Glauben in der Gegenwart steht im Mittelpunkt des Kapitels »Jesus Christus … eine Annäherung«.

11 Eine wesentliche Forschungsarbeit hat mein verehrter Doktorvater Otto-Hermann Pesch beigesteuert: Theologie der Rechtfertigung bei Martin Luther und Thomas von Aquin. Versuch eines systematisch-theologischen Dialogs, Mainz 1967

12 Davon ist im Kapitel »Freiheit, Diversität und Vielfalt« die Rede.

13 Schmalkaldische Artikel 1537, zitiert nach: Die Bekenntnisschriften der evangelisch-lutherischen Kirche (BSELK), Göttingen 1976, S. 459f.

14 Zu den Aufspaltungen in verschiedene Kirchen siehe das Kapitel »So viele Christentümer!«

15 Es gibt allerdings bereits frühere Aufbrüche von Laien, z. B. den Pietismus, der bereits im 17. Jahrhundert entstand. Er betonte die persönliche Frömmigkeit des Einzelnen und geriet dadurch in Spannung zur hierarchischen Leitungsstruktur der Landeskirchen. Synodale Leitungsstrukturen entstanden gleichwohl erst im 19. Jahrhundert.

16 Wie hältst du's mit der Kirche? Zur Bedeutung der Kirche in der Gesellschaft. Erste Ergebnisse der 6. Kirchenmitgliedschaftsuntersuchung, hg. von der Evangelischen Kirche in Deutschland (EKD), Leipzig 2023, Anlage »Grundauszählungen«, S. 28: Auf die Frage »Was gehört zum Christsein?« antworten 88 % der Evangelischen, 90 % der Katholischen und 85 % der Konfessionslosen, »… dass man sich bemüht, ein anständiger und zuverlässiger Mensch zu sein«. Die Antwortmöglichkeit, »… dass man an Jesus Christus glaubt«, wird nicht angeboten.

17 Wie hältst du's mit der Kirche?, a.a.O., S. 30 und 33

18 So z. B. in einem Beitrag des Journalisten Uwe Bork für den Deutschlandfunkt vom 8. Oktober 2015: https://www.deutschlandfunkkultur.de/europas-werte-das-christliche-abendland-ist-gar-nicht-so-100.html (abgerufen am 29.12.2023)

19 Vgl. hierzu etwa die Diskussion um die 6. Kirchenmitgliedschaftsuntersuchung. Johannes Fischer https://zeitzeichen.net/node/10830 (abgerufen am 29.12.2023) und Ralph Frisch https://zeitzeichen.net/node/10859 (abgerufen am 29.12.2023) beklagen, dass die moderne und liberale Theo-

logie nur schwache christliche Überzeugungen aufweise und sich in allgemeine Spiritualität auflöse.

20 Seit meinem Studium in den 1970er-Jahren begleitet mich die Theologie Karl Rahners (1904-1984), eines der wichtigsten römisch-katholischen Theologen in der 2. Hälfte des 20. Jahrhunderts. Die folgenden Ausführungen verdanken sich seinem »Grundkurs des Glaubens. Einführung in den Begriff des Christentums«, Freiburg i. Br. 1976. Dort besonders das Kapitel 6 »Jesus Christus«.

21 Lk 24, 13-35; Joh 20, 11-30

22 Jörg Lauster, Theorie des gegenwärtigen Zeitalters, in: Christian Danz (Hg.), Medien – Erinnerung – Affekte. Dimensionen einer Theologie der Kultur, Tübingen 2024, S. 39

23 Albert Schweitzer, Geschichte der Leben-Jesu-Forschung, 9. Aufl. Tübingen 1984, S. 620 (1. Auflage 1906)

24 Anzusehen z. B. bei https://www.meisterdrucke.ch/kunstdrucke/Matthias-Grünewald/208129/Der-Isenheimer-Altar%2C-um-1512-15-.html (abgerufen am 30.12.2023)

25 Anzusehen z. B. bei https://www.meisterdrucke.com/kunstdrucke/Philip-Richard-Morris/912777/Jesus-geht-auf-dem-Wasser.html (abgerufen am 30.12.2023)

26 Die 1. der 95 Thesen, die Luther am Vorabend von Allerheiligen 1517 an die Tür der Schlosskirche in Wittenberg heftete.

27 Wie hältst du's mit der Kirche? Erste Ergebnisse der 6. Kirchenmitgliedschaftsuntersuchung der EKD (2023), S. 63

28 Siehe Rudolf Otto, Das Heilige, (erste Ausgabe 1917)

29 Manfred Josuttis, Der Weg in das Leben. Eine Einführung in den Gottesdienst auf verhaltenswissenschaftlicher Grundlage, München 1991, S. 91

30 Zitiert bei Josuttis, a.a.O., S. 50

31 Am 21. August 2021 wurde in einem ökumenischen Gottesdienst im Aachener Dom im Beisein des Bundespräsidenten der Opfer der Flutkatastrophe vom 15. Juli gedacht.

32 Einer der blutigsten Amokläufe in Deutschland geschah am 11. März 2009 an einer Schule in Winnenden. Am 21. März fand ein Trauergottes-

dienst mit anschließendem Staatsakt unter Beteiligung des Bundespräsidenten und der Bundeskanzlerin statt.

33 Z. B. der Trauergottesdienst anlässlich der Beerdigung des ermordeten Kasseler Regierungspräsidenten Walter Lübcke am 13. Juni 2019 im Beisein des gesamten hessischen Kabinetts.

34 Siehe hierzu die Erzählung von meiner Bewerbung in Hamburg-Iserbrook in Kapitel »Eine etwas andere Biografie«

35 Ein beeindruckendes Beispiel für einen Astrophysiker, für den die Existenz eines personalen Gottes kein Widerspruch zu seiner Wissenschaft ist, bietet Heino Falcke. In: Heino Falcke/Jörg Römer, Licht im Dunkel. Schwarze Löcher, das Universum und wir, 5. Aufl. Stuttgart 2020

36 Siehe unten das Kapitel »Kirche in der demokratischen Gesellschaft«. Auch in Deutschland hat es bis in neueste Zeit Denkmodelle gegeben, die staatlichen Strukturen als Spiegel theologischer Hierarchien zu rekonstruieren. Ein Beispiel ist die »Politische Theologie« des Juristen Carl Schmitt (1888-1985): Politische Theologie. Vier Kapitel zur Lehre von der Souveränität, Berlin 1922. Trotz seiner Nähe zum nationalsozialistischen Regime hat Schmitt die politischen und juristischen Debatten bis in die 1960er-Jahre mitgeprägt.

37 https://www.pro-medienmagazin.de/ich-wusste-dass-gott-mir-diesen-titel-schenken-wird-was-dieser-messi-satz-bedeutet/

38 Teresa von Ávila, Das Buch meines Lebens. Vollständige Neuübertragung bei Herder, Freiburg i.Br. 2001, S. 156f.

39 Die Gedanken dieses Kapitels verdanken sich grundlegend dem Aufsatz eines meiner verehrten Lehrer an der Universität Hamburg, Traugott Koch, Das Böse als theologisches Problem, KuD 24 (1978). Er schrieb diesen Text nach einer schweren Erkrankung. Für mich ist er in seiner Verbindung aus gedanklicher Klarheit, intellektueller Redlichkeit und menschlicher Tiefe bis heute einzigartig.

40 Siehe im Kapitel »Das Einssein mit der Welt«

41 Das Sozialwissenschaftliche Institut der EKD untersuchte 2015 die Lebenszufriedenheit im Vergleich zwischen Evangelischen und Konfessionslosen in Ost-Berlin (Kirchenkreis Lichtenberg-Oberspree). Es zeigte sich, dass die Lebenszufriedenheit, und zwar auch im Blick auf den Umgang mit Krankheit, Leid und Tod, zwischen religiös überzeugten Evan-

gelischen und entschiedenen Atheisten etwa gleich hoch war. Weniger hoch war sie bei den eher Unentschiedenen. Siehe: https://www.siekd.de/wp-content/uploads/2018/10/Broschuere_Was-macht-eigentlich-den-Unterschied_final.pdf, S. 44 (abgerufen am 21.10.2024)

42 Ernst Käsemann, Das Neue Testament als Kanon. Diskussion und kritische Analyse zur gegenwärtigen Diskussion, Göttingen 1970, S. 371

43 Nach syrischer Überlieferung hat Jesus ein Schreiben an König Abgar von Edessa (heute Sanli-Urfa in der Türkei) gerichtet, das in griechischer Version erhalten ist.

44 Thomas Kaufmann, Geschichte der Reformation in Deutschland, erweiterte Ausgabe bei Suhrkamp 2016, zuerst Franktfurt/M. 2009. Ders., Erlöste und Verdammte. Eine Geschichte der Reformation, München 2016; in diesem Buch beschreibt Kaufmann die Reformation nicht nur als deutsches, sondern als europäisches Ereignis.

45 Aufgrund der Vertreibung in den letzten Jahrzehnten lebt heute die Mehrzahl der Angehörigen der Altorientalischen Kirchen in Nordwesteuropa und in Nordamerika.

46 Zwei grundlegende Werke von Jürgen Habermas sind »Erkenntnis und Interesse«, 18. Aufl. Frankfurt/M. 2022 (1973)1973, sowie »Theorie kommunikativen Handelns«, 2 Bände, 12. Aufl. Frankfurt/M. 2022 (1995)

47 https://www.spiegel.de/kultur/gesellschaft/festakt-in-der-paulskirche-habermas-nimmt-friedenspreis-entgegen-a-162371.html

48 Die Idee zu dieser Formulierung verdanke ich dem Verband Evangelischer Diakonen-, Diakoninnen- und Diakonatsgemeinschaften (VEDD). https://www.vedd.de/die-kirche-der-zukunft-wird-diakonisch-sein-oder-sie-wird-nicht-mehr-sein/

49 KMU VI, Grundauszählungen S. 8

50 KMU VI, Grundauszählungen S. 28

51 KMU VI, Grundauszählungen S. S. 58

52 Klassisch geworden ist eine Formulierung von Wilhelm Löhe für die von ihm gegründete Diakonissenanstalt: »Dem Herrn Jesu in Seinen Elenden und Armen dienen. Und was ist mein Lohn? Ich diene weder um Lohn noch um Dank, sondern aus Dank und Liebe; mein Lohn ist, dass ich darf!«

53 Zugänglich über: https://www.ekd.de/heidelberger-thesen-1959-75680.htm (abgerufen am 20.12.23) Es ging damals gezielt um die Abschreckung mit Atomwaffen. Aber die These komplementärer Handlungsweisen wurde in den folgenden Jahrzehnten auch allgemein im Blick auf den Einsatz militärischer Mittel angewandt.

54 Aus Gottes Frieden leben – für gerechten Frieden sorgen. Eine Denkschrift des Rates der Evangelischen Kirche in Deutschland, Gütersloh 2007

55 Aus Gottes Frieden leben, Ziffern 78-84

56 Aus Gottes Frieden leben, Ziffern 110-123

57 Siehe hierzu: Maß des Möglichen. Perspektiven evangelischer Friedensethik angesichts des Krieges in der Ukraine. Ein Debattenbeitrag. Hg. vom Evangelischen Kirchenamt für die Bundeswehr, Berlin 2023, kostenlos online https://www.bundeswehr.de/resource/blob/5586906/60b681196328321d90e4fcf9297a7501/mass-des-moeglichen-data.pdf ; sowie: Friedensethik angesichts des Krieges in der Ukraine. Kontroversen und Neubestimmungen. Hg. von Ines-Jacqueline Werkner, Heidelberg 2024, ebenfalls kostenlos online https://books.ub.uni-heidelberg.de//heibooks/catalog/book/1339

58 https://www.ekd.de/evangelische-kirche-engagiert-sich-im-buendnis-zusammen-.htm (abgerufen am 25.03.2024)

59 Wolfgang Schäuble, Das Reformationsjubiläum 2017 und die Politik in Deutschland und Europa, in: Pastoraltheologie 105 (2016), S. 44-53, hier S. 46

60 KMU VI, Grundauszählung S. 59

61 KMU VI, Grundauszählung S. 58

62 Siehe oben im Kapitel »Jesus Christus … eine Annäherung«

63 Hierzu auch die Kapitel »Das Einssein mit der Welt« und »Theologie als Traumdeutung« (dort das Zitat des 1. Artikels der Erklärung)

64 Artikel 140 GG verweist auf die Artikel 136, 137, 138, 139 und 141 der Weimarer Reichsverfassung von 1919.

65 Evangelische Kirche und freiheitliche Demokratie – Der Staat des Grundgesetzes als Angebot und Aufgabe. Eine Denkschrift der Evangelischen Kirche in Deutschland, hg. vom Kirchenamt im Auftrage des Rates der Evangelischen Kirche in Deutschland, Hannover 1985. Erarbeitet wurde

der Text über mehr als ein Jahrzehnt von der »Kammer der EKD für öffentliche Ordnung« unter dem Vorsitz des Münchner Sozialethikers Trutz Rendtorff.

66 Ebd., S. 45

67 Einen Überblick bietet z. B. Veronika Albrecht-Birkner, Freiheit in Grenzen. Protestantismus in der DDR, Leipzig 2018, Bd. 2 in der Reihe »Christentum und Zeitgeschichte« der Evangelischen Arbeitsgemeinschaft für Kirchliche Zeitgeschichte in München

68 Eine Analyse von Anna Katharina Mangold vom 09.05.2019 findet sich hier: https://verfassungsblog.de/das-boeckenfoerde-diktum/ (abgerufen am 11.05.2024)

69 Dies sind die vier »Arenen«, die Steffen Mau, Thomas Lux und Linus Westheuser identifizieren. In: Dies., Triggerpunkte. Konsens und Konflikt in der Gegenwartsgesellschaft, Frankfurt/M. 2023

70 Ebd.

71 Konsens und Konflikt: Politik braucht Auseinandersetzung. Zehn Impulse der Kammer für Öffentliche Verantwortung der EKD zu aktuellen Herausforderungen der Demokratie in Deutschland, Hannover 2016

72 Vielfalt und Gemeinsinn. Die EKD über den Beitrag der evangelischen Kirche zu Freiheit und gesellschaftlichem Zusammenhalt, Hannover 2021

73 Konsens und Konflikt, S. 9

74 Von den vielen engagierten Christinnen und Christen in der Politik seien einige wenige Beispiele (von evangelischer Seite) genannt: Gustav Heinemann, Richard von Weizsäcker, Roman Herzog, Joachim Gauck, Frank-Walter Steinmeier, Antje Vollmer, Johannes Rau, Christine Lieberknecht und Kathrin Göring-Eckart. Und der schon erwähnte Wolfgang Schäuble.

75 Eine der Organisationen, die sich um die Dokumentation von Pushbacks bemühen, ist »Pro Asyl e.V.«: https://www.proasyl.de/thema/es-ist-kalt-an-europas-grenzen/mehr-zu-pushbacks/#:~:text=Pushbacks%20an%20Europas%20Grenzen%3A%20Spanien,auch%20»heiße%20Abschiebungen«%20genannt

76 https://www.uno-fluechtlingshilfe.de/informieren/fluechtlingszahlen

77 Ebd.

78 https://publications.iom.int/books/world-migration-report-2022-chapter-2-german

79 Ich wechsele hier den Begriff von »Flüchtlingen« zu »Geflüchteten«. Der formal korrekte und in allen Rechtstexten gebräuchliche Begriff ist »Flüchtling«. Im Sprachempfinden hat er inzwischen eine leicht abwertende Note bekommen, ähnlich wie Asylanten (statt Asylbewerber). In manchen Bereichen der Debatte spricht man deshalb seit Ende der 2010er-Jahre von »Geflüchteten«. Dem folgen seither auch die Texte der EKD. Dennoch heißt es weiter »Genfer Flüchtlingskonvention« usw. Daher werden je nach Kontext heute beide Begriffe verwendet.

80 Migration menschenwürdig gestalten. Gemeinsames Wort der Deutschen Bischofskonferenz und des Rates der Evangelischen Kirche in Deutschland in Zusammenarbeit mit der Arbeitsgemeinschaft christlicher Kirchen in Deutschland, Bonn und Hannover 2021. Kostenfreier Zugang zur digitalen Version: https://www.ekd.de/ekd_de/ds_doc/migration_ekd_dbk_2021.pdf

81 Zwischen Nächstenliebe und Abgrenzung. Eine interdisziplinäre Studie zu Kirche und politischer Kultur, hg. von der Evangelischen Kirche in Deutschland (EKD), Hannover 2022, Teilprojekt 2, S. 99-168

82 Johann Hinrich Claussen, Das Buch der Flucht. Die Bibel in 40 Stationen, München 2018

83 Zwischen Nächstenliebe und Abgrenzung, hier besonders S. 127-157

84 Siehe das Kapitel »Selbst denken, selbst urteilen«

85 Von 1971 bis 2021 sind die Versicherungsschäden weltweit von 3,5 auf 105 Milliarden US-Dollar angestiegen. Quelle: https://de.statista.com/statistik/daten/studie/241142/umfrage/versicherungsschaeden-von-naturkatastrophen-weltweit/ (abgerufen am 24.03.2024)

86 Von neun planetaren Grenzen z. B. zur Qualität des Wassers, der Luft, des Bodens, der Artenvielfalt, die das Überleben des Menschen und das Zusammenspiel der Naturkreisläufe entscheiden, sind bereits sechs in irreversibler Weise überschritten. https://www.pik-potsdam.de/de/aktuelles/nachrichten/schwindende-widerstandskraft-unseres-planeten-planetare-belastungsgrenzen-erstmals-vollstaendig-beschrieben-sechs-von-neun-bereits-ueberschritten-1

87 Siehe dazu auch das Kapitel »Ringen um Glaube und Wahrhaftigkeit«

88 Die Ökotheologie schaut auf eine längere Tradition zurück. So hat 1985 Jürgen Moltmann eine ökologische Schöpfungslehre verfasst, in der er bereits vor der Missverständlichkeit der Wendung »Bewahrung der Schöpfung« warnte und die Schöpfungslehre trinitarisch entfaltete: Ders., Gott in der Schöpfung. Ökologische Schöpfungslehre, München 1985

89 Markus Vogt, Christliche Umweltethik. Grundlagen und zentrale Herausforderungen, Freiburg i.Br. 2021

90 »Geliehen ist der Stern, auf dem wir leben« – Die Agenda 2030 als Herausforderung für die Kirchen. Ein Impulspapier der Kammer für nachhaltige Entwicklung der EKD. EKD-Texte 130, Hannover 2018. Kostenlos zugänglich: https://www.ekd.de/ekd_de/ds_doc/ekd_texte_130_2018.pdf (abgerufen am 25.03.2024)

91 Nutztier und Mitgeschöpf! Tierwohl, Ernährungsethik und Nachhaltigkeit aus evangelischer Sicht. Ein Impulspapier der Kammer für nachhaltige Entwicklung der EKD. EKD-Texte 133, Hannover 2019. Kostenlos zugänglich: https://www.ekd.de/ekd_de/ds_doc/ekd_texte_133_2019.pdf (abgerufen am 25.03.2024)

92 So auch in der Stellungnahme des Deutschen Ethikrats zur Klimagerechtigkeit von 2024. Kostenfrei herunterzuladen: https://www.ethikrat.org/fileadmin/Publikationen/Stellungnahmen/deutsch/klimagerechtigkeit.pdf (abgerufen am 24.03.2024). Schon früh hat sich die evangelische Kirche mit der Frage nach Bildern guten Lebens befasst: »… damit sie das Leben und volle Genüge haben sollen« – Ein Beitrag über neue Leitbilder für eine zukunftsfähige Entwicklung. Eine Studie der Kammer für nachhaltige Entwicklung der EKD. EKD-Texte 122, Hannover 2015. Kostenlos zugänglich: https://www.ekd.de/ekd_de/ds_doc/ekd_texte_122.pdf (abgerufen am 25.03.2024)

93 Siehe auch das Kapitel »Glaube in der (nächsten) Gesellschaft«

94 Kopenhagen will 2025 die erste klima-neutrale Hauptstadt der Welt sein. Auch Wien hat sich ehrgeizige Ziele gesetzt, Nachhaltigkeit und Lebensqualität miteinander zu verbinden. Barcelona hat eine Strategie entwickelt, den überbordenden Tourismus der Stadt nachhaltig zu gestalten.

95 Die 17 Ziele für nachhaltige Entwicklung wurden 2015 in Paris von 197 Staaten unterzeichnet: https://unric.org/de/17ziele/ Auf dieser Website finden sich auch die jährlichen Berichte zum Erreichen der Ziele. Sie stimmen nicht optimistisch.

96 Die Kirche hat mit ihrem breiten regionalen Netzwerk die Chance, sich vor Ort in die Gestaltung des Sozialraums einzubringen. https://www.mi-di.de/themen/sozialraumorientierung

97 »Unser tägliches Brot gib uns heute« – Neue Weichenstellungen für Agrarentwicklung und Welternährung. Eine Studie der Kammer für nachhaltige Entwicklung der EKD. EKD-Texte 121, Hannover 2015. Kostenlos zugänglich: https://www.ekd.de/ekd_de/ds_doc/ekd_texte_121.pdf (abgerufen am 25.03.2024)

98 Auch dies ist Thema in der o. g. Stellungnahme des Deutschen Ethikrates zur Klimagerechtigkeit.

99 Dirk Baecker, Studien zur nächsten Gesellschaft, Frankfurt a.M. 2007, S. 125

100 Freiheit digital. Die Zehn Geboten in Zeiten des digitalen Wandels. Eine Denkschrift der Evangelischen Kirche in Deutschland, hg. von der Evangelischen Kirche in Deutschland (EKD), Leipzig 2021, auch online: https://www.ekd-digital.de/dokumente/denkschrift-freiheit-digital.pdf

101 Es gibt zwei verschiedene Zählweisen der Zehn Gebote. Martin Luther hat das Bilderverbot zum ersten Gebot gerechnet, dafür am Ende die Gebote zum »Begehren« auf Nummer neun und zehn verteilt. Die katholische und die reformierte Tradition zählt das Bilderverbot gesondert und fasst die Gebote zum Begehren zusammen. Die Denkschrift der EKD folgt letzterer Tradition, weil die Bildthematik so wichtig erscheint, dass ihr ein eigenes Kapitel gewidmet sein sollte.

102 Die European Repository of Cyber Incidents (EuRepoC) mit Sitz in Heidelberg beobachtet die Vorfälle und stellt die Dokumentationen öffentlich zur Verfügung: https://eurepoc.eu (abgerufen am 22.10.2024)

103 Eine Übersicht zum Sachstand im Mai 2023: https://www.evangelisch.de/inhalte/111225/02-05-2023/segnung-homosexueller-bunt-wie-ein-regenbogen (abgerufen am 08.04.2024)

104 Über 80 % sowohl der evangelischen wie der katholischen Kirchenmitglieder stimmen der Aussage zu, die Kirchen sollten homosexuelle Partnerschaften segnen: »Wie hältst du's mit der Kirche«, S. 50

105 Stand 2020 laut Lesben- und Schwulenverband Deutschlands: https://www.lsvd.de/de/ct/1245-LGBT-Rechte-weltweit (abgerufen am 15.06.2024)

106 3. Mose 18, 24: »Ihr sollt euch mit nichts dergleichen unrein machen; denn mit alledem haben sich die Völker unrein gemacht, die ich vor euch hertreiben will.«

107 Die Denkschriften der Evangelischen Kirche in Deutschland, Bd 3 (Ehe. Familie. Sexualität. Jugend), Gütersloh 1981, S. 139-173, hier Ziffern 7 und 12

108 Die deutsche Übersetzung erschien zwei Jahre später: Gustavo Gutiérrez, Theologie der Befreiung, München 1973

109 Das begegnete uns bereits bei Friedrich Schleiermacher, siehe Kapitel »Theologie als Traumdeutung«.

110 Z. B. Amos 5, 21 – 6, 11; Hosea 4, 1 und 6, 6 – 7, 2

111 Eine ähnliche Deutung hatte dem Auszug aus Ägypten schon zuvor Jürgen Moltmann gegeben: Theologie der Hoffnung, Gütersloh 1964.

112 1985 erhielt der brasilianische Befreiungstheologe Leonarde Boff durch die Glaubenskongregation unter dem Vorsitz von Joseph Kardinal Ratzinger (dem späteren Papst Benedikt XVI.) Predigt und Lehrverbot.

113 Erst 2018 wurde Oscar Romero durch Papst Franziskus heiliggesprochen.

114 Es gab zahlreiche Buchausgaben mit Illustrationen, von denen einige heute noch antiquarisch erhältlich sind.

115 Siehe Anm. 9. Moltmann wirkte maßgeblich auch an der theologischen Begründung eines verantwortlichen Umgangs mit der Schöpfung mit. Siehe hierzu im Kapitel »Was ist genug? Die Herausforderung einer nachhaltigen Lebensweise«.

116 Zu den wenigen Ausnahmen zählte Teresa von Ávila (1515-1582), die einen intensiven Briefwechsel mit Bischöfen und Fürsten führte.

117 Einige Ausnahmen gibt es bis heute. So gibt es in Saudi-Arabien nach wie vor nur ein eingeschränktes Frauenwahlrecht. In Afghanistan haben die Taliban nach ihrer Machtübernahme 2021 das Wahlrecht für Frauen wieder abgeschafft.

118 Neben der befreiungstheologischen Richtung gibt es zahlreiche andere Ansätze. Aus der Fülle der Literatur sei auf einen Klassiker verwiesen: Elisabeth Moltmann-Wendel (Hg.), Feministische Theologie. Wo steht sie und wohin geht sie? Eine kritische Bilanz, Neukirchen-Vluyn 2008

119 Ebenfalls ein Klassiker: Luise Schottrof, Lydias ungeduldige Schwestern. Feministische Sozialgeschichte des frühen Christentums, Gütersloh 1994

120 Steffen Mau identifiziert hier einen der »Triggerpunkte« in unserer Gesellschaft. Das heißt, dass Menschen, die liberal sind und denen Rassismus fernliegt, gleichwohl aggressiv reagieren können, wenn sie sich bevormundet fühlen, welche Worte sie benutzen dürfen oder nicht.

121 1939 wurde in Eisenach das »Institut zur Erforschung des jüdischen Einflusses auf das deutsche kirchliche Leben« gegründet, das kurz auch das »Entjudungsinstitut« genannt wurde. Zum gesamten Zusammenhang: Christopher Spehr und Harry Oelke (Hg.), Das Eisenacher »Entjudungsinstitut«. Kirche und Antisemitismus in der NS-Zeit. Arbeiten zur kirchlichen Zeitgeschichte, Bd. 082, Göttingen 2021. Eine sehr gut lesbare Einführung in die Thematik des kirchlichen Rassismus und der Deutung Jesu gibt: Sarah Vecera, Wie ist Jesus weiß geworden? Mein Traum von einer Kirche ohne Rassismus, Ostfildern 2022

122 Johann Hinrich Claussen u.a., Christentum von rechts. Theologische Erkundungen und Kritik, Tübingen 2021

123 Einen Überblick über die Themen sowie aktuelle Texte sind zu finden auf einer Website, die gemeinsam von der Evangelischen Kirche in Deutschland und dem Zentrum für Gesundheitsethik der Evangelische-Lutherischen Landeskirche Hannovers betrieben wird: https://www.ev-medizinethik.de

124 Siehe das Kapitel »Selbst denken, selbst urteilen«

125 Ebd.

126 Informativ zu diesen Fragen ist die Stellungnahme der »Leopoldina. Nationale Akademie der Wissenschaften« und der »Union der deutschen Akademien der Wissenschaften« unter dem Titel: Fortpflanzung in Deutschland – für eine zeitgemäße Gesetzgebung, Halle (Saale) und Mainz 2019; online zugänglich: https://www.leopoldina.org/uploads/tx_leopublication/2019_Stellungnahme_Fortpflanzungsmedizin_web_01.pdf (abgerufen am 04.04.2024)

127 Siehe den Abschnitt zu Jürgen Habermas »Kommunikative Vernunft« im Kapitel »Selbst denken, selbst urteilen«

128 »Jeder hat das Recht auf die freie Entfaltung seiner Persönlichkeit, soweit er nicht die Rechte anderer verletzt und nicht gegen die verfassungsmäßige Ordnung oder das Sittengesetz verstößt.«

129 »Ehe und Familie stehen unter dem besonderen Schutz der staatlichen Ordnung.«

130 Siehe die Stellungnahme der Leopoldina (Anm. 4), S. 32-42

131 Siehe das Kapitel »Selbst denken, selbst urteilen«

132 Das vollständige Gesetz ist hier nachzulesen: https://www.gesetze-im-internet.de/stzg/index.html (abgerufen am 02.04.2024)

133 Online zugänglich: https://www.ev-medizinethik.de/damfiles/default/ev-medizinethik/dokumente/Texte.zip/Texte/Grundfragen-theologischer-Ethik/Menschenw-rde-und-Menschenbild/EKD---Im-Geist-der-Liebe-mit-dem-Leben-umgehen--2002.pdf-da3f1250b618174315f5fc8984ccc75b.pdf (abgerufen am 04.04.2024)

134 Die beiden Bezeichnungen »Non-invasive Pränataldiagnostik (NIPD)« und »Non-invasive Pränataltests (NIPT)« werden nebeneinander verwendet.

135 Die Stellungnahme der EKD ist hier zu finden: https://www.ev-medizinethik.de/themen/lebensanfang/praenatal_und_praeimplantationsdiagnostik (abgerufen am 02.04.2024)

136 https://www.g-ba.de/downloads/17-98-5156/2021-11-09_G-BA_Versicherteninformation_NIPT_bf.pdf (abgerufen am 03.04.2024)

137 Der juristische Begriff lautet »Ersatzmutterschaft«. Da in der öffentlichen Debatte zumeist von Leihmutterschaft die Rede ist, wird dieser Begriff hier verwendet.

138 Genau genommen ist »kommerzielle Leihmutterschaft« ein in sich widersprüchlicher Begriff, weil »Leihen« ein unentgeltliches Zurverfügungstellen meint. »Ersatzmutterschaft« ist insofern präziser.

139 Geregelt sowohl durch das Ersatzmutterschaftsgesetz als auch durch das Embryonenschutzgesetz.

140 Eine Übersicht über die wichtigsten Äußerungen: https://www.ev-medizinethik.de/themen/lebensanfang/schwangerschaftskonflikt_abtreibung (abgerufen am 03.04.2024)

141 »Jeder hat das Recht auf Leben und körperliche Unversehrtheit.« Dieses gilt nach der Rechtsprechung auch für das ungeborene Leben ab der Einnistung der befruchteten Eizelle in den Uterus (Nidation).

142 Hier im Wortlaut nachzulesen: https://www.bundesverfassungsgericht.de/SharedDocs/Entscheidungen/DE/2020/02/rs20200226_2bvr234715.html (abgerufen am 05.04.2024)

143 Vor allem Artikel 1 Absatz 1: »Die Würde des Menschen ist unantastbar. Sie zu achten und zu schützen ist Verpflichtung aller staatlichen Gewalt.« Und Artikel 2 Absatz 1: »Jeder hat das Recht auf die freie Entfaltung seiner Persönlichkeit, soweit er nicht die Rechte anderer verletzt und nicht gegen die verfassungsmäßige Ordnung oder das Sittengesetz verstößt.«

144 »Die selbstbestimmte Verfügung über das eigene Leben ist vielmehr unmittelbarer Ausdruck der der Menschenwürde innewohnenden Idee autonomer Persönlichkeitsentfaltung; sie ist, wenngleich letzter, Ausdruck von Würde.« (Randziffer 211)

145 Der Weg, den der Rat der Evangelischen Kirche in Deutschland (EKD) zurückgelegt hat, wird im Vergleich seiner beiden Stellungnahmen sichtbar. Die eine ist datiert mit 18.06.2020: https://www.ekd.de/evangelische-perspektiven-fuer-ein-legislatives-schutzkonzept-56633.htm (abgerufen am 05.04.2024), die andere drei Jahre später mit 29.06.2023: https://www.ekd.de/stellungnahme-rat-suizidbeihilfe-79346.htm (abgerufen am 05.04.2024). Die »Orientierungshilfe zum Umgang mit Sterbewünschen« der Diakonie Deutschland vom Februar 2022 ist hier nachzulesen: https://www.diakonie.de/diakonie_de/user_upload/diakonie.de/PDFs/Presse/23-11-06_DT_Orient_assistierter_Suizid_Web.pdf (abgerufen am 05.04.2024)

146 Den Begriff wie auch manche Anregungen verdanke ich Dirk Baecker, Studien zur nächsten Gesellschaft, Frankfurt/M. 2007

147 Andreas Reckwitz, Die Gesellschaft der Singularitäten. Zum Strukturwandel der Moderne, Frankfurt/M. 2017

148 Hartmut Rosa, Resonanz. Eine Soziologie der Weltbeziehung, Frankfurt/M. 2019

149 Steffen Mau / Thomas Lux / Linus Westhäuser, Triggerpunkte. Konsens und Konflikt in der Gegenwartsgesellschaft. Warum Gendersternchen und Lastenfahrräder so viele Menschen triggern, Frankfurt/M. 2023

150 Im Kapitel »Selbst denken, selbst urteilen«

151 Ein neuer Strukturwandel der Öffentlichkeit und die deliberative Politik, Berlin 2022

152 Baecker, a.a.O., S. 125

153 Veith Selk, Demokratiedämmerung. Eine Kritik der Demokratietheorie, Frankfurt/M. 2023

154 Andreas Reckwitz, Verlust. Ein Grundproblem der Moderne, Berlin 2024

155 Ingolfur Blühdorn, Unhaltbarkeit. Auf dem Weg in eine andere Moderne, Berlin 2024

156 Engagement und Indifferenz. Kirchenmitgliedschaft als soziale Praxis. Fünfte EKD-Erhebung über Kirchenmitgliedschaft, hg. vom Kirchenamt der EKD, Hannover 2014

157 Wie hältst du's mit der Kirche? Elektronischer Anhang 2, S. 16

158 Vernetzte Vielfalt. Kirche angesichts von Individualisierung und Säkularisierung. Die fünfte EKD-Erhebung über Kirchenmitgliedschaft, hg. von Heinrich Bedford-Strohm und Volker Jung, Gütersloh 2015, S. 48f. des Anhangs

159 Siehe dazu Kapitel »Vertrauen in der Krise – Das Böse als Anfechtung«

160 Siehe im Kapitel »Das Einssein mit der Welt«

161 Eberhard Jüngel, Tod, Stuttgart 1971, S. 145

162 Einen Überblick über die neueren Thesen gibt Ulrich Barth, Symbole des Christentums. Berliner Dogmatikvorlesung, Tübingen 2022, S. 533-549

163 Einen Überblick bietet Wolfgang Knüll, Nahtoderfahrungen. Blick in eine andere Welt, Ostfildern 2023

164 Ähnlich hatte schon Dietrich Bonhoeffer in seinen Briefen aus der Gefangenschaft (in »Widerstand und Ergebung«) über das Fragmentarische des Lebens geschrieben.

165 Zitiert bei Ulrich Barth, a.a.O., S. 538

166 Im Evangelischen Gesangbuch Nr. 85. Melodie von Hans Leo Haßler (1601). Bach hat diesen Choral in seine Matthäuspassion aufgenommen.

167 Im Evangelischen Gesangbuch Nr. 397. Diesen Choral hat Bach an den Schluss seiner Johannespassion gestellt.

Der Verlag behält sich die Verwertung des urheberrechtlich geschützten Inhalts dieses Werkes für Zwecke des Text- und Data-Minings nach § 44 b UrhG ausdrücklich vor.
Jegliche unbefugte Nutzung ist hiermit ausgeschlossen.

MIX
Papier | Fördert gute Waldnutzung
FSC® C014496

Penguin Random House Verlagsgruppe FSC® N001967

1. Auflage
Copyright © 2025 Gütersloher Verlagshaus, Gütersloh,
in der Penguin Random House Verlagsgruppe GmbH,
Neumarkter Str. 28, 81673 München
produktsicherheit@penguinrandomhouse.de
(Vorstehende Angaben sind zugleich
Pflichtinformationen nach GPSR)

Druck und Bindung: GGP Media GmbH, Pößneck
Printed in Germany
ISBN 978-3-579-06288-4
www.gtvh.de